novum 🐬 pocket

AF273271

Margot Braun

75 Jahre Leben und noch mittendrin

novum ■ pocket

Bibliografische Information
der Deutschen Nationalbibliothek:

Die Deutsche Nationalbibliothek
verzeichnet diese Publikation in der
Deutschen Nationalbibliografie.
Detaillierte bibliografische Daten
sind im Internet über
http://www.d-nb.de abrufbar.

© 2022 novum Verlag

ISBN 978-3-903382-23-7
Umschlagfoto:
Fotografescu | Dreamstime.com
Umschlaggestaltung,
Layout & Satz: novum Verlag

Gedruckt in der Europäischen Union
auf umweltfreundlichem, chlor- und
säurefrei gebleichtem Papier.

www.novumverlag.com

75 Jahre gelebtes Leben

Diese Zahl ist wieder einmal einen Rückblick wert

Aus diesem Grund habe ich mir die Mühe gemacht, meiner Familie meine Lebensgeschichte, so wie ich die Jahre empfunden und gelebt habe, zu schildern.

Ein Mädchen, aus einer Kaufmann-Familie, hat sich durch die Jahre geboxt und versucht ihr Bestes zu geben. Zwei lieben Kindern konnte ich das Leben schenken und stets versucht den Weg bis zu ihrem eigenen, selbstständigen Leben zu begleiten. 53 Ehejahre haben OM und ich bisher gemeinsam gemeistert. Das ist nicht jedem Ehepaar vergönnt.

Rückblickend stelle ich fest, mein Leben war sinnvoll und abwechslungsreich mit allen Höhen und Tiefen, die das Leben so mit sich bringt.

Gott war mein Beschützer bis zum heutigen Tag. Gesund und munter durchlebte ich ein dreiviertel Jahrhundert. Das ist Glück – dafür bin ich dankbar. Meine weitere Zeit lege ich in Gottes Hand und hoffe, dass er mir noch einige gute Jahre schenkt.

Das Alter macht nachdenklich.

Zur Freude des Tages wünsche ich mir, dass ich noch viele Jahre an dem Glück meiner Kinder, Schwiegerkinder und Enkel teilnehmen kann.

Herzlichst Eure,

Margot

FAMILIENCHRONIK AUS ERZÄHLUNGEN MEINER ELTERN UND GROSSELTERN

Die Eltern meines Vaters Robert geboren am 21.8.1877 und Martha geb. Steinberg geboren am 9.12.1879 verbrachten ihre Jugend in den Orten Exau und Dammelswitz in Schlesien. Großvater erlernte das Schmiedehandwerk und wechselte danach zur Post nach Breslau und wurde Postsekretär. Großmutter war Hauswirtschafterin. Nach ihrer Verehelichung bezogen beide eine Mietwohnung in Breslau. Sie bekamen zwei Söhne Konrad geb. 1904 und Willi geb. 1909.

Beide Söhne erlernten den Beruf Großkaufmann und waren bis zu ihrer späteren Selbstständigkeit Handelsvertreter für Lebensmittel-Süßwaren und Spirituosen.

Mutter Marie wurde in Griesheim b. Frankfurt a.M. im Jahr 1913 geboren und schon im Kindesalter Vollwaise. Sie wurde von ihrer Großmutter aufgenommen und wuchs in Zeits auf, zusammen mit ihrer Tante Käthe, die Schwester ihrer verstorbenen Mutter. Käthe zog nach ihrer Verheiratung nach Breslau und war in einem großen Kaufhaus beschäftigt. Meine Mutter machte ebenfalls die Ausbildung zur Kauffrau und Käthe vermittelte ihr eine Stelle in dem gleichen Unternehmen. Dort lernte meine Mutter ihren zukünftigen Ehemann, meinen Vater Willi kennen.

Käthe bekam einen Sohn namens Hans-Joachim, der Ehemann war bei der Wehrmacht als Stabszahlmeister. Sie hatten kurz vorher ein Eigenheim in Opperau bezogen und nahmen die Großmutter aus Zeits zu sich. Meine Eltern haben 1935 den Bund der Ehe geschlossen. Vater und sein Bruder Konrad wagten den Schritt in die Selbstständigkeit und gründeten gemeinsam einen Großhandel für Lebensmittel und Spirituosen. Der Firmensitz wurde Kant, nahe Breslau, wo auch Konrad mit Ehefrau und den beiden Söhnen Günter und Werner ihren Wohnsitz hatten. Die Firma lief unter dem Namen „Gebrüder Kramer". Im Jahr 1937 baute mein Vater ein Einfamilienhaus für uns und seine Eltern, ebenfalls in Opperau in der gleichen Straße, wo Tante Käthe bereits wohnte. Das Haus wurde im Jahr 1938 bezugsfertig.

MEINE ERSTEN 6 KINDERJAHRE AUS MEINER ERINNERUNG

Am 13. August 1939 erblickte ich, von meinen Eltern lang ersehnt, das Licht der Welt.

Neun Pfund schwer, Haare und Augen dunkelbraun und kerngesund. Ich wurde in ein neues Haus mit damaligem Komfort wie Zentralheizung fließend warm und kalt Wasser, gekachelte Bäder, rings um das Haus ein großer Garten und vieles mehr geboren. Mein Onkel Konrad, der Bruder meines Vaters wurde mein Taufpate und gab mir den Namen Margot. Er war bereits Vater eines einjährigen Sohnes, mein Cousin Günter. Ich verlebte zusammen mit Eltern und Großeltern behütete erste Kinderjahre. Einiges davon blieb mir persönlich noch in lieber Erinnerung. Schräg über der Straße wohnte eine Familie mit Tochter Marianne. Sie war 2 Jahre älter als ich und meine liebste Spielgefährtin. Doch als Marianne in die Schule kam, machte sie sich rar. Das wollte ich nicht verstehen und so stand ich täglich am Gartentor und rief lauthals nach ihr. Mein Opa wollte mir immer erklären, dass Marianne jetzt nicht mehr so viel Zeit für mich hat, und ich soll doch das Rufen einstellen. Ich tat ihm wohl leid und so baute er mir zum Trost eine kleine hölzerne Gartenbank, die er vor den Gartenzaun auf dem Bürgersteig aufstellte. Darauf nahmen wir dann meistens beide Platz und warteten auf Marianne.

Den Vetter meiner Mutter Hans Joachim, den mochte ich sehr gern. Er war 6 Jahre älter als ich und war für mich wie ein großer Bruder. Wenn er Zeit hatte, durfte ich mit ihm Karten spielen oder basteln. Er baute an einer Dampfmaschine, was mich sehr faszinierte, und ich schaute ihm gern dabei zu. Wir alle waren sehr oft zu einer sonntäglichen Kaffeestunde bei Tante Käthe eingeladen. Das Wohnzimmer und das Esszimmer trennte eine große zweiflügelige Schiebetüre, die ich zum Ärgernis der Erwachsenen immer auf und zu schob. Ich wurde geschimpft und Joachim, wie ich ihn nannte, fand die Lösung für mich. Wir spielten Verkleiden.

Er holte von seiner Oma Pelzmützen, Handtaschen und Boas, mit denen er mich dann ausstaffierte. Dann gab er mir Anweisung zu einer Modenschau, schob die Türe auf und ich trat zum Gelächter aller mit dieser Dekoration auf. Mir machte das großen Spaß und der Beifall blieb nicht aus.

Seit ich auf der Welt war, blieb meine Mutter zu Hause. Es gab ja in dem großen Haus viel zu tun. Der riesige Garten war neu angelegt. Opa hatte Obstbäume gepflanzt, Mutter war immer an den Blumenbeeten zu finden und Oma bestellte die Gemüsebeete. Mein Vater verließ morgens frühzeitig das Haus, meistens lag ich noch in tiefem Schlaf. Eines Tages brachte er einen Schäferhund mit nachhause, den wir „Locki" tauften. Er war ein lieber Hund und wurde mein Spielgefährte. Wir hatten auch einen Kanarienvogel, der in einem Käfig am Küchenfenster stand. Den versorgte meine Oma. Ich mochte sein Geflatter nicht.

An die verschiedenen Räumlichkeiten in unserem Haus kann ich mich nicht mehr so erinnern. Ich weiß noch, dass meine Großeltern im Obergeschoss schliefen, wo auch ich mein Zimmer hatte. Die Badezimmertür hatte an der Unterseite mehrere geldstückgroße Löcher, die der Entlüftung dienten. Diese Ausschnitte machten mich immer neugierig, wenn sich jemand von der Familie in das Badezimmer begab und abschloss. Ich legte mich dann auf den Fußboden vor die Tür und spähte durch die Löcher. Leider konnte ich da nur hin und her laufende nackte Füße sehen, mehr nicht, zu meinem Bedauern. Hätte Vater gern einmal nackt sehen wollen. Ich kannte ihn nur im Anzug mit Krawatte. Auf dem Dachboden unseres Hauses befanden sich viele Kartons, in denen ich gern stöberte. Dort fand ich alte Postkarten, Fotos und viele Militärabzeichen, und Orden vom Ersten Weltkrieg, die mich sehr ansprachen und die ich als Schmuckstücke gern ansteckte. Auch war eine Kastenschaukel für mich dort von der Decke hängend angebracht, auf der ich gern schaukelte, wenn Mutti oder Oma die Wäsche aufhängten.

In unserer Waschküche im Keller wurde je nach Jahreszeit eingekocht, was im Garten zu ernten war. Besonders liebte ich, wenn Großmutter Sirup kochte. Das roch so herrlich süß durch das ganze Haus. Den Abfall von den ausgepressten Rüben legte mir dann Großmutter plattenförmig auf einen Tisch. Ich spielte damit Kaufmann, schnitt die Platten in Tortenstückchen, wickelte sie in Papier und Oma musste sie mir abkaufen.

Eines Tages bekamen wir viele Tiere ins Haus. Gänse, Hühner und Kaninchen. Ich staunte, wie plötzlich im Garten ein lautes Geschnatter und Gegacker zu hören war. Etwas scheu näherte ich mich den Tieren. Vor den Gänsen habe ich mich gefürchtet, sie streckten immer ihre langen Hälse nach mir aus, was ich nicht mochte. Für die Kaninchen baute Opa einen Stall in der Garage. Jedes Tier bekam eine eigene Box mit einem Türchen davor. Als ich Opa fragte warum wir so viele Tiere jetzt haben, sagte er mir, weißt Du Kind wir haben Krieg und diese Tiere können wir schlachten, damit wir nicht Hunger leiden müssen. In der Not können wir uns selbst versorgen und Mehl, Nudeln und was wir sonst noch brauchen, das hat ja Vati in seinem Geschäft für uns.

So wollte ich natürlich bei der ersten Schlachtung dabei sein. Für einen Sonntagsbraten fing Opa ein Huhn ein. Es war lustig für mich zu sehen, wie Opa das Huhn immer wieder entwischte. Plötzlich packte er das zappelnde Tier beim Hals, legte es auf den Hackstock und schlug mit der Axt dem Huhn ruck zuck den Kopf ab. Das Huhn sprang dem Opa aus der Hand und lief ohne Kopf wie wild ein ganzes Stück durch den Garten. Ich bekam einen riesigen Schreck und schrie und weinte bitterlich. Ich rannte zu Mutti in die Küche und sie nahm mich in den Arm und tröstete mich. Nie mehr wollte ich bei so einer Schlachtung dabei sein. Opa musste mir versprechen, dass er die Kaninchen, die ich besonders liebte, nicht töten wird. Unter den Kaninchen war ein weißes mit roten Augen, das habe ich am liebsten betreut und gestreichelt. Ich taufte es Lotte. Jeden Tag schaute ich nach Lotte, ob es ihr gut geht und steckte ihr eine frische Möhre durch das Gatter.

Immer wenn wieder ein Huhn oder eine Gans geschlachtet war, saß Oma mit dem Tier zwischen den Beinen auf einem Hocker und rupfte die Federn aus. Ich fragte warum sie das macht und sie erklärte mir, dass die Federn vor dem Braten ja weg sein müssen und mit den Federn kann man Kissen füllen. Du schläfst auch auf einem Kissen mit Federn. Das wollte ich nicht glauben und rannte in mein Zimmer und schlitzte mein Kopfkissen auf. Tatsächlich, großes Staunen, mir kamen die Federn entgegen geflogen. Aber als Mutti in mein Zimmer kam und die herumfliegenden Federn sah bekam ich großen Ärger und ich musste versprechen, dass ich das nie wieder machen werde.

Manchmal am Wochenende kam Onkel Konrad mit seiner Familie zu uns zu Besuch. Wir saßen dann bei schönem Wetter gern im Garten. Mein Cousin Günter hatte in der Zwischenzeit einen Bruder bekommen, den Werner, er war ein Jahr jünger als ich und ein wilder Bub. Alle meine Spielsachen nahm er gleich bei seiner Ankunft in Beschlag. Besonders mein Dreirad hatte es ihm angetan, mit dem er wie wild herumkurvte. Das gefiel mir gar nicht, denn ich war mit meinen Spielsachen sehr eigen. Ich war sehr froh, wenn die Familie wieder nach Hause fuhr. Weil ich bei diesem Besuch stets weinen musste, kam meine Oma auf die Idee. Weißt du, sagte sie, wenn Werner das nächste Mal zu uns kommt, da verstecken wir vorher deine Sachen und wenn er danach fragt, sagen wir einfach sie sind kaputt. Da war ich glücklich und sah dem nächsten Besuch gern entgegen, denn mit Günter konnte ich sehr gut spielen.

Vater ging öfters auf mehrtägige Geschäftsreise und konnte ich es kaum erwarten bis endlich wieder sein Auto vorfuhr. Wenn Mutti mir sagte, heute kommt Vati nach Hause, behielt ich den ganzen Tag das Gartentor im Auge. Sobald ich seinen Motor hörte, rannte ich zum Tor um es zu öffnen und Vati konnte in die Garage fahren, die sich hinter dem Haus befand.

Ich bekam einen Begrüßungskuss, wurde gefragt, ob ich brav war, ja und dann kam meistens eine Überraschung für mich aus seiner Aktentasche. Einmal bekam ich sogar eine neue Puppe, die ich Gretel taufte.

Auch der Winter war schön, denn es gab meistens viel Schnee. Ich hatte einen großen Holzschlitten und Opa zog mich dann auf der Straße vor dem Haus entlang. Einen Hügel zum Rodeln hatten wir nicht. Deshalb fuhren meine Eltern einmal mit mir in das Riesengebirge und da juchhe ging die Post ab. Erst da erfuhr ich wie lustig Schlittenfahren sein kann. Wir übernachteten in Spindelmühle. Das war für mich mein erster Ausflug mit meinen Eltern und in der Heimat auch der letzte.

Manchmal fuhr ich mit Mutti in die Stadt. Gleich in unserer Nähe befand sich die Endstation der Straßenbahnlinie, die in die Stadtmitte fuhr. Das war für mich immer ein besonderer Tag. Die schönen Geschäfte, die vielen Autos Kirchen und das Rathaus haben mich beeindruckt. Mutti führte mich zu all den schönen Gebäuden unserer Stadt Breslau. Wir wohnten in einem ruhigen Vorort von Breslau, wo es keine Geschäfte gab. Das Stadtleben war mir fremd. Auch die Fahrt mit der Straßenbahn beeindruckte mich sehr und ich hätte gern den ganzen Tag damit fahren mögen. An jeder Haltestelle wurde geklingelt und Leute stiegen aus und ein.

Eines Tages gingen meine Großeltern und meine Mutter täglich schon am frühen Morgen auf den Dachboden und schauten dort aus dem Fenster. Ich stieg neugierig hinterher und fragte, was sie da machen.

Da hoben sie mich hoch und zeigten mir die vielen Menschen mit Pferden, Wagen, Karren und vielem Gepäck die auf der Landstraße in Richtung Breslau-Stadtmitte zogen. Mir wurde gesagt, dass diese Leute vor den Russen, dem Feind fliehen und ihre Heimat verlassen müssen. Ich bekam Angst, müssen wir denn auch weg von unserem Haus, fragte ich.

Aber nein sagte Opa, wir können bleiben, der Krieg ist bald vorbei. Zu dieser Zeit haben wir von dem seit Jahren wütenden Krieg bei uns noch nichts zu spüren bekommen.

Im Herbst 1944 wurde mein Vater zum Volkssturm eingezogen. So lebten wir ohne Vater im Haus. Onkel Konrad war gesundheitlich angeschlagen, wurde nicht einberufen und musste das Geschäft allein weiter führen. Eines Tages standen Soldaten vor unserer Tür und nahmen unseren Locki mit. Ich weinte bitterlich, die Soldaten versprachen mir aber, dass der Hund zurück kommen wird, jetzt brauchen sie ihn für den Krieg. Kurz darauf kamen die Soldaten wieder und nahmen unser Auto aus der Garage mit. Und eines Tages kurz vor Weihnachten, stürmten viele deutsche Soldaten unser Haus und wir mussten sie bei uns wohnen lassen. Meine Mutter war in großer Aufregung, Vater nicht da, die Soldaten kamen mit schmutzigen Stiefeln, Gewehren, Tornistern laut polternd einfach in unser gepflegtes Heim. Es war ein heilloses Durcheinander. Mutti weinte, Oma und Opa waren verängstigt. Ich fürchtete mich vor den Männern mit den Uniformen. Mutti rollte die Teppiche zur Seite und musste zusehen, wie die Soldaten sich in sämtlichen Räumen zum Ausruhen niederließen. Es war eine aufregende Zeit für Mutter und Großeltern die wir bis kurz vor Weihnachten erdulden mussten. Vati rief uns an und teilte uns mit, dass er über die Feiertage zu uns kommen kann. Die Freude war groß – Mutti weinte und sagte – jetzt wir alles gut.

Der Flüchtlingsstrom nahe an unserem Haus auf der Landstraße ging unaufhörlich weiter. Bei klirrender Kälte, Eis und Schnee zogen die Leute von Osten kommend in Richtung Breslau an uns vorbei. Wir Kinder und auch die Erwachsenen liefen täglich vor an die Straßenecke und sahen den vorbeiziehenden Treck mit ausgehungerten, frierenden Menschen. Die Anwohner aus unserer Straße versuchten einige der armen Menschen mit heißem Tee und Brot zu versorgen. Mutter jammerte, das ist ja nur ein Tropfen auf den heißen Stein was wir da tun können.

Die Weihnachtsfeiertage 1944/45 verbrachten wir noch gemütlich in der warmen Stube mit reichlich gutem Essen und die Erwachsenen gedachten der armen Menschen, die kein Zuhause mehr hatten. Wir saßen unter einem mit Liebe geschmückten Christbaum wie jedes Jahr und ich bekam Geschenke. Tante Käthe mit

Familie kam zu uns und ich spielte mit Jochim Mensch ärgere dich nicht. Vati stimmt auf dem Klavier Weihnachtslieder an. Alle waren glücklich, dass wir gesund beisammen sitzen konnten. Vati war bei uns und die Hoffnung auf Kriegsende war groß. Onkel Richard der Vater von Jochim war nicht unter uns, er musste an der Front bleiben.

Tante Käthe hatte einen Bruder, der mit Familie in Welzow wohnte. Dieser rief bei uns eines Tages, etwa Anfang Januar an und sagte: Na – wollt ihr nicht endlich packen und losziehen die Ostfront rückt immer näher. Die Russen stehen schon kurz vor Tschenchochau. Breslau wird in kurzer Zeit gestürmt und bombardiert werden und ihr könnt nicht mehr flüchten. Packt und kommt erst einmal zu uns, wir nehmen euch auf. Dieser Anruf hat unsere Mütter sehr beunruhigt, sie wollten es nicht wahr haben, dass auch wir unser Zuhause verlassen müssen. Die Väter im Krieg – ohne sie können wir doch nich flüchten und alles zurück lassen. Opa aber meinte, die Lage ist sehr ernst und wir sollten das Angebot von Onkel Walter annehmen. Wir müssen versuchen Vater zu erreichen und ihm mitteilen was Onkel Walter uns vorgeschlagen hat.

DIE FLUCHT BEGANN AUCH FÜR UNS

Eines Morgens, als ich erwachte, war schon geschäftiges Treiben in unserem Haus. Mutter und Großmutter packten Koffer, Körbe und Taschen. Großvater war in der Garage und hatte all unsere Tiere geschlachtet. Ich erschrak, die Tiere lagen tot nebeneinander auf dem Garagenfußboden, auch meine geliebte Lotte war dabei. Ich fragte Großvater warum er das gemacht hat und er antwortete mir: Wir müssen nun auch auf die Landstraße und flüchten und die Tiere sollen nicht Hunger leiden, wenn wir uns nicht mehr um sie kümmern können. Deshalb habe ich sie geschlachtet. Wir werden sie mitnehmen. Plötzlich stand mein Vater unverhofft in der Tür – ich freute mich – aber er hat mich gar nicht wie immer begrüßt. Er sagte zu Mutti – beeilt euch morgen müssen wir los. Du musst aber noch vorher nach Kant und einen Lieferwagen holen. Ich habe alles organisiert. Unser Andre wird dich zurückbringen. Mutti zog los. Es war bitterkalt. Sie musste mit der Bahn nach Kant fahren. Vater und Großeltern warteten angespannt auf die Rückkehr. Gegen Abend fuhr dann ein Kleintransporter mit Plane vor unser Haus und Mutti stieg aus mit dem Chauffeur Andre er war französischer Gastarbeiter in der Firma. Mutti erzählte uns dann wie abenteuerlich die Fahrt nach Kant war. Sie sagte zu uns, wir hier bekommen ja nicht mit, wie es draußen zugeht. Die Innenstadt von Breslau ist voller Menschen alle wollen nur weg, die ganze Stadt ist in Aufruhr, die Züge sind überfüllt und sie musste auf den schon anfahrenden Zug aufspringen und am Trittbrett wie viele andere auch die Strecke bewältigen. Sie danke Gott, dass sie das überlebt hat und war völlig erschöpft.

Mein Vater bestand darauf, dass Tante Käthe mit Familie zusammen mit uns auf die Flucht gehen. Tante Käthe war überrascht über den schnellen Aufbruch und wollte zuerst nicht, denn sie konnte ihrem Mann keine Nachricht senden. Sie hatte Sorge, ob sie sich jemals wieder finden werden. Vater konnte sie von der Notwendigkeit überzeugen, zumal wir ja ihren Bruder anreisen wollten. So packten auch sie noch schnell ihre Sachen zusammen.

Als Andre die vielen Gepäckstücke sah, war er außer sich. Das geht so alles nicht – meinte er. Der W agen ist halb mit Holz beladen. Das Auto wurde mit einem Holzgasofen betrieben. Wir sind 9 Personen, die alle sitzen müssen. Wie soll das gehen. So wurde vieles zurückgelassen. Mutter sortierte eilig die vielen Gepäckstücke um und legte wehmütig Dinge zurück, die sie gerne mitgenommen hätte. Andre schwenkte das wenige Gepäck auf den Wagen, dann gab er uns die Sitzordnung an. Die Mutter von Tante Käthe war sehr gebrechlich und wurde warm eingepackt in die Mitte des Führerhauses gesetzt. Mutti lief in der Zwischenzeit aufgeregt hin und her, ging durch das Haus, drehte das Wasser und die Heizung ab, deckte die Möbel ein und verschloss alle Türen einzeln. Vater lief eilig immer wieder zum Auto und sagte: Das musst Du alles nicht tun, dreh dich lieber noch einmal um, denn das alles sehen wir nie wieder. Wir nahmen dick in Decken gehüllt eingeengt auf dem Rest der Ladefläche Platz. Ich umklammerte fest meinen kleinen grünen Rucksack, in dem meine Lieblingspuppen Eva und Gretel saßen und eine Mundharmonika, die mir das Christkind erst gebracht hatte. Alle anderen geliebten Spielsachen musste ich zurücklassen. Ich saß eng neben Jochim. Die Plane wurde übergezogen, Vati stieg zu Andre und der Großmutter ins Führerhaus und los ging es auf der Straße mit dem Kopfsteinpflaster und wir reihten uns ein in den Treck der seit Wochen unterwegs war. Das Pflaster der Straße war nicht zu sehen. Die Straße war dick mit Schnee bedeckt. Es war der 23. Januar 1945, eines der kältesten Winter. Nachbarn standen weinend auf der Straße und winkten uns nach.

Einige verstanden unseren eiligen Aufbruch nicht und wollten noch abwarten, andere hatten nicht die Möglichkeit zu fliehen. Sie alle hofften auf das Kriegsende.

Andre hatte beschlossen uns bei der Flucht zu helfen, was ihm eigentlich nicht erlaubt war. Er hätte als Gastarbeiter das Firmengelände in Kant nicht verlassen dürfen. Auch mein Vater, das habe ich später erst erfahren, hat, wie man es nennt, Fahnenflucht begangen. Er ist ohne Erlaubnis zu uns nach Hause gekommen und hat seine Uniform und das Gewehr im Keller versteckt. Schon aus diesem Grund war Eile geboten, damit er gemeinsam mit uns auf die Flucht gehen konnte.

Wir kamen mit unserem Fahrzeug nicht schneller voran als die zu Fuß flüchtenden Menschen. Es war ein heilloses Durcheinander auf der Straße. Viele Karren blieben in dem tiefen Schnee stecken, kippten um, die Ladungen fielen in den Straßengraben. Ich sah tote erfrorene Menschen liegen, Gefangene in Sträflingsanzügen, tote Hunde und Pferde. Ich hörte schreiende Babys in ihren Kinderwagen. Immer wieder blieben wir stehen, es war kaum ein Vorwärtskommen. André wurde nervös, er wollte uns so schnell als möglich nach Welzow bringen und dann gleich wieder zurück nach Kant bevor es aufkam welches Risiko er für uns auf sich nahm. Wir waren geschützt vor Wind und Schnee durch die Plane auf unserem Auto, aber die vielen Menschen ohne Fahrzeug waren eingeschneit und der Schnee war an ihrer Kleidung gefroren. Die Großeltern weinten. Jetzt erkannten wir alle erst das Elend auf der Straße. Mutti drückte mich fest an sich und sagte immer zu mir. Bald sind wir da. Vati war beschäftigt laufend Holz nachzulegen, damit wir nicht stecken blieben. Er war froh, dass André sich bereit erklärt hatte unsere Flucht zu begleiten, alleine hätten wir das nicht geschafft. Die Eltern waren André dankbar für das Wagnis, das er für uns alle einging. Ich kann nicht sagen, wie viele Tage wir unterwegs waren, ich kann mich nur erinnern, dass wir in Schweidnitz in einem Gasthof übernachtet haben in wohligen Betten. Die Gastwirtin hat uns warme Ziegelsteine in die Betten gelegt, damit wir uns erst einmal aufwärmen konnten. Sie war sehr freundlich zu uns und wir bekamen dort auch eine warme Mahlzeit. Am nächsten Morgen ging es dann weiter in Richtung Görlitz. Wieder reihten wir uns ein in den Flüchtlingsstrom der Tag und Nacht unterwegs war. Görlitz war die westlichste Stadt Schlesiens. Letzte Station in unserer Heimat. Dort ging uns das Holz aus und wir konnten nicht weiter. Mein Vater und meine Großtante waren Stunden unterwegs ohne Erfolg. Andre hielt sich versteckt bei uns im Auto auf. Gegen Abend wurden die beiden dann in einem Sägewerk fündig. Vater hat mit einem Tauschgeschäft Holz zur Weiterfahrt bekommen. Aber nun benötigten wir auch noch Passagierscheine für die Weiterfahrt über die Landesgrenze.

Das war sehr schwierig, doch Vater unser aller Beschützer, hat es geschafft. Wie auch immer er wollte nicht darüber sprechen. Die Fahrt konnte weiter gehen und so kamen wir langsam unserem Ziel in der Mark Brandenburg der Stadt Welzow näher. An genaue Einzelheiten kann ich mich nicht mehr erinnern. Es war ein langer, schmerzlicher Weg für uns alle mit großen Entbehrungen. Eines Tages haben wir unser Ziel erschöpft, verbunden mit Ängsten, erreicht. Meine Eltern haben sich dankbar von unserem André verabschiedet und eilig fuhr er mit unserem Auto zurück nach Kant. Erst lange nach dem Krieg konnten wir erfahren, dass auch er noch Onkel Konrad mit Familie bei der Flucht helfen konnte. Allerdings mit viel größeren Schwierigkeiten und mit Beschuss und Fliegerangriffen. Nach dem Krieg haben wir von André kein Lebenszeichen mehr erhalten können und meine Eltern waren in Gedanken ihm ein Leben lang verbunden.

Onkel Walter und Tante Gitta haben uns liebevoll in ihrer 4-Zimmerwohnung aufgenommen. Hier glaubten wir uns erst einmal sicher. Die Eltern hofften, dass der Krieg bald zu Ende geht und wir wieder zurück können in unsere Heimat. Onkel Walter sagte zu meinem Vater, es war höchste Zeit für Euch, denn Breslau ist jetzt eine Festung, keiner darf mehr die Stadt verlassen. Das war die neueste Radiomeldung. Wir richteten uns, so gut es ging bei den Verwandten ein. Auf Dauer war es für alle zu eng und so ging Vater auf Wohnungssuche für die Großeltern. Er fand 2 Zimmer zur Miete und ich zog mit meinen Großeltern zu einem netten Ehepaar. Wir alle erholten uns erst einmal von der langen Flucht. Bis zum 20. 4. 45 blieb Welzow von den Kriegsgeschehen verschont. Aus der Ferne hörten wir Bomben und Fliegeralarm. Dann plötzlich marschierten auch in Welzow die Russen ein. Es waren die Mongolen. Mit Panzern donnerten sie durch den Ort, traten mit Füßen die Haustüren ein, stürmten alle Gebäude und plünderten und verschleppten die Frauen. Auf den Straßen wurde geschossen. Ich bekam schreckliche Angst. Wieder diese Uniformen und die bösen Gesichter, die mir Angst machten. Jetzt musste schnell gehandelt werden. Die Frauen wie auch meine Mutter und Tante Käthe wurden von Vater und Onkel Walter im Keller versteckt. Sie wurden unter Kartoffeln, Rüben oder Kohlen vergraben. Alle anderen Familien taten das gleiche. Täglich kamen die Mongolen mit ihren Gewehren in die Häuser und suchten nach jungen Frauen. Wir Kinder aber saßen eng umschlungen mit den Großeltern verängstigt im Keller vor dem Versteck unserer jungen Mütter. Da wurden die Russen wütend und schriehen unaufhörlich: Wo ist MADGA? Großvater sagte immer – die sind schon weg. Da schossen sie zornig an die Kellerdecke und verschwanden wieder bis zum nächsten Tag.

Über Cottbus wurde bombardiert und wir hörten die Fliegeralarme bis zu uns nach Welzow. Nachts wurden die Städte ausgeleuchtet und die Bombardierung kam auch bis zu uns nach Welzow. Der Ort lag jedoch günstig. Die hohen Sandaufschüttungen der Braunkohlenberge haben bei Verdunkelung unsere Stadt geschützt.

In dieser Zeit wurden wir total ausgeplündert. Von unserem Hab und Gut blieb kaum etwas übrig. Den mitgenommenen Schmuck hatte meine Mutter in Omas Mieder fest eingenäht, damit er nicht gefunden wurde. Oma wurde darüber mit alten Sachen gekleidet, damit die Russen kein Verlangen hatten die alte Frau zu berühren. Wer Ringe oder Uhren trug, dem wurden die Wertsachen abgerissen, sogar der Finger abgeschnitten. In diesen ersten Tagen des Eindringens der Russen suchte mein Vater Hilfe. Er ging in die dortige Unfallstation und bat um freiwillige Mithilfe. Meine Mutter und meine Tante konnten in der Krankenhausküche helfen, bekamen ein rotes Kreuz an den Arm und waren somit vor den Russen etwas geschützt. Mein Vater arbeitete Tag und Nacht, er transportierte Verwundete auf der Unfallstation und schob Karren mit Leichen von Soldaten und Zivilisten. Es war eine schreckliche Zeit. Ich lebte bei den Großeltern, kann aber nicht mehr berichten, wie ich tagsüber die Zeit verbracht habe. Abends, wenn die Christbäume zum Ausleuchten der Städte am Himmel standen, legte ich mich mit Opa flach auf den Boden im Garten und beobachtete das für mich interessante Lichtermeer. Die Versorgung klappte nicht mehr. Ich hatte Glück bei Mutti in der Krankenhausküche am Hintereingang eine warme Suppe zu bekommen.

Eines Abends ging ich mit meinem Großvater zu einem Acker, dort wurde ein verendetes Pferd geschlachtet und in der Schlange standen die Menschen um ein Stück Fleisch zu bekommen. Auch wir haben davon ein Bratenstück für Omas Kochtopf nach Hause bringen können. Sie brutzelte daraus einen Festbraten für uns alle.

Tante Käthe weinte sehr viel. Sie hat nichts mehr von ihrem Mann gehört und sie musste von uns allen getröstet werden.

Woche für Woche verging mit Bangen und der Angst um das Überleben. Meine Großmutter wurde krank und schwach. Großvater war ständig unterwegs Nahrung für uns zu besorgen. Die Mutter von Tante Käthe lag auch schwer krank im Bett. Kaum jemand verließ seine Häuser und Wohnungen. Die Russen hatten unseren Ort voll im Griff und plünderten in allen Häusern.

Die Bombardierung kam immer näher. Bei Flieger-alarm rannten wir in Keller oder in die nahe gelegenen Schächte der Bergwerke. Es gab mehrmals Beschuss auf die Unfallstation, wo unsere Mütter und mein Vater ar-beiteten.

Endlich Anfang Mai 1945 wurde das Kriegsende ver-kündet. Diese Nachricht veranlasste meinen Vater über unsere weitere Zukunft nachzudenken. Er sagte eines Ta-ges: Wir müssen versuchen nach Hamburg durchzukom-men. Hier können wir nicht bleiben. Tante Käthe wollte auf keinen Fall weiter ziehen. Hier war die Familie ihres Bruders und so lange sie von ihrem Mann keine Nachricht bekommt, wollte sie nicht weg. An die Proschim-Kirche in Welzow kann ich mich noch gut erinnern. In dieser Kirche saß ich sehr oft mit meinen Großeltern und wir beteten, dass uns der liebe Gott weiter beschützen möge.

DER NEUE AUFBRUCH UNSERER FLUCHT

Mein Vater beschloss, dass wir drei, meine Mutter und ich alleine weiter ziehen. Meine Großeltern konnten nicht mit uns gehen, da wir ja die weite Reise jetzt zu Fuß wa-gen mussten. Vater versprach seinen Eltern, sobald die Möglichkeit eines Transportes besteht, sie beide nachzu-holen. Onkel Walter gab uns einen Leiterwagen, den wir mit unserem restlichen Hab und Gut und Lebensmitteln voll packten. Ich durfte obenauf sitzen und Tante Gitta drückte mir noch liebevoll zum Abschied ein selbst gesticktes Sofakissen unter den Arm. Das Kissen blieb viele Jahre mein Begleiter. Der Abschied war schwer, alle weinten bitterlich. Ich aber saß fröhlich auf dem Leiterwagen, die Sonne schien warm und ich wartete spannend darauf, dass meine Eltern endlich losziehen. Jochim rannte hinter dem Leiterwagen ein ganzes Stück winkend mit, bis wir uns aus den Augen verloren. Wie lange wir unterwegs waren, das kann ich nicht mehr sagen.

Über Wochen waren wir zu Fuß unterwegs – wir schliefen im Freien und in Heuschobern. Von Früchten auf dem Wegesrand haben wir uns ernährt. Kamen wir in einen Ort, versuchte mein Vater immer ein Stück mit dem Zug weiter zu kommen. Es waren nur Güterzüge unterwegs. Voll mit Menschen, Tieren und Bedarfsgütern.

Wir lagen oft Stunden, Tage und Nächte an Bahnhöfen, wenn es hieß, dass Flüchtlinge, sofern der Platz ausreicht, mitgenommen werden. Einige Strecken konnten wir auch mitfahren. Die Waggons waren überfüllt mit Flüchtlingen aller Altersgruppen, Kranke, Verwundete, Kinder die weinten und alte Leute`, die stöhnten und jammerten. Es roch nach Schmutz, alles war unhygienisch und ekelig. Man saß oder lag auf dem Fußboden. Mutter band mir ein Tuch vor den Mund, damit ich die schlechte Luft nicht einatmen musste. Mitten auf der Strecke blieb dann oftmals der Zug stehen und wir mussten aussteigen und die Reise ging wieder zu Fuß weiter. Mein Vater war immer bemüht für uns am Abend eine Bleibe zu finden. So kann ich mich erinnern, dass wir einmal in einem Dorf bei einem Bürgermeister Einlass fanden. Wir wurden reichlich bewirtet und ich bekam eine Schüssel frische Erdbeeren mit Milch. Das war himmlisch. Meine Eltern und die

Bürgermeisterfamilie saßen zusammen an einem Tisch und es wurde viel erzählt. Ich bekam ein schönes sauberes Bett. Wir hatten auf unserer Reise öfters liebenswerte Menschen getroffen, die uns eine Übernachtung ermöglichten. Vater war um uns sehr besorgt und gab sein Bestes, dass es uns auf dem weiten Weg immer gut ging. Wir sollten nicht Hunger leiden und hat er oft wie ein Bettler vor den Türen für uns gestanden.

Eines Tages erreichten wir dann den Elb-Übergang, den jeder Flüchtling von Osten kommend, wenn er nach Hamburg weiter wollte, passieren musste. Die Elbbrücke war mit bewaffnetem Englischem Millitär bewacht und es gab nur bestimmte Zeiten mit den richtigen Ausweispapieren zur Überquerung.

Der Fluss, die Elbe, war riesig, so etwas hatte ich noch nie gesehen und die Brücke für mich endlos lang. Vor dem bewachten Zugang war freies Gelände. Wiesen und Felder mit tausender wartender Menschen Schulter an Schulter und Gepäck. Die Flüchtlinge saßen aufrecht, angespannt, oder lagen und schliefen. Es war sehr still. Vater befahl uns auch hinzusetzen. Der Leiterwagen stand neben uns. Nun müssen wir abwarten wie alles hier weiter geht, meinte er. Mein Vater ging immer auf Erkundigungsgang. Wir beide, Mutter und ich blieben zurück. Er sagte, er habe gehört, dass man den Übergang nur mit richtigen Papieren passieren darf, die wir aber nicht haben. Es wird mit einem Lautsprecher durchgesagt, wer vortreten darf. Wir brachten dort 2 Tage und 2 Nächte wartend im Freien. Immer, wenn vor uns einige Leute nach einer Lautsprecherdurchsage sich erhoben und zur Brücke eilten, rutschten wir nach, um näher an den Übergang zu kommen.

Es war nachmittags, da sprang mein Vater plötzlich auf – los schnell laufen, laufen, mir immer nach. Er hatte den Leiterwagen gepackt und eilte uns voraus. Vater stürmte zur Brücke, wir hinter ihm an den Wachposten vorbei. Vater packte meine Hand, zog mich wie wild hinter sich her und wir rannten über die endlos lange Brücke und erreichten das Gegenüber, die von den Engländern besetzte Zone. Endlich geschafft. Mutter wusste nicht wie ihr geschah. Sie hatte keine Zeit zu denken. Später habe ich erfahren, dass durch den Lautsprecher der Ausruf kam: Verfolgte des Faschismus haben Vorrang. Das nahm mein Vater als einmalige Chance zum Aufbruch und wir hatten Glück – großes Glück in dem Gedränge ohne Papiere einfach mit durch zu kommen. Viele Leute lagen wochenlang an diesem Übergang fest und mussten auch teilweise wieder umkehren.

Vater umarmte uns und sagte, jetzt sind wir frei, jetzt müssen wir nur noch die Gneisenaustraße in Hamburg-Altona finden. Dort wohnte eine Verwandte meiner Mutter.

Hamburg war total zerbombt, wir sahen nichts als Ruinen. Die ganze Stadt lag in Schutt und Asche. Wir hatten keine Ahnung, ob die Tante Frieda noch am Leben war und ob das Haus noch steht, in dem sie wohnt.

So irrten wir mit unserem Leiterwagen, dem die Räder immer wieder abfielen und Vater sie ständig auf das Neue befestigen musste, durch Hamburg, bis wir endlich die Straße, wo die uns unbekannte Tante wohnte, erreichten. In dieser Straße sahen wir links und rechts nur Ruinen. Große Ziegelsteinhaufen lagen auf den Bürgersteigen. Wir suchten die Hausnummer und was für ein Glück, zwischen den zerbombten Häusern standen 3 unbeschädigte, und in einem davon war das Zuhause der

Tante Frieda. Tante Frieda hatte keine Ahnung, dass wir zu ihr kommen. Sie war eine alte alleinstehende Dame, ledig und pensionierte Buchhalterin des berühmten Theaterhauses Flora in Hamburg. Sie bewohnte den zweiten Stock in einem schönen herrschaftlichen Mietshaus mit einem Fahrstuhl. Der Fahrstuhl war für mich eine Besonderheit. Vor der Einstiegstüre war ein verziertes Eisernes Gitter angebracht, welches man erst aufschieben musste, und die Kabine hatte Glasfenster eingefasst mit dicken schweren Holzrahmen. Ich bin noch nie Fahrstuhl gefahren und habe auch so etwas noch nie gesehen. Etwas ängstlich stieg ich zusammen mit den Eltern ein und wir erhoben uns in die obere Etage. Das war ein Erlebnis für mich. Vater klingelte an der Türe. Die Tür ging auf und eine abgemagerte, kleine Frau schaute uns überrascht an. Wir kannten uns ja bisher nicht persönlich, meine Mutter begrüßte Tante Frieda zuerst und stellte sich als Nichte von Tante Käthe vor. Da wurden wir plötzlich auf das Herzlichste umarmt und hereingelassen.

Wir bekamen Tee und Kekse serviert. Tante Frieda, war eine Schwester des Ehemannes von Tante Käthe, und von Geburt an gehbehindert. Es war für sie selbstverständlich uns aufzunehmen, immer wieder drückte sie uns fest an sich und sagte, ich bin froh, dass ich nicht mehr allein bin. Bei ihr wohnte zwar ein alter Herr, ein Lebensgefährte aber auch schon sehr betagt. Er war Holländer und ich konnte ihn nicht verstehen. Beide waren zusätzlich auch noch schwerhörig und hatten Hörgeräte an ihren Ohren. Wir bekamen ein Zimmer zugeteilt und ich durfte in einem kleinen Salon auf dem Sofa schlafen. Küche und Bad stand für uns alle zur Verfügung. Meine Eltern waren sehr dankbar für die Gastfreundschaft und

Mutter führte von diesem Tag an für uns alle den Haushalt. Tante Frieda war darüber sehr froh. Sie spielte gern mit ihrem Lebenspartner, den sie immer Eise rief, Schach und wir konnten uns frei in der Wohnung bewegen.

Die Versorgung war knapp, es wurden Essensmarken eingeführt, die nicht ausreichten für den täglichen Bedarf. Deshalb ging mein Vater wie viele Leute auf den Schwarzmarkt. Es sprach sich herum wo man diese finden konnte. Es blieb ein Geheimtipp. Mutter sorgte sich sehr, wenn Vater zu diesem Markt ging, denn es war verboten und sogar strafbar, wenn man dabei erwischt wurde. Tante Frieda war immer dankbar, wenn spät in der Nacht Vater mit einer vollgepackten Tasche unversehrt nach Hause kam. Sie sagte immer zu mir, wenn wir deinen Vater nicht bei uns hätten, dann müssten wir Hunger leiden.

Meine Zeit in Hamburg in der Gneisenaustraße fand ich sehr schön. Es gab dort viele Kinder und wir befreundeten uns schnell. Wir spielten Ball, Verstecken in den Ruinen und malten uns Hüpffelder auf das Straßenpflaster. Neben unserem Haus war im Kellergeschoß ein Bäcker. Die Backstube konnte man vom Bürgersteig aus sehen und es gab auch einen Außenzugang vom Bürgersteig für die Kundschaft. Aus diesem Kellerfenster roch es köstlich nach frischem Brot. Wir Kinder bettelten jeden Morgen nach einem Brötchen. In Hamburg sagte man Rundstück dazu. Manchmal bekamen wir von dem Bäcker ein Rundstück geschenkt. Damit rannte ich dann zurück in die Wohnung und tauchte es in Wasser, drückte das Rundstück in Zucker und dann war für mich die Welt in Ordnung.

Es kam der Tag meiner Einschulung. Die Schule war am Ende unserer Straße und ich konnte sie zu Fuß erreichen.

Eine Schultüte gab es zu dieser Zeit nicht. Meine Mutter hat für mich für diesen ersten Schultag ein paar Haferflockenplätzchen mit Kakao gebacken und sie mir in eine selbst gebastelte Tüte aus Zeitungspapier gewickelt. Die schmeckten so himmlisch und bat ich noch viele Jahre diese Leckerbissen für mich zu backen. Von den Engländern bekamen wir Schulspeisung. Die Soldaten kamen täglich mit riesigen Behältern mit Essen in unsere Klassenzimmer und die Lehrer beaufsichtigten uns, dass wir alles aufessen. Viele der Kinder waren unterernährt. Wenn es Aprikosensuppe gab, war es ein Problem für mich. Ich konnte die Suppe nicht essen. Sie schmeckte schrecklich und hatte eine dicke kalte Haut oben auf. So habe ich immer versucht meine Schüssel unter dem Rock zu verstecken und damit auf die Toilette zu kommen. Manchmal wurde ich dabei erwischt und ich musste zur Strafe nachsitzen. Ich dachte mir dann immer, lieber nachsitzen – nur nicht die Suppe essen müssen. In Hamburg wurde „spitz" gesprochen. Das musste ich erst lernen. Aber bald war es kein Problem mehr für mich und das „sch" wurde spitz. Für den Deutschunterricht war diese hochdeutsche Aussprache für mich von großem Vorteil.

Zwei Jahre habe ich in Hamburg die Schule besucht mit guten Ergebnissen. Mein Vater hat mir sogar eine gebrauchte Schultasche organisiert, auf die ich sehr stolz war. Vater versuchte stets in Hamburg eine Stellung zu bekommen, was ihm aber nicht gelang. Viele Frauen waren als Trümmerfrauen eingeteilt. Auch meine Mutter half kurze Zeit mit. Die Stadt musste aufgeräumt werden. Mein Vater war zum Tütenkleben abgestellt. Eines

Tages beschloss Vater nach den Großeltern in Welzow zu sehen. Er wollte sein Versprechen einlösen, das er seinen Eltern bei unserem Aufbruch in Welzow gab. Es ist ihm gelungen die Großeltern zu uns nach Hamburg zu bringen. Für die Großeltern mietete er zwei Zimmer zur Untermiete in Gastedt, ein Außenbezirk von Hamburg, den man aber mit der Bahn gut erreichen konnte. Die Wohnung lag im Grünen und Großvater konnte dort im Garten wieder Gemüseanbau betreiben für unser aller Wohl. Auch waren viele Obstbäume, vor allem Kirschbäume in dem Garten und wir hatten reichlich davon zu essen. Großmutter hatte sich in der Zwischenzeit einigermaßen erholt und hatte für den Haushalt wieder Kraft gefunden.

In den Ferien haben mich dann meine Eltern immer zu den Großeltern gebracht und ich wurde reichlich von beiden verwöhnt.

Zu dieser Zeit trug ich Zöpfe, die nur meine Mutter flechten durfte. Sie mussten sehr fest angezogen werden und das beherrschte nur meine Mutti. So war es für mich eine Qual, wenn ich bei Oma war und sie meine Zöpfe geflochten hat. Ihre Finger waren steif und da klappte es nicht so, wie ich es wollte. Da gab es öfters Tränen, wenn sie nicht so fest waren wie bei Mutti.

Eines Tages als ich morgens erwachte und nach Mutti Ausschau hielt, sagte Vati zu mir, Mutti habe ich heute Nacht in das Krankenhaus gebracht, du bekommst ein Geschwisterchen. Ich war sehr erstaunt darüber. Bisher hatte keiner mit mir darüber gesprochen. Viele Fragen stellte ich nun meinem Vater und er sagte zu mir: Morgen darfst du mitfahren und deine Schwester besuchen. Ich konnte es kaum erwarten mit Vater in das Krankenhaus zu fahren. Aber wer macht mir jetzt meine Zöpfe? Das schaffe ich auch noch, meinte Vater und fing an. Ich rief immerzu fest, fester anziehen. Es hat dann irgendwann geklappt. Vater habe ich damit sehr genervt.

Dann stand ich vor Muttis Bett mit dem kleinen Kind in ihrem Arm. Ich fragte, wann sie denn mit dem Baby zu uns nach Hause kommt. Darauf musste ich viele Wochen warten. Meine Schwester machte es Mutter nicht leicht. Das Becken wurde bei der Geburt verschoben und strenge Bettruhe war angesagt. Einmal nur in der Woche besuchten wir Mutter mit Schwesterchen in der Klinik in Eppendorf. Der Weg dahin war weit und mussten wir mit der Straßenbahn viele Stationen fahren. So war ich mit Vater viele Wochen alleine, Tante Frieda saß nur am Schachbrett, Vater hat uns, so gut er konnte, versorgt und ich war froh in der Schule Abwechslung zu haben. Ein Kinderbettchen wurde aufgestellt im Schlafraum meiner Eltern. Wäsche und Windeln kamen ins Haus und ich bestaunte die vielen Dinge die mein Schwesterchen alle braucht. Endlich war es so weit, Mutti kam mit einem in Decken gehüllten Bündel nach Hause. Das Baby wurde ausgepackt und in das Bettchen gelegt. Ich beobachtete alle Handgriffe meiner Eltern sehr genau. Das Baby weinte und ich wollte es trösten. So stand ich nun jeden Tag vor dem Bett und schaute meine Schwester an. Sie bekam ihr Fläschchen, an dem sie gierig zog. Für Neugeborene gab es Sondermarken zur Versorgung und habe ich später, als sie Breikost bekam immer gierig gewartet und gehofft, dass das Kind bald satt ist. Den restlichen Brei durfte ich dann essen und der schmeckte mir sehr gut. Die erste Zeit habe ich meine Freunde vernachlässigt, um nichts zu versäumen, wenn das Kind gebadet und gewickelt wurde. Die Sorgen meiner Eltern, wie alles nun zu viert weitergeht, die habe ich zu dieser Zeit nicht erkannt. Vater sagt immer, nur gut, dass Tante Frieda und Eise schwerhörig sind, so hören sie das viele Geschrei nicht. Tante Frieda saß wie immer an ihrem Schachbrett hinter zugezogener Tür. Der Familienzuwachs und die noch von Schmerzen geplagte Mutter ließen meinem Vater keine Zeit sich weiter um eine Stellung zu kümmern. Meine Schwester geboren am 29. Oktober 1946 wurde noch im gleichen Jahr getauft in der evangelischen Kirche Hamburg – Altona und sie bekam den Namen Renate. Die Großeltern aus Gastedt besuchten mit uns den Taufgottesdienst. Zuhause bei Tante Frieda gab es eine Kaffeestunde im engsten Kreis.

Mein Vater versuchte immer wieder herauszufinden, wo sich sein Bruder mit Familie nach der Flucht nun aufhält. Jedoch ohne Erfolg. Eines Tages bekam Tante Frieda Post von Onkel Konrad aus Forchheim mit der Frage, ob Bruder Willi bei ihr lebt. Die Freude war groß, die Brüder haben sich nach den Kriegswirren endlich wieder gefunden. Von da an blieben die Brüder in regem Briefkontakt. Onkel Konrad hatte bereits Verbindung zu den damaligen Fabrikanten aufgenommen. Er hatte sich beworben für Generalvertretungen wie sie es vor ihrer Selbstständigkeit in Breslau ausübten. Die nordischen Firmen waren interessiert ihre Artikel auch im Süden von Deutschland vertreiben zu können und so bekam Onkel Konrad eine Generalvertretung für Bayern. Das war unter anderem die Firma Stonsdorfer mit Kräuterlikör und Thienelt mit der Kroatzbeere. Damit bereiste Onkel Konrad eines Tages die Stadt Weidach in der Oberpfalz, um die Artikel bei Großhändlern anzubieten. Bei einer

Großhandelsfirma in der 40 000 Einwohner Stadt hat er erfahren, dass diese einen Geschäftsführer sucht. Sofort teilte Konrad seinem Bruder in Hamburg die freie Stelle mit und Vater fuhr gleich am nächsten Tag mit dem Zug in die Oberpfalz und bekam die Anstellung.

DER NEUANFANG IN DER OBERPFALZ 1947

Vater hatte vier Wochen Zeit den Umzug von Hamburg in die schöne Oberpfalz nach Weidach zu planen. Weidach hatte wie alle westlichen Städte viele Flüchtlinge aufgenommen und war der Wohnraum für Neuzuzug knapp. Große Flüchtlingslager hatte die Stadt provisorisch zur Verfügung gestellt. Die Oberpfalz war überfordert von dem riesigen Flüchtlingsstrom, in so eine Einrichtung wollte Vater mit uns keinesfalls ziehen. So beschloss Vater erst einmal in einem Hotel, damals das Hotel Anker für uns ein Zimmer zu buchen. Der Abschied von Tante Frieda und ihrem Eise fiel uns allen nach der gemeinsam durchlebten schweren Zeit sehr schwer. Tante Frieda war nun wieder auf sich allein gestellt und fürchtete sich sehr, wie sie das durchstehen wird. Meine Großeltern in Gastedt blieben auch wieder erst einmal zurück. Vater hat ihnen jedoch wieder versprochen, wenn wir vor Ort wieder Fuß gefasst haben, sie nachzuholen. So stiegen wir nun zu viert in den Zug nach Weidach in die schöne Oberpfalz. Unsere wenigen Habseligkeiten wurden per Bahn verschickt.

Der Wirt des Hotels hat uns ein großes Zimmer zur Verfügung gestellt, wo wir vier alle Platz hatten. Er war

sehr nett zu uns und Mutti durfte in der Hotelküche für
meine Schwester das Fläschchen und die Mahlzeiten
selbst zubereiten. Ich kann mich noch erinnern, dass ich
mit Mutti in den großzügigen Hotelgängen Ball gespielt
habe und mit Schwester Renate die ersten Gehversuche
gemacht habe. Vater ging täglich früh morgens zu Fuß
zur Arbeit. Am Abend haben wir ihn dann immer abgeholt und sind gemeinsam in unsere provisorische Bleibe zurückgelaufen. Alles war für uns wieder fremd und
wir mussten uns in der neuen Stadt erst einmal orientieren. Täglich nach Feierabend ging Vater für uns auf
Wohnungssuche. Es war nicht leicht etwas für uns vier
zu finden. Eines Tages kam Vater zurück und teilte uns
freudig mit, dass wir bei einer alten Dame in der Sedanstraße 27 im 2. Stock zwei Zimmer zur Untermiete bekommen können.

Wir stellten uns bei Frau Vaillant vor und sie nahm
uns gern auf. Für mich war sie gleich ein Oma-Ersatz.
Aber die Hausbesitzerin Frau Wittmann war nicht begeistert von der Untervermietung an Flüchtlinge. Das
ließ sie uns allen sofort merken. Wir bekamen Anweisung wie wir uns in dem Haus zu verhalten haben und
dass wir mit dem Wasser zu sparen haben. Nur alle vier
Wochen durfte der Waschkessel, der im Hinterhof in
einem Schuppen untergebracht war, von uns benutzt
werden. Ein Badezimmer gab es nicht in dem Haus und
so sind wir einmal wöchentlich in eine öffentliche Bade-
einrichtung gegangen. Mutti packte eine Tasche mit der
frischen Unterwäsche und Handtücher und dann stellten wir uns in einer Reihe an, um in eine Badewanne zu
hüpfen. Das war immer ein besonderer Tag für uns alle.
Zuhause in Breslau und auch bei Tante Frieda hatten

wir unser eigenes schönes Bad. Mutti fiel die Waschverordnung sehr schwer, denn mit einem Kleinkind gab es schließlich viel Wäsche. Aber wir haben uns arrangiert und mir wurde aufgetragen immer höflich und anständig zu sein. Ich wurde in die Clausnitzer-Schule, die gleich nebenan war, angemeldet. Die Klassen waren eingeteilt in Flüchtlingsklassen und Einheimische Klassen. Das gefiel meinem Vater nicht und er bestand darauf nach einer eingehenden ärztlichen Untersuchung auf meinen Gesundheitszustand, Sauberkeit, Läuse und Zeugnisergebnissen mich nicht in die Flüchtlingsklassen einzuordnen. In Hamburg gab es diese Einteilung nicht. So kam ich in die Klasse der Frau Weidmann. Eine strenge Lehrerin, mittleren Alters, die mich sehr genau beobachtete, wie ich mich unter den einheimischen Kindern eingewöhnte. Bald wurde ich von ihr akzeptiert, denn sie merkte, dass ich sehr lernwillig und anständig war. Mit meinen Oberpfälzer Mitschülern allerdings hatte ich anfangs Probleme. Sie lachten mich ständig aus, wenn ich Hochdeutsch sprach und spitz. Aber nach den ersten Diktaten, die mir stets eine eins einbrachten, bekamen sie Respekt. In Deutsch waren die Oberpfälzer Schüler mit ihrem Dialekt sehr schwach. Das war ein großes Plus für mich und es entstanden neue Freundschaften. Sehr bald fühlte ich mich aufgenommen in meiner neuen Umgebung.

Mein Vater war sehr streng und überwachte nach Feierabend täglich meine Hausaufgaben. Als wir das Einmaleins in der Schule anfingen zu lernen, da fragte er mich jeden Sonntagvormittag ab. Er saß in seinem Sessel, ich platzierte mich vor ihn und dann ging es los. Quer durch das Einmaleins fragte er mich ab. Ich durfte nicht lang überlegen. Das muss wie aus der Pistole geschossen kommen, meinte er immer. Also noch einmal und noch einmal. Nach Wochen des Übens hat es dann geklappt und wir beide fanden Freude daran wie flott es ging. Ja, manchmal bei einem Spaziergang kam es plötzlich aus seinem Mund 8 x 8 usw. Noch heute kann ich alles wie im Schlaf. Übung macht eben den Meister.

Von dem Zimmer in unserer Wohnung konnten wir den Fischerberg erblicken. Das war für uns alle ein Erlebnis. Wir strahlten – wir sind in den Bergen – das war Neuland für uns. Mit Begeisterung sind wir an freien Tagen zu Fuß ins Grüne gewandert, um dem für mich damals riesigen Berg näher zu kommen. Wir waren begeistert von unserem neuen Wohnort, keine Ruinen, alles stand unversehrt an seinem Platz.

Ich spielte mit den Oberpfälzer Kindern wie in Hamburg Ball und Kreisel auf der Straße. Als ich einmal mit dem Ball an die Hauswand spielte mit verschiedenen Handschlägen waren die Kinder begeistert. Das kannten sie nicht und ich erzählte ihnen, dass ich das in Hamburg immer so gespielt habe. Wir haben dabei gezählt und wenn der Ball herunter fällt kommt der nächste an die Reihe. Sie alle fanden das neue Spiel toll und so verabredeten wir uns täglich zu dem Ballspiel. Ich musste dabei erzählen was ich auf der Flucht erlebt habe und die Kinder waren so begeistert und neugierig, dass ich wenn mein Ball herunterfiel trotzdem weiter spielen und erzählen musste.

In der fünften Klasse war Lehrerwechsel und wir bekamen einen Lehrer namens Griesmeier. Die Klasse war mit Jungs und Mädchen gemischt. Herr Griesmeier war kriegsverletzt und hatte seine linke Hand verloren, er trug eine Holzhand. Er war zu uns Mädchen sehr nett, aber die Buben hatten ständig Ärger mit ihm. Bei Ungehorsam mussten sich die Jungs über die Schulbänke legen und sie bekamen mit dem Rohrstock mehrmals auf ihr Hinterteil kräftige Hiebe. Bei Hermann und Siegfried wurde dies zum morgendlichen Ritual. Lehrer Griesmeier griff durch und befahl den beiden jeden Morgen bevor er das Klassenzimmer betritt schon über der Schulbank zu liegen bis auf Widerruf. Nach dem Morgengruß war sein erster Griff nach dem Rohrstock und jeder bekam drei Hiebe. Weil das sehr schmerzte, zogen die beiden nur noch Lederhosen an. Wir Mädchen kicherten belustigt, selber Schuld, war unsere Meinung. Doch manchmal tat es uns auch leid, wenn wir Tränen in ihren Augen entdeckten.

Unfolgsame Mädchen mussten ihre Hände ausstrecken und dann wurde der Stock über die Finger geschlagen. Das kam zum Glück aber selten vor. Trotz allem liebten wir unseren Lehrer sehr. Wir haben viel bei ihm gelernt und er hat jedes Jahr eine Theatervorführung mit uns eingeprobt, die wir dann in dem Vereinshaussaal für Eltern und Bekannte aufführen durften. Wir bastelten unsere Kostüme und Bühnenbilder selbst unter seiner Anleitung.

Dazu waren viele Wochenenden notwendig worauf wir uns immer freuten, und mit großem Elan seine Anweisungen ausführten. Als Dank haben wir Mädchen auch gern mal in seinem Haushalt mitgeholfen, denn mit einem Arm merkten wir, dass auch er auf Hilfe angewiesen war. Die drei Schuljahre bis zum Übertritt in die Mittelschule waren sehr harmonisch und wir fühlten uns wie in einer großen Familie unter seinen Fittichen.

An Fronleichnam wurden wir beauftragt, unter Anleitung der Hausbesitzerin die Fenster mit Blumengebinden zu schmücken. Alle Mieter des Hauses wie auch die der Nachbarhäuser waren tagelang damit beschäftigt Girlanden aus Tannenzweigen zu flechten und mit Margeriten und allen anderen Blüten die im Frühling auf den Wiesen wuchsen zu schmücken. Für meine Mutter war das fremd und musste sie sich notgedrungen mit unter die Frauen im Hof setzen und an dem Blumenschmuck mitwirken. Am Vorabend vor Fronleichnam wurden von der Stadt Birken an den Straßenrändern aufgestellt. Ich fand das sehr schön und war begeistert von dem frühlingshaften Anblick. Die Hauswirtin ging immer wieder vor das Haus und begutachtete ob die Mieter ihre Fenster alle sorgsam geschmückt haben. An dem katholischen Feiertag Morgen war dann ein kirchlicher Umzug, alle Leute in Sonntagsgewändern und wir sahen von unserem Fenster aus zu, wie der lange Zug an unserem Haus vorbei marschierte. Mutti erklärte mir den katholischen Feiertag, denn wir als Evangelisten kannten diese Feierlichkeit nicht.

Es wurden Kirchenlieder gesungen und die Musikkapelle spielte dazu. Der Pfarrer unter einem wertvoll verzierten Himmel begleitete den Festzug. Wir staunten über die Pracht, die wir bisher noch nie gesehen hatten. Abends wurde dann der Schmuck wieder eingesammelt und entsorgt.

Zu dieser Zeit war die Stadt mit Gaslaternen beleuchtet. Ein Nachtwächter zog allabendlich durch die Straßen und hat die Laternen angezündet und am frühen Morgen wieder ausgemacht. Ich sah ihm oftmals vom Fenster aus zu. Mit einem dunklen bodenlangen Mantel war er bekleidet und sein Hut verdeckte Kopf und Gesicht. Er war etwas gruselig anzuschauen. Manchmal stimmte er auch ein Lied an vom Laternenmann.

Zwei Jahre wohnten wir bei der lieben Frau Vaillant, für die meine Mutter ebenfalls den Haushalt mit übernahm. Sie wurde krank und verstarb. Wir waren sehr traurig über den Verlust. Frau Wittmann, die Hausbesitzerin, vermietete uns dann die gesamte Wohnung.

Sie hat in der Zeit wohl gemerkt, dass sie mit uns als Mieter eine gute Wahl getroffen hat. Mein Vater fing das renovieren der alten Wohnung an. Wir bauten auf unsere Kosten ein Badezimmer ein mit einem Holzbadeofen. Der Fußboden bekam einen Linoleumbelag in blau. Ein Maler tapezierte alle Räume neu und wir richteten uns eine neue Küche ein. Ich bekam ein eigenes Zimmer und Renates Kinderbettchen stand im Elternschlafzimmer.

Ich bekam den Auftrag, den Badeofen zwei mal in der Woche am spät Nachmittag anzuheizen, damit Vater von der Arbeit kommend abends gleich warmes Badewasser zur Verfügung hat. Bisher konnten wir uns nur in einer Zinkwanne waschen und das Wasser wurde auf dem Ofen in Töpfen erhitzt. Die Wanne stand dann in der Küche und nacheinander wurden wir von Mutti mit dem Waschlappen abgerubbelt. Das Anheizen dieser Neuanschaffung war für mich eine große Herausforderung. Wie angewiesen habe ich die Kohle und das Holz hineingelegt, aber das Feuer wollte einfach nicht entfachen. Vor Sorge, dass das Wasser nicht rechtzeitig warm wird, habe ich mich dann vor das Ofenloch auf den Bauch gelegt und fest geblasen und gebetet, lieber Gott lass das

Feuer endlich angehen. Voller Stolz war ich dann, wenn der Kessel zur rechten Zeit warm war. Von meinem geheimen Ritual habe ich den Eltern nichts erzählt.

Meine Eltern haben Tante Käthe und ihre Familie trotz allem Trubel mit dem Neuanfang nicht vergessen. Onkel Richard kam unversehrt aus dem Krieg zurück und sie haben sich in Erfurt in der damaligen DDR niedergelassen. Es ging ihnen nicht gut – es fehlte an allem und so haben meine Eltern viele Jahre Pakete geschickt. Sie sollten teilhaben an unseren guten Lebensmitteln, die wir uns leisten konnten. Bayern war von den Amerikanern besetzt. Sie waren viel freundlicher zu den einheimischen Leuten als die Engländer. Die Soldaten fuhren täglich mit ihren offenen Jeeps durch die Straßen und lachten uns Kinder an. Sie verteilten Kaugummi und Schokoriegel und gierig griffen wir danach. Ich sah zum ersten Mal schwarze Menschen und war begeistert von den weiß blitzenden Zähnen, die uns immer anlächelten. Meine Ängste vor den Soldaten aus der vorhergehenden Zeit verschwanden.

Onkel Konrad, der Bruder meines Vaters ist mit seiner Familie in der Zwischenzeit nach Nürnberg gezogen und hat dort sein Büro für den Vertrieb eröffnet. Er bekam leider mehrere Schlaganfälle und war linksseitig gelähmt. So sind wir sehr oft am Wochenende nach Nürnberg gefahren, weil Vater seinen Bruder unterstützen wollte. Onkel Konrad hat sich nicht mehr erholt und ist frühzeitig verstorben und seine Frau stand plötzlich allein mit ihren beiden Söhnen mit dem Geschäft da. Mein Vater hat sich sehr bemüht und Tante eingewiesen, damit sie weiter ihren Unterhalt verdienen konnte.

Mit 14 Jahren wurde ich konfirmiert. Der Konfirmanden-
unterricht war eine zusätzliche lernintensive Zeit. Jeden
Sonntag mussten wir zum Konfirmandengottesdienst in
der Michaels Kirche erscheinen und am Samstag Nachmittag fand der Unterricht statt. Wir hatten sehr viel aus-
wendig zu lernen worüber wir dann abgefragt wurden.
Eine besondere Freude bescherte mir die Konfirmation.
Meine Mutter ging mit mir zum Friseur und ich durfte
meine Zöpfe abschneiden lassen. Der Friseur legte meine
abgeschnittenen Zöpfe gebunden mit einer Schleife in eine
Schachtel und überreichte sie mir zur Erinnerung. Stolz
marschierte ich mit dem Karton unter dem Arm mit Mutti
nach Hause. Zu dieser Zeit war ich sehr gut genährt und
konnte meine Mutter kein passendes Kleid für mich in
einem Ladengeschäft finden. So bekam ich ein schwarzes
Spitzenkleid von einer Schneiderin angefertigt. Zusätzlich hat mir die Schneiderin darunter ein pinkfarbiges
Unterkleid genäht. Die Spitzen waren durchsichtig und
die Farbe konnte herrlich durchschimmern. Sie meinte,
damit könne ich dann anschließend gleich das Kleid für
den Abend verwenden, wenn ich einmal in ein Konzert
gehen möchte. Die Konfirmation war für mich mein erstes
schönes Fest im Kreise der Familie. Mit meiner Freundin
Hannelore bin ich dann auch gleich anschließend regelmäßig zu klassischen Konzerten in unser Vereinshaus gegangen. Wir saßen dann beide stolz in den ersten Reihen
und lauschten den Klängen. Mehr aber interessierten wir
uns für die Musiker selbst. Wir hatten Spaß daran sie zu
beobachten und tauschten uns leise aus, welcher uns von
den Herren besser gefiel.

Die Eltern waren zufrieden mit dem geglückten Neuanfang. Wir hatten ein schönes gemütliches Zuhause.

Vater eine gute Anstellung, die ihm Freude machte, und wir konnten uns wieder einiges leisten.

Unser Vater legte großen Wert auf gepflegtes Äußeres und stilvolles Auftreten. Er wollte wie zuhause in Breslau wieder maßgeschneiderte Anzüge tragen und auch Mutti und wir Kinder sollten wieder neu eingekleidet werden. Wir Töchter wurden bei Tisch zu gepflegten Manieren angehalten. Wir bekamen Anweisung wie wir Messer und Gabel zu halten haben. Wir wurden moniert, wenn wir nicht aufrecht am Tisch saßen und mussten leise sein, wenn sich die Erwachsenen unterhalten. Alles was Vater an uns nicht gefiel nahm er in Angriff um es zu ändern oder zu verbessern.

Schwester Renate war ein Daumenlutscherkind. Das gefiel unserem Vater überhaupt nicht, denn Renate steckte ihren Daumen auch tagsüber, egal wo sie gerade war, in den Mund, wenn ihr danach war. Der Daumen war schon ganz aufgeweicht und die Haut war schrumpelig. Es gab viele Tränen, wenn Vater verlangte den Daumen aus dem Mund zu nehmen. Doch für Renate war das ein unbewusstes Ritual und konnte nicht so einfach eingestellt werden. Mutti und mich störte das weniger. Uns gefiel sogar Renate als Daumenlutscherkind. Sie sah damit immer so zufrieden und kuschelig aus. Vater griff eines Tages durch, setzte sich jeden Abend an das Bett von Renate, schmierte den Daumen mit Senf ein und umwickelte ihn mit einer Binde. Er wachte am Bett bis meine kleine Schwester endlich weinend eingeschlafen war. Uns allen erklärt er, das mit dieser Daumen Lutscherei die Zähne verschoben werden und die zweiten sind bereits im Kommen. Schweren Herzens haben wir dann die Meinung unseres Vaters mit unterstützt.

Auch an mir gefiel ihm etwas nicht. Ich war sehr pummelig, denn mir schmeckten die herrlichen Süßigkeiten besonders gut. Vater stellte fest, dass ich X-Beine habe, und ging mit mir zum Orthopäden um die Beinstellung zu überprüfen. Das kann man richten, meinte der Arzt, aber ihre Tochter muss nachts in einer Schiene liegen. Die Schiene, ein riesiger Apparat mit vielen Ledergurten, die immer nachgestellt werden mussten, wurde angefertigt. Ich erinnere mich noch an den ersten Abend. Als ich im Bett lag, kam Vater mit diesem Gestell zu mir, ich musste mich da hinein legen und er befestigte meine Beine an den Ledergurten. So lag ich nun Bein abwärts unbeweglich im Bett. Ich verspürte große Spannung und die Unbeweglichkeit wollte mich nicht einschlafen lassen. Immer wieder hat Vater mir gut zugeredet und zu mir gesagt, du willst doch einmal gerade Beine haben. Da musst du durch und du wirst sehen alles wird gut. Es waren quälende Wochen für mich, aber der Erfolg blieb nicht aus.

Heute bin ich froh, dass Vater damals konsequent durchgegriffen hat. In Weidach gab es zu dieser Zeit kaum Geschäfte, die meinen Vater zum Einkleiden genügten. Immer, wenn wir mal Tante Lenchen mit ihrer Familie in Nürnberg besuchten, durchschlenderten wir die Stadt und er fand einen Maßschneider, wo er sich seine Anzüge und für Mutter Kostüme anfertigen ließ.

Für uns Kinder waren diese Einkäufe stets sehr langweilig und anstrengend. Es dauerte und dauerte, bis der richtige Stoff gefunden wurde, dann wurde Maß genommen und dann wurde wieder ein Anprobetermin vereinbart zu dem wir wieder mitfahren mussten. Wir waren froh, wenn endlich die Sachen eingepackt wurden und wir uns wieder auf dem Heimweg machen konnten. Als Belohnung für unsere Ausdauer bekamen wir dann meistens ein Eis spendiert. In Weidach gab es zu dieser Zeit noch keine Eisdiele und das war dann ein besonderer Trost für uns. Mit Großvater sind wir oft nachmittags an sonnigen Tagen in den Park gegangen an der Josef Kirche. Der Park war mit riesigen Hecken umgeben und viele Bänke waren dort aufgestellt, die immer gut besetzt waren. Darunter junge Mütter mit ihren Kindern, die Obst aßen. Eine Frau schälte gerade ein orangefarbenes Obst, das ich nicht kannte. Ich fragte Opa was das denn sei und er erklärte mir, das das eine Orange ist, die wächst in südlichen Ländern und die Leute, die diese Früchte bei uns haben sind jüdischer Abstammung und die bekommen sie sicherlich mit der Post geschickt. Ich muss wohl sehr verwundert zugeschaut haben wie nach dem Schälen die Orange in Stücke geteilt wurde und die Kinder sie aßen. Plötzlich wurde mir auch ein Stück davon gereicht und ich bedankte mich. Es schmeckt köstlich, aber bei uns leider nicht käuflich.

Eines Tages kam Vater mit einem Hund nach Hause. Es war ein brauner Pudel, reinrassig und mittlerer Größe. Wir waren überrascht und sehr erfreut. Ich hatte ja schon meinen Locki in Breslau, aber dieser Pudel mit dem Namen Erk, ja der war für uns alle etwas Besonderes. Doch als ich stolz mit dem Hund durch die Straßen schlenderte, drehten sich alle Leute nach ihm um und die Kinder lachten und sagten, was ist das für ein Affe. Es war der erste Pudel in unserer Stadt, keiner kannte diese Rasse und so gab es bei allen Leuten großen Gesprächsstoff. Wir liebten den Hund über alles und die Leute gewöhnten sich an das Tier. Sehr aufwendig war es, wenn der Hund geschoren werden musste. Dazu mussten wir wieder Nürnberg anfahren. Das wurde Vater aber mit der Zeit zu stressig und hat er zugesehen, wie das der Hundescherer macht. Er hat sich die passenden Scheren gekauft und dann hat er selbst zuhause Hand angelegt. Es ist ihm immer gut gelungen. Renate und ich haben den Hund festgehalten, damit Vater in Ruhe scheren konnte.

So schön und geordnet nun unser gemeinsames Leben verlief und Vater glaubte es kann nur noch besser werden, da kam ein Rückschlag. Die Firma, in der mein Vater arbeitete, meldet Konkurs an. In der Geschäftsleitung gab es Unstimmigkeiten. Vater wurde dadurch arbeitslos. Über Nacht entschloss mein Vater, sich wieder selbstständig zu machen. Die alten Geschäftsverbindungen waren aufgefrischt. Vater teilte schriftlich seinen Entschluss den Süßwaren- und Spirituosenfabriken mit und bat um Belieferung. Er bekam die Zusage und nun wurde geplant wie dieser Neuanfang zu organisieren ist. Nicht weit von uns entfernt war eine einheimische Firma in dieser Branche tätig. Der Chef der Firma war sehr verärgert über diese neue Konkurrenz. Bisher war er Alleinherrscher in Weidach. Sein Geschäft wurde schon lange vor dem Krieg gegründet. Mein Vater konnte sich durchsetzen und unsere neue Firmengründung wurde unter dem Namen Gebrüder Kramer, wie damals in unserer Heimat, angemeldet.

Vor dem Geschäftsbeginn holte Vater noch seine Eltern, meine Großeltern, aus Hamburg zu uns in die Oberpfalz.

Er besorgte ihnen zwei möblierte Zimmer in Untermiete in der Erhardstraße gegenüber eines namhaften Möbelhauses. Großvater war noch fit und er bewarb sich in Weidach bei der Post, wo er als Briefträger noch kurze Zeit beschäftigt war.

Gemeinsam wurde nun überlegt, wie ohne Auto ein Geschäft geführt werden kann. Vater mietete in der Nähe des Bahnhofs eine Erdgeschosswohnung an. Die bestellten Waren kamen per Güterzug am Bahnhof an und so holten Vater, Großvater und Mutter die Ware mit dem Leiterwagen in diese angemieteten Räume. Die Ware wurde sortiert und zu Fuß ging dann mein Vater in die Weidacher Geschäfte und bot die Waren an. Sein Sortiment war hier in der Oberpfalz noch nicht bekannt und so erweckte es großes Interesse bei den Kunden. Die Waren wurden dann nach Bestellung mit dem Leiterwagen in die jeweiligen Geschäfte angeliefert. Der Umsatz wurde immer größer und war auf diese Weise nicht mehr zu bewältigen. Es kam die Zeit, dass alle Flüchtlinge ihren Lastenausgleich beantragen konnten und von dem uns zustehenden Geld konnte mein Vater seinen ersten Lieferwagen kaufen. Das war ein stolzer Tag, als Vater mit dem Auto, beschriftet mit dem Firmennamen Gebrüder Kramer bei uns vorfuhr. Das Auto hat er selbst in Bremen abgeholt, es war ein Borgward. Meine Mutter wurde immer häufiger mit in das Betriebsleben eingespannt. Sie hatte jedoch für uns Kinder gleichzeitig mit zu sorgen. Schwester Renate war noch ein Kleinkind und konnte nicht unbeaufsichtigt gelassen werden. Ich bin sehr viel zu Oma in die Erhardstraße nach der Schule gegangen. Dort bekam ich immer mein Mittagessen und machte meine Schulaufgaben. Die Familie war durch den immer größer werdenden Geschäftsbetrieb sehr auseinander gerissen. So sorgte Vater dafür, dass wir eine Haushälterin bekommen. Eines Morgens kam eine dickliche, wirsche Frau in unsere Wohnung und stellte sich als Anna vor. Ich werde jetzt für Euch Kinder sorgen, damit die Eltern frei für die Arbeit sind. Ihre Haare waren zu einem Knoten zusammen gebunden und sahen sehr fettig aus. Ihre Kleidung roch nach Schweiß und ihre Kittelschürze, die ich bei meiner Mutter noch nie gesehen hatte, war auch nicht sauber. Sie sprach oberpfälzischen Dialekt, den ich kaum verstanden habe. Mutter aber meinte, Kind wir müssen es mit Anna versuchen. Ich muss Vater bei der Arbeit helfen. Wir wollen doch Geld verdienen. So wirtschaftete Anna täglich in unserem Zuhause und bekochte uns Kinder und passte auf Schwester Renate auf.

Die Wäsche hat meine Mutter früh morgens um 4 Uhr selbst im Waschkessel im Hinterhof gewaschen., Anna musste sie dann am Dachboden nur aufhängen. Das Essen, was sie uns kochte, hat uns nicht geschmeckt. Meine kleine Schwester war immer froh, wenn ich aus der Schule nach Hause kam. Wenn Anna dann am späten Nachmittag nach Hause ging, habe ich für uns beide Nudeln gekocht mit brauner Butter und Zimt und Zucker. Da schmatzte meine Schwester und war voller Freude, dass die Anna nicht mehr da war. Wir haben unserer Mutter immer erzählt, dass wir Anna nicht mögen. Mutter aber tröstete uns und meinte, Kinder wir brauchen sie, seid einfach nett zu ihr.

In der Zwischenzeit hat Vater seinen Kundenkreis bis in den Bayerischen Wald ausgedehnt. Dort war noch tiefste Provinz und sein Sortiment fand großen Anklang. Er stellte einen Fahrer ein und zwei Mitarbeiter für den

Außendienst. Für diese Fahrten hatte Vater ein gebrauchtes kleines Auto gekauft. Die bisherigen Lagerräume wurden zu klein und wir haben vom Möbelhaus große Räume angemietet. Die Großeltern wohnten gleich gegenüber und so konnte Großvater, der in der Zwischenzeit schon Pensionär war, fleißig mit einspringen. Auch ich wurde in meiner Freizeit eingespannt. Die offenen Bonbons wie Pfefferminzkugeln, Himbeerbonbon und viele Sorten mehr, wurden in großen Blechkanistern angeliefert und mussten in 3 oder 5 kg Dosen umgefüllt werden. Das wurde zu meiner Aufgabe, die mir sehr große Freude machte. Eifrig fuhr ich mit der Schippe immer in die Container und füllte die Dosen. Ein herrlicher Duft nach Früchten und Pfefferminz entströmte den Behältern. So habe ich in den Ferien immer vorgearbeitet, damit kein Lieferverzug entstand. Die abgefüllten Dosen bekamen Etiketten mit dem Artikel, die ich beschriftet habe. Diese Arbeit machte mich sehr stolz und Vater lobte meine Zuverlässigkeit.

Die Büroarbeit verrichteten meine Eltern abends am Esstisch und wir Kinder mussten immer leise sein. Mutter holte öfters aus der Konditorei, die auch in unserer Kundschaft war, ein Kuchenpaket für uns und unsere Mitarbeiter. Das war stets ein Fest, denn die Torten und das Nougatgebäck waren ein Gaumenschmaus, den sich nicht jeder zu dieser Zeit leisten konnte.

Wir Kinder überlegten immer wieder, wie wir endlich die komische Anna loswerden können. Zu ihrem ungepflegten Äußeren kam auch noch ein starker Damenbart dazu, den wir beide immer belächelten.

Eines Tages, als Anna auf dem Dachboden wieder unsere Wäsche aufgehängt hat, haben wir sie einfach eingeschlossen und sind davon gelaufen. Anna musste dort oben viele Stunden verweilen, bis sie endlich von einer Hausbewohnerin befreit wurde. Sie war so verärgert, dass sie auf der Stelle gekündigt hat. Mutter hat mit uns sehr geschimpft, aber innerlich waren wir froh, dass wir Anna nicht mehr um uns haben müssen. Die Eltern mussten nun dringend nach Ersatz suchen und so bekamen wir Irene ins Haus. Irene war eine Flüchtlingsfrau, unverheiratet und kinderlos und in dem gleichen Alter unserer Mutter. Wir hatten sie sofort in unser Herz geschlossen. Eine freudige Zeit begann mit unserer Irene. Sie war sauber und gepflegt und immer abends, wenn sie heim ging, stand sie vor dem Spiegel und hat sich geschminkt. Das war für uns beide von großem Interesse, denn unsere Mutter haben wir nie gesehen, dass sie sich schminkte. Irene erzählte uns dann, dass sie am Feierabend gern zum Tanzen geht. In Weidach gab es viele Lokale mit Lifemusik von Amerikanern und da ist es immer toll, meinte sie. Am nächsten Tag musste sie uns dann von ihren Ausgängen berichten und wir waren ganz Ohr. Uns beiden brachte sie dann gern die Tanzschritte bei und mit großem Eifer versuchten wir die Schritte nachzutanzen.

Das Geschäft meiner Eltern lief gut und eines Tages kaufte Vater sogar ein neues Auto. Wieder einen Borgward, diesmal einen PKW aus Bremen. Ich durfte Vater bei der Abholungsreise nach Bremen begleiten. Das war ein Erlebnis für mich. Vater zeigte mir die Stadt mit den Bremer Stadtmusikanten und am Abend führte er mich in ein Theater. Am nächsten Morgen konnte ich dann die große Werkhalle von Borgward besichtigen. Stolz sind wir beide mit dem schicken Auto dann wieder in Richtung

neuer Heimat gestartet. Mit diesem Auto sind wir dann
zum ersten Mal in die Alpen gefahren. Das war für uns
ein Erlebnis mit vielen neuen Eindrücken. Die riesigen
Berge die Felsenspitzen, die Almwiesen, die schönen ober-
bayrischen Häuser und die gepflegten Unterkünfte, die
blauen Seen und die schön gekleideten Leute. Wir waren
überwältigt von der herrlichen Landschaft, die wir bisher
nicht kannten. Wir beide bekamen die hübschen bayerischen Dirndl und passend die Schuhe und Taschen dazu.
Von da an sind wir regelmäßig in die Berge in Urlaub gefahren, immer wieder mit einem neuen Ziel. Leider wurde uns beiden auf der Fahrt meistens übel im Auto. Vater
musste die Fahrt öfters abbrechen, weil wir uns übergeben mussten. Einmal konnte er nicht so schnell halten
wie es in mir würgte und ich riss Vater seinen Hut vom
Kopf und habe da hinein gespuckt. Da gab es vielleicht
ein Donnerwetter. Ich weinte und sagte zu ihm, dass ich
den Zigarrenrauch nicht vertragen kann. Vater rauchte
auch während der Fahrt im Auto gern seine Zigarren. So
freudig wie wir reisten, vor der Anfahrt in die geliebten
Berge hatten wir immer Furcht wie diesmal die Anreise
für uns sein wird. Vater stellte das Rauchen nicht ein.
Es gehörte zu seiner Entspannung.

Unsere Reiseziele in den Sommerferien führten uns
auch nach Österreich an den Wörthersee und in den Norden auf die Insel Sylt. Zu dieser Zeit waren das außer-
gewöhnliche Urlaubsziele, die meine Klassenkameraden
alle nicht erleben konnten. Ein Sylt-Urlaub bleibt mir in
unliebsamer Erinnerung. Die zwei Wochen an der See
haben wir stets mit Burgbauen am Strand verbracht. Es
gab sogar Wettbewerbe wer die schönste Burg geschaffen
hat. Das spornte mich an, zusammen mit Renate haben

wir Muscheln gesammelt und geschippt und glatt gestrichen von morgens bis abends. Dabei habe ich meinen Ring, ein goldener mit Turmalinsteinen, den mir mein Vater zur Konfirmation mit dazu passenden Ohrringen geschenkt hat, verloren. Da gab es große Aufregung. Ich wollte den Ring wieder finden. Ich wusste, dass er nur in der Burg im Sand liegen kann. Alle vier haben wir dann mit Sieben den Sand durchforstet eine ganze Woche lang und siehe da, wir hatten Glück. Das gute Stück kam zur Freude aller zum Vorschein. Und einen Burgenpreis haben wir auch gewonnen.

Das Geschäft meiner Eltern wurde immer größer, wir bekamen neue Mitarbeiter für den Außendienst, auch einen Buchhalter und einen zusätzlichen Lieferwagen mit Fahrer. Mit dem Lagerraum musste auch noch einmal umgezogen werden, weil der Vermieter für sich Umbauarbeiten in Angriff nehmen wollte.

Aus Zeitmangel der Eltern durften wir auch in den Ferien mal mit den Großeltern verreisen. Vater hat für uns Quartier gesucht und uns dann mit dem Auto zu unserem Ziel gebracht. So waren wir mit den Großeltern einmal im Bayerischen Wald und einmal in Garmisch in der Aule-Alm am Riesersee. Diese Zeit haben wir Kinder mit unseren Großeltern immer sehr genossen. Am Riesersee habe ich das Schwimmen gelernt. Der See war von den Amerikanern besetzt und es durfte kein Urlauber das Seeufer betreten. Aber ein ehemaliger Schwimmlehrer aus Garmisch, der oft zu Gast in der Aule-Alm war, hatte die Erlaubnis im See zu schwimmen und so hat er mich mitgenommen und ich habe unter seiner Anlei-

tung schwimmen gelernt. Opa hat mich immer begleitet, denn zum See führte ein langer Waldweg, den Opa
mich nicht mit dem fremden Mann alleine gehen lassen
wollte. Es war auch etwas unheimlich für mich. Am Seeufer standen dann meistens amerikanische Wachposten. Der Schwimmlehrer zeigte einen Ausweis vor und
wir durften in das Wasser. Zwei Wochen habe ich fleißig
geübt und es hat geklappt, hurra ich konnte schwimmen
zur Freude meines Opas. Für meinen Vater war es selbstverständlich, dass ich einmal nach Schulabschluss in die
Firma eintreten werde. So besuchte ich ab der 7. Klasse
Volksschule im Jahr 1952 die Mittelschule in Neustadt
Diese Schule war neu eingerichtet und gerade ein Jahr in
Betrieb. In Weidach gab es zur Erreichung der mittleren
Reife nur eine Kath. Schwesternschule, in die mich mein
Vater nicht eintreten lassen wollte. Außerdem wechsel-
ten viele meiner Klassenkameraden und Kameradinnen
ebenfalls in die neue Schule am Felixberg in Neustadt. Der
Schulweg 7 km einfach wurde vom Frühling bis Herbst
mit dem Fahrrad bewältigt. Im Winter fuhren wir Schüler mit dem Zug, damals der Bockl, mit Holzbänken und
Dampf. Drei Jahre besuchte ich diese Schule. Eine schöne lustige Zeit mit vielen Freunden. Jeden Morgen haben
wir uns in Weidach am Josefshaus versammelt und sind
dann gemeinsam gestartet. Bei Regen haben wir uns große Capes übergezogen, die auch die Schultaschen bedeckt
haben. Meine engste Freundin zu dieser Zeit war Hannelore Ihre Eltern betrieben in Weidach ein Kino. Es gab zu
dieser Zeit vier Kinos in Weidach. Alle hatten einen Süß-
warenverkaufskiosk und waren Kunde bei meinem Vater.

In dem Kino meiner Freundin befand sich in der oberen Etage ein hübsches Café und wurde zum Stammlokal

meiner Eltern, wo wir beiden Mädchen auch öfters nach einem Kinobesuch mit dabei sein durften. Natürlich nur an Wochenenden.

Einmal in der Woche hatten wir Ganztagsschule und wir bekamen Taschengeld von den Eltern mit, damit wir uns zu Mittag etwas Warmes kaufen konnten. Das war für uns immer ein besonderer Tag. Unsere neue gemeinsame Freundin Bärbel hatte täglich Taschengeld zur Verfügung und kaufte sich in den Pausen in einem kleinen Kramerladen um die Ecke der Schule Süßigkeiten. Das kannten wir beide nicht. Wir hatten unser Pausenbrot, zum Naschen bekamen wir kein Geld. So sind wir mit Bärbel mitgelaufen und waren glücklich, wenn sie uns von ihrem Naschwerk etwas spendierte. Verstehen konnte sie unsere Bettelei nicht, sie sagte immer ihr verkauft doch selbst Süßigkeiten. Ich erklärte ihr dann, dass das große Kartons sind und man daraus nicht ein paar Eistörtchen entnehmen kann. Oberhalb der Schule befand sich eine Gaststätte,. Über einen romantischen Feldweg konnte man dieses Lokal erreichen. Wir bestellten uns dann meistens Schnitzel mit Pommes und einen Apfelsaft. Wir fühlten uns sehr erwachsen ohne Eltern einkehren zu dürfen.

Vetter Günter trat nach Beratung mit seiner Mutter und meinem Vater nach Schulabschluss eine kaufmännische Ausbildung im Kaufhof in Nürnberg an. Er sollte einmal das Geschäft seines Vaters, welches nach dem Tod von seiner Ehefrau geleitet wurde, weiter führen. So kam Günter in dieser Zeit öfters zu uns nach Weidach, weil mein Vater ihn zusätzlich schulte in einem Praktikum. Für uns beide war das immer eine abwechslungsreiche Zeit und hatten wir, nach dem seine Arbeit getan war, viel Spaß miteinander. Abends hingen wir beide meistens am Fenster im zweiten Stock. An einer langen Schnur befestigten wir einen Geldbeutel und ließen ihn herunter auf den Bürgersteig. Immer wenn sich ein Fußgänger nach ihm bückte, zogen wir schnell an dem Seil und der Geldbeutel erhob sich in die Lüfte. Manche Fußgänger lachten, aber es gab auch einige, die wütend wurden und uns nach oben beschimpften. Wir zogen dann schnell unsere Köpfe ein, damit wir nicht entdeckt wurden. Für uns war das ein riesiger Spaß.

Es kam die Zeit, wo man sich auch für das andere Geschlecht interessiert. Unsere Freundin Bärbel war ein besonders hübsches Mädchen und sie hatte bei den Jungs große Chancen. Sie war immer schick gekleidet und trug um die Taille einen schwarzen dehnbaren Gummigürtel, der ihre Figur sehr betonte. Ich dagegen war immer noch pummelig und es war unmöglich für mich so einen Gürtel zu tragen. Hannelore und ich, wir beide wurden von unseren Eltern noch sehr kindlich eingekleidet. Wir bemerkten, dass Freundin Bärbel sich öfters nach der Schule von uns verabschiedete. Das machte uns sehr neugierig. Eines Tages fragten wir sie dann, ob sie schon einmal einen Jungen geküsst hat. Wir beobachteten öfters, dass sie nach der Schule mit einem Jungen ins Freibad ging. Aber sie wollte uns nichts verraten.

So haben wir beschlossen ihr heimlich einmal nachzustellen. Da konnten wir sehen, unsere Freundin Bärbel küsst – im Badeanzug lag sie auf einem Handtuch auf der Wiese und der Junge, ein hübschere blonder Bursche beugte sich über sie und küsste unsere Freundin. Wir waren überrascht, zumal wir den Jungen nicht kannten. In unsere Schule ging er nicht. Als wir sie darauf ansprachen, lachte sie und meinte, das müsst ihr auch mal ausprobieren. Aber wir trauten uns nicht. Beide hatten wir Angst vor unseren Vätern.

In der Schule wurden Konzerte von Schülern gegeben, die wir gern besuchten. Leider habe ich kein Instrument zu spielen gelernt und im Singen war ich auch nicht so gut. Einmal hat der Gesangslehrer sogar zu mir gesagt – Margot mach den Mund zu du verdirbst den Ton. Von da an war ich nicht mehr frei in der Gesangstunde und habe nur immer meinen Mund geöffnet und so getan als ob ich singe.

In der letzten Klasse vor dem Abschlussprüfungsjahr verehrte mich ein Schüler, der gerade dabei war seine Prüfung abzulegen. Hans hieß er. Schlank und groß gewachsen. Immer adrett gekleidet und sehr höflich. Eines Tages bat er mich doch nach der Schule mal mit ihm noch ein bisschen spazieren zu gehen. Etwas aufgeregt war ich schon, denn wir waren immer eine Clique. Doch ich fasste Mut und wir beide machten einen Spaziergang in Neustadt an der Naab entlang. Er hat mir viel erzählt. Er war sehr musisch und vielseitig interessiert und fragte mich nach meinen Berufswünschen nach der Schule. Ich sagte ihm, dass ich eine kaufmännische Lehre im elterlichen Betrieb machen werde, und er sagte mir, dass er bei der Deutschen Bundesbahn sich bewerben wird. Er wohnt 25 km entfernt und kommt täglich mit dem Zug nach Neustadt zur Schule. Es war ein schönes Gespräch und so haben wir uns einmal in der Woche zu einem Spaziergang verabredet. Die letzten Wochen vor seinem Abgang von der Schule gingen wir Händchen haltend. Geküsst haben wir nicht, wenn ich oder auch er es sich vielleicht insgeheim gewünscht hätte.

Meine Abschlussprüfung war sehr aufregend. Ich war in vielen Fächern wie Stenografie – Schreibmaschine – Deutsch und Rechnen gut, aber in Englisch da hat es bei der Grammatik sehr gehapert. So musste ich in die mündliche Prüfung in diesem Fach. Ich habe mich bei dieser Aussage des Lehrers sehr vor meinen Vater gefürchtet. Er war streng wenn auch stets gerecht. Ich kann mich noch gut erinnern, dass ich auf der Heimfahrt mit dem Fahrrad mir sehnlich gewünscht habe, dass diese Fahrt nie enden würde. Zuhause angekommen musste ich dann beichten und Vater war sehr erzürnt darüber. Zu meiner Abschlussfeier mit der bestandenen Reifeprüfung saß er dann doch sehr stolz unter den anderen Eltern.

Nach dem Abschluss der Schule war ich sehr entspannt und war der Meinung, jetzt habe ich es geschafft. Jetzt bin ich erwachsen und kann wie viele andere meiner ehemaligen Mitschüler ausgehen, tanzen und Freude haben. Es kam anders. Vater nahm mich unter seine Fittiche. Ich wurde sofort für die Gehilfenzeit angemeldet zum Großkaufmann und hatte wie alle Mitarbeiter morgens um 8 Uhr in der Firma zu erscheinen. Vater teilte mir einen Schreibtischplatz zu und meine erste Aufgabe war Rechnungen an die Kundschaft zu schreiben. Es durften keine Tippfehler auf dem Formular sein, was damals mit der Schreibmaschine und den vielen Spalten, die auf dem Firmenformular waren, nicht ganz einfach war. Fehler durfte ich mir nicht erlauben. Ich merkte sofort, dass Vater große Strenge walten ließ. Ein vertipptes Blatt, was eigens in einer Druckerei mit Firmenkopf angefertigt wurde, kostet Geld. Das hörte ich täglich und Vater überprüfte den Papierkorb, um zu sehen, ob ich

Verschriebenes darin entsorgt habe. Bisher wurden die Rechnungen von ihm persönlich noch handschriftlich erledigt. Ich wurde mit allen Aufgaben, was ein Geschäft so mit sich bringt, vertraut gemacht und immer mehr Verantwortung wurde mir übertragen. Mein Arbeitstag war lang und kam ich oft erst nach 6 Uhr abends aus dem Büro. Freundinnen, die bei mir klingelten, wurden abgewiesen. Margot hat heute keine Zeit und so zogen sie wieder ab und das Klingeln an meiner Haustür wurde immer weniger. Wenn ich bat doch einmal mitgehen zu dürfen, hörte ich ihn nur sagen: Zuerst kommt die Arbeit, dann das Vergnügen. Begleitet wurde meine Lehrzeit mit einer Berufsschulzeit. Meine Schwester, die zu dieser Zeit auch schon Schülerin geworden war, wurde von Vater nicht so streng überwacht.

Zu dieser Zeit bekam ich großen Respekt vor Vater, ja ich glaube es war sogar Angst. Obwohl Vater sehr großzügig war. Er kaufte mir schöne Kleider, ich durfte den Führerschein schon mit 18 Jahren machen, was zu dieser Zeit eine Ausnahme war. In der Zwischenzeit hatten wir ein privates Auto, eine Borgward Isabella, mit der ich dann am Sonntag mal alleine eine Stunde durch die Stadt fahren durfte. Riesig stolz saß ich in dem Auto, denn all meine Freundinnen hatten noch keinen Führerschein und bestaunten natürlich meine Kunst.

Mein ehemaliger Schulfreund Hans hat mich nicht vergessen. Er bekam in Weidach am Bahnhof eine Anstellung und so bat er mich, dass wir uns doch einmal treffen könnten. Zu dieser Zeit war ein etwas abseits gelegenes Lokal, das Waldcafé, ein schöner Treffpunkt für tanzfreudige junge Leute. Eine Lifemusik spielte auf. Ich fragte meinen Vater, ob ich nicht da einmal mit einem Schulfreund hingehen dürfte, aber er erlaubte es nicht. Wenn Du tanzen willst, dann mach erst einmal einen Tanzkurs und dann werde ich Dich in die Ballgesellschaft einführen. Mit meiner Freundin Hannelore meldeten wir uns bei einer Tanzschule an. Wir bekamen jede zwei Abiturienten als Partner. Nette junge Männer, die uns aber erst einmal fremd waren. Die Tanzstunden bereiteten mir große Freude, aber außer der Zeit haben wir uns mit den Jungs nicht getroffen. Meinen Hans wollte ich jedoch nicht verlieren. Ich sprach mit Mutti ob ich denn nicht einmal am Sonntag in das Tanzcafé zum Fünf Uhr Tee mit ihm gehen könnte, ohne dass Vater etwas davon merkt.

Mutti arrangierte das und so holte ich Hans eines Sonntags vom Bahnhof ab. Er kam mit dem Zug und wir gingen zu Fuß in Eiseskälte zum Tanz. Ich hatte Stöckelschuhe an und watete damit durch den tiefen Schnee, dass ich mir Frostbeulen an den Füßen holte. Hans war so glücklich über unser Treffen, dass er mir beim Abschied einen kleinen Blumenstrauß am Bahnhof kaufte und mir schenkte. Ich traute mich mit den Blumen nicht nach Hause. Vater darf ja nicht wissen, dass ich heute auf verbotenen Wegen unterwegs war. So habe ich traurig die schönen Blümchen in die Mülltonne geworfen ehe ich unsere Wohnung betrat.

Der Tanzstundenabschlussball rückte näher. Wir wurden von unseren Eltern begleitet. Vater hatte mir ein wunderschönes Ballkleid spendiert und führte mich stolz an unseren reservierten Tisch, wo auch meine Freundin Hannelore mit ihren Kinobesitzereltern Platz genommen hatte. Da trat plötzlich ein junger Mann an unseren Tisch und stellte sich als der Bruder von Hannelores

Tanzpartner vor. Sein Bruder sei krank und er springe für ihn ein. Er hieß auch Hans, war aber 10 Jahre älter als wir. Er trug Brille und Schnurrbart und sah für sein Alter sehr streng aus. Hannelore war enttäuscht. Sie war zierlich und schüchtern wie ich und ihre Freude an dem Abend war vergangen. Der Ersatztänzer forderte mich im Laufe des Abends ebenfalls auf und ich merkte – hurra mit dem geht das Tanzen ja wunderbar. Er war ein sehr geübter Tänzer und Kavalier. Mein Vater war von diesem Herrn sehr angetan und gab mir zu verstehen, das wäre der richtige Mann für mich. Zuvor hatte er ihn natürlich schon auf Herz und Nieren geprüft, ihn nach seinem Beruf gefragt und was er für Vorstellungen vom Leben hätte. Er war bereits Assessor beim Landwirtschaftsamt und hat noch eine große Karriere vor sich. Beim Verabschieden lud mein Vater diesen Herrn Hans in das Kinocafé zum nächsten Wochenende zu einem Umtrunk ein. So blieb Hans zur Freude meines Vaters bei jedem Treffen an unserer Seite.

Meine Freundin und ich waren darüber nicht begeistert. Der Hans war nicht lustig und viel zu alt. Vater jedoch hat ihn immer mehr hofiert und mir auch zugestanden, dass ich mit ihm auch einmal alleine ausgehen darf. Weil ich mich so von Vater eingeengt fühlte und er mir keine Alleingänge zugestand, habe ich seine Großzügigkeit angenommen. Ich konnte eine ganze Ballsaison in vollen Zügen feiern ohne die Anwesenheit meiner Eltern. Hans hatte zwei nette befreundete Ehepaare, die uns an den Abenden immer begleiteten. Ich mochte die Frauen der Paare sehr gern und habe mich einer anvertraut und ihr gesagt, dass ich eigentlich gar nicht so gern den Hans als Mann hätte. Sie riet mir das meinem Vater zu sagen, aber das nützte nicht viel. Nach den Ballausgängen hat mich Hans bis zur Haustür begleitet und mich zum Abschied länger geküsst. Ich war zu feig ihm zu sagen, dass ich das eigentlich nicht möchte. Ich wollte ja nur ausgehen und Freude haben. Hans war wohl überzeugt die richtige Frau in mir gefunden zu haben und hielt bei meinem Vater um die Hand an. Freudig sagte Vater zu und eh ich mich versah war eine Familienfeier in unserer Wohnung mit seinen Eltern festgelegt. Zu dieser Zeit zog meine Freundin Hannelore nach München. Dort machte sie eine Ausbildung bei einem Filmverleih für die spätere Übernahme des elterlichen Kinohauses. Ich war hin und her gerissen. Hannelore bekam ihre Freiheit, eigene Wohnung in München. Da muss ich mich verloben, denn dann werde ich auch frei, frei von meinem Elternhaus, frei von Vater und seiner gut gemeinten Bevormundung. Die Verlobung wurde gefeiert, Hans wurde versetzt nach Schweinfurt und verfolgte ernsthaft seine Laufbahn. Alles war wie zuvor. Ein Hochzeitstermin stand nicht im Raum. Ich vertraute mich meiner Mutter an und sagte ihr, dass ich mich nur verlobt habe um frei zu sein. Keine Rechenschaft mehr ablegen müssen wann und wohin ich ausgehen möchte. Mutter verstand mich, aber die Entscheidung überließ sie Vater. Ich fasste Mut an einem Wochenende, als Hans zu Besuch kam sagte ich ihm dass ich die Verlobung wieder lösen möchte. Wir redeten sehr lange über die gemeinsame Zukunft, aber meine Zukunft war das nicht. Er war sehr gläubig und ging täglich in die Kirche schon am frühen Morgen und außerdem trank er für meine Begriffe auch sehr viel Bier, was mich störte. Ich hatte einfach eine andere Vorstellung von einer Partnerschaft. Mit ihm war wieder alles

viel zu ernst. So haben wir unsere Verlobung kurz entschlossen aufgehoben ohne Rücksprache mit unseren
Eltern. Ich war erlöst und freute mich unbeschwert auf
meinen Alltag. Ich glaube meine Mutter war wie ich über
diese Entscheidung glücklich. Sie fand, dass ich viel zu
jung war und erst das Leben genießen soll.

Meine Freundin Hannelore habe ich dann einmal in
München besucht. Ich war beeindruckt von ihrer kleinen Wohnung und habe auch bei ihr übernachtet. Wir
sind durch München geschlendert und sie hat mir alle
Sehenswürdigkeiten gezeigt. Abends als wir gemeinsam
zusammen saßen sagte sie mir, dass sie einen Freund
habe. Ein toller Mann, aber er ist verheiratet und hat
auch ein Kind. Aber sie lieben sich und wollen unbedingt heiraten. Ich darf das auf keinen Fall in Weidach
ihren Eltern oder meinen Eltern erzählen. Wenn er geschieden ist, dann wird sie mal heim kommen und ihn
den Eltern vorstellen. Ich war sehr überrascht und habe
die ganze Heimfahrt darüber nachgedacht, ob das wohl
gut gehen wird.

In der Zeit haben einige meiner Schulkameradinnen geheiratet und auch schon Kinder geboren. Eine Schulfreundin aus der Volksschulzeit hat einen hiesigen Geschäftsmann geheiratet und schob freudig ihren Kinderwagen
durch die Stadt. Ein Wonneproppen schaute mich aus
dem Wagen an und ich wurde neidisch bei diesem Anblick. So möchte ich es auch einmal haben. Den richtigen
Mann, ein Kind, eine eigene Familie das war mein Ziel.
   In unserem Großhandelsgeschäft kamen mit der Zeit
auch Leute von der Straße vorbei, die bei uns einkaufen

wollten. Das war jedoch nicht möglich. Wir belieferten den Einzelhandel mit preisgebundenen Waren, die wir nicht an Laufkundschaft weiter geben durften. In der Zwischenzeit bekam ich eine weitere Mitarbeiterin. Es stellte sich ein junges Mädchen namens Rita vor. Sie kam aus der damaligen DDR, hat mit 16 Jahren ihr Elternhaus verlassen und ist einfach in die Fremde ausgewandert. Sie wohnte in Weidach im Mädchenwohnheim und ging auf Stellungssuche, um ihren Lebensunterhalt zu verdienen. Das fand Vater sehr mutig und hat sie eingestellt. Sie war im gleichen Alter wie ich und haben wir sofort Freundschaft geschlossen. Jetzt machte die Büroarbeit mit einer netten Kollegin an der Seite gleich mehr Spaß. Auch meine Schwester Renate war ihr sehr zugetan und haben wir oft zu dritt unsere Freizeit verbracht. Sie wurde in unserer Familie aufgenommen wie eine Schwester. Wir hatten einen lustigen Fahrer, er war Familienvater, aber er schaute gern einmal zu tief ins Glas. Morgens, wenn er nicht pünktlich zur Arbeit erschien, gab es sehr oft riesigen Krach. Man konnte ihm jedoch nicht böse sein und die verbummelte Arbeitszeit hat er stets mit Freude wieder eingearbeitet. Seine Ehefrau war eine liebe Frau, die ihn bei meinem Vater immer entschuldigt hat und bat, dass er nicht gekündigt wird. Sie haben drei Kinder zu ernähren. Vater drückte, obwohl er von jedem Zucht und Ordnung verlangte dann stets ein Auge zu. Wenn unser Chef, mein Vater seine Verkaufsreisen in den Bayerischen Wald terminierte, oftmals mit Übernachtung, dann kutschierte uns der Sepp heimlich, wie der Fahrer hieß, nach Feierabend an einen Weiher zum Baden. Lustige Stunden verbrachten wir dort mit ihm. Rita konnte nicht schwimmen was uns alle sehr belustigte. Er nannte dann Rita oftmals eine dürre Krakse. Sie war sehr mager und Mutter hat versucht sie immer aufzupäppeln. Sie gehörte ja nun zu uns und wir waren alle gut genährt. Die Zeit war schön, lustig und die Arbeit machte uns allen Spaß. Die Verlobung mit dem Hans war in Vergessenheit geraten.

Meine Eltern besuchten in der Ballsaison mit mir alle Veranstaltungen. Ich bekam schöne Kleider und Vater hielt für mich immer wieder im Ballsaal Ausschau nach einem passenden Mann. Tanzen wurde für mich zur Leidenschaft. Die Eltern saßen mit ihren Töchtern zusammen an einem Tisch und die Herren mussten sich vor dem Vater verbeugen und um den Tanz der Tochter bitten. Oftmals hat Vater den Kopf geschüttelt und abgesagt, wenn ihm der Herr nicht entsprach und ich saß traurig daneben. So bald aber ein Mann höheren Alters um mich bat, ja da sagte Vater zu. Ich hätte jedoch meistens gern mit den Herren getauscht. So ging ich öfters nicht glücklich von der Veranstaltung nach Hause. Mutti tröstete mich und sagte, Vater will nur das Beste für Dich. Mir wurde bewusst, dass ich wohl kaum alleine meinen späteren Ehemann aussuchen darf.

Eines Tages sollte ich meinen Vater zu einem Einkaufsgespräch für Lebkuchen bei einer Lebkuchen Firma in Nürnberg begleiten. Die Winterbestellungen fanden bereits im Sommer statt und waren in der Menge begrenzt. Das war oftmals ein harter Kampf die Vorverkaufsmengen von dem Lieferanten zu erhalten. Von dem Chef, des Hauses, ein sehr netter alter Herr wurden wir freundlich empfangen. Vater kannte ihn ja schon viele Jahre. Plötzlich stand ein jüngerer Mann, rothaarig, blass und unscheinbar neben dem Schreibtisch und er wurde mir als

Sohn des Hauses vorgestellt. Nach Geschäftsabschluss als ich mit Vater auf der Heimfahrt war, sagte ich zu ihm, dass der Sohn mir sehr unsympathisch war. Darauf gab mir Vater zu verstehen, das wäre aber eine gute Partie. Der Sohn ist noch zu haben. Wenn es auch Vater gut für mich meinte, ich fühlte mich ständig unter Druck gesetzt.

Die Nachfrage der Kunden bei uns zum Großhandelspreis im Lager einzukaufen veranlasst Vater darüber nachzudenken, zusätzlich für Süßwaren und Spirituosen ein Einzelhandelsgeschäft in Weidach zu eröffnen. Wir fanden die Idee toll und gingen gemeinsam auf Suche nach geeigneten Räumen. Es ergab sich, dass in der gleichen Straße in der Sedanstraße, wo wir wohnten, ein Eckgeschäft mit anschließenden Wohnräumen gleich neben meiner ehemaligen Schule zur Miete frei stand. Kurz entschlossen wurden die Räumlichkeiten angemietet. Alles war renoviert. Ein wunderschöner moderner Verkaufsraum mit drei Schaufenstern entstand und die Wohnung wurde ebenso renoviert mit einem zu dieser Zeit großzügigen Badezimmer. In der Oberpfalz war es damals noch nicht üblich mit gekachelten Bädern zu wohnen. Viele Häuser hatten sogar noch die Toiletten im Treppenhaus. Der Umzug wurde vollzogen. Mutter, Rita und ich waren voller Eifer den Laden einzurichten. Ich dekorierte die drei Schaufenster mit allen Waren, die wir zu bieten hatten mit großem Elan. Es sollten Fenster werden wie sie die Stadt noch nicht gesehen hat. Wir schrieben das Jahr 1958. In Weidach waren sehr veraltete Geschäfte mit einfachen Einrichtungen besonders in der Lebensmittelbranche. Ein Nachbargeschäft in der Sedanstraße hatte zu dieser Zeit noch Schübe für Mehl und Zucker usw. Die Waren wurden gewogen und in braune Tüten verpackt. Unsere Geschäftseröffnung wurde zum Blickfang für die Stadtbevölkerung. Unser Geschäft wurde gestürmt. Darauf waren wir alle nicht vorbereitet. Jetzt musste umgedacht werden mit der Arbeitseinteilung. So wurde Mutter die Chefin des Ladens und Rita und ich wir pendelten je nach Bedarf vom Großhandel zum Einzelhandel. Abends dekorierte ich Fenster um, eine eigene Buchhaltung musste eingerichtet werden. Waren sortiert und vieles mehr. Freizeit gab es überhaupt nicht mehr. Aber allen machte es riesigen Spaß und die Kasse klingelte zur Freude aller. Unser Sepp hat am Abend unsere ausrangierten Kartonagen entsorgt und das waren nicht wenige. Durch die Schule gleich nebenan kamen schon früh am Morgen die Kinder mit ihrem Taschengeld und kauften sich die Süßigkeiten aus dem riesigen Angebot. Mutter hatte keine Pause, das Geschäft lief durchgehend bis in die Abendstunden. Unsere treue Irene hat uns nach dem Umzug nicht mehr begleitet. Sie hatte einen Mann kennen gelernt und ihre Stelle bei uns aufgegeben. So hat Mutter neben dem Verkauf für uns alle noch gekocht in der anschließenden Wohnung.

Unser Vater machte sich sehr oft rar. Immer öfter blieb er nachts weg, mit der Begründung er habe geschäftliche Termine im Bayerischen Wald, wo er dann gleich über Nacht bleiben wird. Das Saisongeschäft in dieser Branche ließ uns keine Zeit zum Nachdenken. An Muttertag, Ostern, Weihnachten, Silvester standen die Kunden in der Schlange weit zur Ladentür hinaus. Wir hatten alle Hände voll zu tun. Die Schaufenster mussten nach Geschäftsschluss der Jahreszeit entsprechend umdekoriert werden. Dazu bastelte ich für jedes Fenster wunderschöne Blickfänge. Zwischen Weihnachten und Neujahr war zusätzlich noch die Inventur zu machen.

In dieser Zeit, im Jahr 1958, legte ich meine Gehilfenprüfung zum Großkaufmann mit Erfolg ab. Die Prüfung fand in Regensburg bei der Industrie und Handelskammer statt. Zu diesem Termin fuhr ich stolz mit Vaters Autos. Es war meine erste große Fahrt, die ich alleine bewältigt habe.

Schwester Renate war inzwischen 12 Jahre alt geworden. Wir alle hatten wenig Zeit für sie und waren froh, wenn sie sich mit sich selbst beschäftigte. Sie hatte eine nette, enge Schulfreundin und dadurch nie Langeweile.

Unsere Mutter wurde unabkömmlich in dem Ladengeschäft. Unsere Wohnküche wurde zum Treffpunkt unserer Mitarbeiter aus dem Großhandel, besonders der Fahrer „Sepp" kam, wenn es seine Zeit erlaubte, bei Mutter zum Plausch vorbei oder ging ihr im Lager zur Hand. Auch zwei nette Nachbarfrauen, die Kundinnen waren, setzten sich gern einmal zu Mutti in die Küche. Mutter musste allerdings, wenn die Ladenglocke klingelte, zur Kundschaft gehen, was den Besuchern nichts ausmachte. Meine Großeltern sind noch einmal in die Sebastianstraße umgezogen. Oma wurde immer gebrechlicher und konnte nicht mehr Treppen steigen. Opa kaufte alles ein was Oma ihm auftrug. Wir haben dann meistens die Großeltern in ihrer Wohnung am Sonntag besucht und Oma im Haushalt etwas geholfen.

Unsere Sommerurlaube, die schon ein festes Ritual waren, in die bayerischen Berge oder nach Österreich an den Wörthersee und auch auf die Insel Sylt an die Nordsee zu reisen, konnten jetzt durch das Ladengeschäft nicht mehr geplant werden. Mutti wollte den Laden nicht schließen. Ein Betriebsurlaub war zu dieser Zeit nicht üblich. Außerdem benötigten die Süßwaren in den Sommermonaten besondere Pflege mit der Kühlung. An heißen Sommertagen holten wir von den Brauereien große Eisblöcke, die wir dann in den Lagern verteilten. Eine elektrische Kühlung war zu dieser Zeit noch nicht üblich in dieser Größenordnung.

Vater bestand weiter darauf in den Sommerferien mit uns zu verreisen. Er war der überzeugten Meinung diese Auszeit benötigt der Körper und die Seele und gibt neue Kraft für den Alltag. Das Thema Urlaub wurde immer wieder diskutiert, wie es am besten zu bewerkstelligen sei. Mutter beendete dieses Thema, indem sie verlauten ließ, dass Vater einmal mit uns Töchtern doch alleine verreisen kann. Im nächsten Jahr kann man weiter sehen. So packte Mutter für uns drei in einem Sommer die Koffer und wir fuhren mit Vater nach Ruhpolding in eine hübsche Pension. Wir drei fühlten uns sehr wohl, aber unsere Mutter fehlte uns Kindern sehr. Unser Vater, der ja stets adrett gekleidet war, eine gute Erscheinung, machte bei den dort wohnenden Gästen mit uns Töchtern großen Eindruck. Eines Morgens beim Frühstück im Garten merkte ich wie die Chefin des Hauses, eine hübsche, lustige Frau, meinem Vater immer schöne Augen machte. Das gefiel mir gar nicht. Sie schwänzelte ständig um uns herum und war auch zu uns Töchtern sehr aufmerksam. Ich musste immer wieder an Mutter denken, die nun alleine in dem Laden steht und nicht bei uns sein kann.

Diesmal war ich endlich froh, als unser Urlaub zu Ende ging. Ich hatte zwar sehr erlebnisreiche Tage verbringen können. Ein holländisches Ehepaar mit einem MG Cabriolet war auch unter den Gästen und nahmen sie mich öfters mit zu ihren Ausflügen in ihrem schicken Auto. Vater war nie abgeneigt, wenn ich ihn darum bat mitfahren zu dürfen. Seine Großzügigkeit machte mich stutzig. Bei unserer Ausflugsrückkehr entdeckte ich Vater fröhlich mit dieser Wirtin zusammen sitzend bei einem Glas Wein. Das machte mich damals sehr nervös. Ich war der Meinung dieser Platz gehört nur unserer Mutter.

Zuhause angekommen, machte sich Vater mit Auswärtsübernachtungen immer länger rar. Er erklärte uns, wenn wir ihn fragten, warum er jetzt immer im Bayerischen Wald auf seiner Tour dort auch gleich eine ganze Woche übernachtet, dass ihm das viel mehr Zeit einsparen würde.

Wir akzeptierten diese Entscheidung, bis eines Tages einer unserer Außendienstmitarbeiter meiner Mutter zu verstehen gab, das Vater sich immer mit einer Frau auf der Tour trifft. Mutter hat uns Kindern das verheimlicht, aber wir bemerkten eine Veränderung unserer Mutter. Sie war oftmals nicht mehr so fröhlich und unbeschwert.

Die Arbeit und die Organisation für die jeweiligen Saisongeschäfte, ließen keine Zeit über die Veränderung im Eheleben der Eltern nachzudenken. Wir fuhren weiter gemeinsam zu Süßwarenmessen nach Nürnberg und Frankfurt und orderten unsere Bestellungen bei den Firmen. Es war jedes Mal eine Augenweide die herrlichen Bonbonnieren und die reich geschmückten riesigen Präsent-Ostereier mit kunstvoll drapierten Taftschleifen in den Ausstellungen zu betrachten. Es wurden

Pralinenschachteln bis 100 DM angeboten, die wir auch in unserem Geschäft ausstellten und verkauften.

Mit der Zeit bemerkte auch ich, dass Vater sich verändert hat. Er war, wenn er zuhause bei uns am Tisch saß sehr gereizt und abwesend. Die Eltern haben nur noch geschäftlich miteinander gesprochen und auch an mir hat er sein Interesse verloren. Unserem Opa, der tagsüber ja sehr viel bei uns mitgeholfen hat, fiel diese Veränderung ebenfalls auf. So hat eines Tages Mutti unseren Vati einmal zur Rede gestellt und er hat ohne zu zögern eingestanden, dass er mit dieser Frau gern beisammen ist. Mutti war zu tiefst verletzt nach all den Jahren des gemeinsamen Wirkens. Sie beklagte sich bei den Eltern unseres Vaters in der Hoffnung, dass alles wieder gut wird. Opa nahm sich den Fehltritt seines Sohnes sehr zu Herzen, aber keiner hatte Einfluss. Für uns alle begann eine freudlose Zeit und Mutti schämte sich vor uns und den Leuten. Unser geliebter Opa ist dann plötzlich im Jahr 1959 im Alter von 82 Jahren an Herzversagen verstorben. Er hat mir noch den Namen der Frau mitgeteilt und da wusste ich, dass es die Pensionswirtin aus Ruhpolding ist.

Die Trauer um unseren geliebten Großvater war groß. Oma tat uns unendlich leid. Sie war hilflos ohne ihren Mann, der für sie alles erledigte. Wir konnten sie nicht alleine lassen in ihrer Wohnung. So hat Mutti sie zu uns geholt. Es wurde sehr beengt in unserer Wohnung, aber wir haben für sie ein kleines Zimmer frei gemacht. Sie hatte große Schmerzen beim Laufen und kam nur zu den Mahlzeiten aus ihrem Zimmer zu uns an den Tisch gehumpelt. Für Mutti eine zusätzliche große Aufgabe zum alltäglichen Geschäftsleben.

Unser Vater war nur noch sehr wenig zuhause. Wir hatten keine Ahnung, wo er die Abende und Nächte verbringt. Um die Geschäfte hat er sich weiter gekümmert und alles mit uns was notwendig war besprochen wie eh und je. Die Unstimmigkeiten der Eltern konnten nun in unserem Umfeld nicht mehr verheimlicht werden. Mutti konnte und wollte so nicht mehr weiter leben und die Eltern hatten vor sich einvernehmlich im Guten zu trennen.

Bei einem Rechtsanwalt, der ein guter Stammtischfreund meines Vaters war, wurden die finanziellen Dinge geregelt. Beide waren der Meinung, dass die Aufteilung der Geschäfte für alle Beteiligten gerecht vollzogen wurde. Meiner Mutter wurde das Ladengeschäft überschrieben und einen Wareneinkauf zum Selbstkostenpreis meines Vaters. Das bedeutete für Mutter eine doppelte Verdienstspanne, weil sie als Einzelhändler zum Fabrikpreis bei Vater weiter ihre Waren beziehen konnte. Somit war Vater von einem Unterhalt entbunden. Ich blieb weiter im Großhandel als Großkauffrau beschäftigt und unsere kleine Renate bekam erforderliche Anschaffungen vom Vater bezahlt. Damit war Mutter mehr als zufrieden, denn sie konnte sich an Hand ihrer Umsätze ja den Verdienst ausrechnen. Die Einrichtungen durfte Mutter behalten und für den Fuhrpark wurde anteilsmäßig eine Barauszahlung ausgerechnet.

Ich sah nun meinen Vater nur noch im Großhandelsgeschäft und er sprach sehr wenig mit mir. Fragte mich auch nicht wie es uns ergeht und interessierte sich plötzlich nicht mehr um meine Freizeitgestaltung. Vater war nicht mehr der Alte, er sah schlecht und grau im Gesicht aus und er griff öfters nach seiner Herzgegend. Ich war so verbittert über das Geschehene, dass ich mir um ihn keine Sorgen machen wollte.

Mit Tante Käte hatten meine Eltern die ganzen Jahre regen Kontakt gehalten. Ich habe Jochim immer fleißig geschrieben und von uns erzählt und viele Fotos wurden ausgetauscht. Er hatte sein Abitur gemacht und in Leipzig Architektur studiert. Sie freuten sich stets, dass es uns gelungen war einen Neuanfang mit Erfolg zu meistern. Sie waren nie neidisch, dass wir in Freiheit leben und reisen konnten, was Ihnen nicht vergönnt war. Ihr ganzer Stolz war Jochim, der in der DDR seinen Berufswunsch erreicht hat. Tante Käte hatte uns auch in den vergangenen Jahren der Nachkriegszeit mehrmals besuchen können. Es war zwar immer ein aufwendiger Papierkrieg zu bewältigen, der sich aber für Tante immer lohnte. Sie genoss bei uns verwöhnt zu werden, und wir waren glücklich ihr einiges bieten zu können, was sie in Erfurt zur damaligen Zeit vermisste. Umso trauriger war Tante Käte als sie erfahren musste, dass sich die Eltern scheiden lassen. Eines Tages kam Post von Käte mit einer Einladung nach Erfurt. Sie meinte, das wird gut tun und Mutti könnte sich bei ihr einmal richtig ausweinen. So einfach war es aber nicht unsere Mutti davon zu überzeugen, dass sie die Reise machen sollte Der Scheidungstermin stand noch nicht fest. Sorge und Ängste begleiteten ihren Alltag. Wir haben dann mehrmals zur Abwechslung für unsere Mutti Tante Lenchen in Nürnberg an Sonntagen besucht. Unsere Mutter hat keinen Führerschein und war sie auf meine Fahrkünste angewiesen. Tante Lenchen nun schon viele Jahre verwitwet freute sich immer über unseren Besuch. Beide

Frauen konnten sich mal wieder austauschen, während wir Mädchen uns in der Zwischenzeit mit unseren Cousins die Freizeit vertrieben.

Schwester Renate kam zur Konfirmation. Vater ist zu diesem Tag nicht erschienen und unsere Stimmung war sehr getrübt. Wir haben diesen Tag jedoch in der Familie gefeiert und Vater hat Renate gratuliert und ihr einen goldenen Armreif geschenkt. Der Schulabschluss von Renate nahte. Eine höhere Schulte wollte sie nicht besuchen und so entschloss sich Mutti sie ebenfalls in das Ladengeschäft zu nehmen mit einer kaufmännischen Lehre. Das war jedoch für beide nicht die endgültige Entscheidung. Mutti war der Meinung Renate muss eine Fremdlehre machen.

Nach langen Überlegungen und mit einem Gespräch des Chefs einer namhaften Drogerie in Weidach hat sich Renate zu einer Drogistenlehre bereit erklärt. In diesem Beruf ging sie voll auf und hat sie zusätzlich noch Weiterbildungen in der Kosmetik gemacht. Ihr Weg führte sie nach Abschluss der Ausbildung nach Nürnberg in eine Kosmetikschule. In dieser Zeit konnte sie bei Tante Lenchen wohnen. Danach kam sie für einige Zeit wieder zurück nach Weidach und führte in der Drogerie eine Kosmetikabteilung, die neu eingerichtet war. Die Zeit in Nürnberg hat Renate so gut gefallen, dass sie sich dort um eine Stelle bewarb und auch bekam. Sie wurde Mitarbeiterin in einem namhaften Kosmetikstudio und wurde von ihrer Chefin sehr geschätzt. Dort blieb sie viele Jahre und übernahm sogar das Studio, als die Chefin ihr mitteilte, dass sie in den wohlverdienten Ruhestand gehen möchte.

PARALLEL ZU DIESEN FAMILIENEREIGNISSEN LERNTE ICH MEINEN SPÄTEREN EHEMANN KENNEN

Wieder ein Osterfest nahte und wir hofften auf ein gutes Geschäft. Alles war gerichtet, die Regale standen voll mit Präsenteiern und die Platten und Körbe waren gefüllt für den Ansturm der Kunden. Am Ostersamstag schon morgens um 7 Uhr sperrte ich die Ladentür auf. Es dauerte nicht lang und der Laden füllte sich und die Käuferschlange stand hinaus bis auf die Straße. Zu dritt zusammen mit unserer Rita bedienten wir die Kundschaft. Ein junger Mann war an der Reihe und als ich ihn fragte was er wünsche, sagte er lächelnd bitte für 50 Pfennig Bonbon gemischt. Ich glaubte mich verhört zu haben. An diesem Tag kauft kaum einer Bonbons, es sei denn ein Kind. Ich war etwas missmutig, denn es ging schon ziemlich auf Ladenschluss zu und noch einige der Präsent-Eier suchten ihre Käufer. Mein verblüfftes Gesicht muss man mir wohl angesehen haben, denn die herumstehenden Leute lachten etwas verschmitzt über den Kundenwunsch. Ich reichte meine kleine Bonbontüte über den Ladentisch und in diesem Augenblick drückte mir der junge Mann ein Geldstück in Papier gewickelt in die Hand. Das war mir vor den anderen Leuten so peinlich, dass ich das Bündel gleich in meiner Schürzentasche verschwinden ließ und den nächsten Kunden nach seinen Wünschen fragte. Der junge Mann verschwand lächelnd durch das Gedränge hinaus. Noch gute zwei Stunden hatten wir großen Betrieb und ich habe an den sonderbaren Einkauf nicht mehr gedacht.

Nach Ladenschluss habe ich wie jeden Tag mir einen Eimer mit Wasser geholt um den Laden zu säubern. Meine

Mutti ging zufrieden durch ihr Geschäft und sagte erfreut, wir haben wieder gut disponiert. Es ist kaum etwas von den Ostersachen übrig geblieben. Wir können uns glücklich schätzen und sie bedankte sich bei uns für unseren Einsatz. Dabei schaute sie zu einem der Schaufenster hinaus und sagte, da steht immer noch das Auto mit dem jungen Mann der die Bonbons bei dir gekauft hat. Zwei Männer sitzen darin und sind guter Dinge, wie ich erkennen kann. Da fiel mir das Geldstück in meiner Schürzentasche ein und wickelte es aus dem Papier. Darauf stand: Wir würden Sie gerne kennen lernen und mit Ihnen ausgehen. Wir warten auf Antwort.

Ich zeigte meiner Mutter das Schriftstück und sie lachte. Na, die haben aber lange auf deine Antwort warten müssen. Nun geh doch mal raus und spreche mit ihnen. Ich aber war in diesem Moment so verblüfft und sagte, ach die fahren schon weg, wenn ich nichts hören lasse. Mutter aber meinte, Kind du willst doch immer mal ausgehen und das sind doch zwei, da kann ja nicht viel passieren. Nun geh schon und spreche mit ihnen die sehen ganz manierlich aus. Verlegen trat ich vor das Auto – das Fenster wurde herunter gekurbelt – lachend fragten die beiden nach, wann ich denn Schluss habe, sie könnten mich nach Hause fahren. Sie waren der Meinung, ich sei eine Angestellte. Ich klärte sie auf, dass ich hier wohne und die Tochter der Geschäftsinhaberin bin. Günter, wie einer von ihnen sich namentlich vorstellte, meinte, wir könnten doch am Ostersonntag mal zum Tanzen gehen. Als ich das Wort tanzen hörte, ja da schlug mein Herz höher und ich erwiderte, ja gern, wann denn? Sagen wir morgen um 14 Uhr, da holen wir Sie ab und könnten nach Amberg fahren, dort gibt es ein schönes Tanzlokal mit Life-Musik. Ich sagte zu und huschte wieder in den Laden um meinen Aufräumarbeiten nachzukommen.

Diese unverhoffte Einladung hat mich ganz durcheinander gebracht. Lange war ich nicht mehr mit Freunden aus. Die Stimmung zu Hause war durch die bevorstehende Scheidung der Eltern sehr gedrückt. Am Sonntag Morgen suchte ich mir ein passendes Kleid aus. Ich wollte ja schön sein. Spannung und Freude kamen auf und ich wartete angespannt auf das Wiedersehen. Pünktlich um 14 Uhr fuhr das Auto vor, Günter war nicht dabei. Ein anderer junger Mann stellte sich als Roland vor. Georg, der Fahrer des Autos stieg ebenfalls aus und stellte sich mir vor. Etwas schüchtern fragte ich, wo denn der Bonbonkäufer abgeblieben sei. Die Männer lachten fröhlich und sagten, der hat heute keine Zeit. Ich stieg auf dem Rücksitz ein und war gespannt, was der Nachmittag mit mir vor hat. Während der Fahrt bemerkte ich, dass Roland und auch Georg mich ständig in dem Rückspiegel anschauten. Das machte mich sehr verlegen. Besonders Roland hat mich immer wieder flirtend angeschaut. Endlich war Amberg erreicht und wir hatten einen wunderschönen lustigen Tanznachmittag.

Beide waren flotte Tänzer, mit denen es mir Spaß machte. Dabei habe ich erfahren, dass Georg gleich um die Ecke in der Ringstraße wohnt und im elterlichen Handwerksbetrieb Schlossergeselle ist. Er hat mich schon länger gesehen aber nicht getraut mich anzusprechen. Oft bin ich ihm begegnet, wenn ich den Hund ausgeführt habe. Mir ist das nie aufgefallen und Kunde war er auch nicht bei uns. Während der Heimfahrt verglich ich innerlich die beiden und kam zu dem Ergebnis, dass Roland der charmantere der beiden ist. Ich wurde am frühen Abend vor die Haustüre gefahren, wir haben uns verabschiedet und einen neuen Treff verabredet. Doch bei dem darauf folgenden Treffen saß Georg allein im Auto. Das hat mich sehr verwundert und war mir auch etwas peinlich zu zweit allein zum Tanz zu fahren die weite Strecke. Aber Georg hat mich beruhigt und sagte, dass dem Freund Roland heute etwas dazwischen gekommen ist. Erst viel später habe ich erfahren, dass Roland bereits verheiratet war und sogar schon Vater eines Sohnes ist. Er wollte seinem Freund Georg nur Beistand zum Kennen lernen mit mir geben. Mir gefiel die fröhliche, unbeschwerte und sportliche Art von Georg und hatte ich nichts dagegen mich weiter mit ihm zu verabreden auch ohne seine Freunde.

Georg kam öfters mal tagsüber zu uns in den Laden. Mutter und auch Schwester Renate und Rita gaben ihm immer einen herzlichen Empfang. Sie haben ihn gleich in ihr Herz geschlossen, was mich glücklich machte. Für uns war es aufmunternd, wenn er bei Tisch von sich erzählte. Ausgerechnet an so einem Überraschungsbesuch von Georg war Vater bei uns zu Hause. Zu Fuß in einer blauen Latzhose kam Georg um die Ecke unsere Straße entlang. Ich erschrak, o weh – das ist ein unglücklicher Zufall. Georg winkte mir zu, als er mich durch das Schaufenster sah. Ich ging zur Ladentür hinaus um zu fragen, weshalb er vorbei komme. Georg wollte mir nur schnell mal wie so oft guten Tag sagen. Ich war nervös, denn Vater hatte ich Georg ja noch nicht vorgestellt. Vater beobachtete unsere Unterhaltung und als ich zurück kam, sagte er zu mir. Wer war denn das – was willst du denn mit einem im Arbeitsanzug.

Was ist er denn von Beruf? Und die großen Ohren die er hat die kommen ja zuerst um die Ecke. Ich erzählte Vater, dass er Schlossergehilfe im elterlichen Betrieb ist und in der Ringstraße seinen Betrieb hat. Das war, wie kann es anders sein, natürlich meinem Vater zu wenig. Na – dann soll er mal erst seinen Meister machen und den Betrieb übernehmen. Alt genug dazu scheint er ja zu sein. Vergib dich an keinen Mann, wenn er keine Heiratsabsichten hat.

Nach dieser strengen Aussage meines Vaters war ich im Moment froh, dass er nicht mehr so viel an unserem Leben teil nimmt. Ich wurde sogar sehr zornig auf ihn. Nur Mutti tat mir immer wieder leid. Immer öfter haben wir beide uns nun getroffen. Ein Ausflug auf die Silberhütte mit Brotzeit war geplant. Roland war auch wieder dabei und meine Schüchternheit ließ nach. Roland verstand es unterhaltsam zu plaudern. Wir spazierten durch die Natur und kehrten ein. Das Essen wurde serviert und plötzlich fielen mir Worte meines Vaters ein. Beobachte die Leute bei Tisch, wie sie Messer und Gabel halten, wie sie das Besteck zu Munde führen, daran kannst du ihre Kinderstube erkennen. Also, ich war gespannt, wie nun die beiden zu Messer und Gabe greifen. Roland war der feinere von beiden, schade. Georg griff derb zu und säbelte an seinem Speckstück herum. Ich hätte mir gewünscht, dass beide gleich gute Tischsitten gehabt hätten. Vaters Worte verdrängte ich und ließ es mir trotzdem schmecken. Daran soll meine Zuneigung nicht scheitern. All unsere Bekannten und auch unser Sepp fanden ihn nett und zuvorkommend und hatten Spaß, wenn er bei uns zu Besuch war.

So vergingen Wochen mit vielen Ausgängen, Spaziergängen und Kinobesuchen am Abend. Georg stellte mich all seinen Freunden vor. Er war in mehreren Sportvereinen, wie Handball, Skifahren usw. Das alles kannte ich nicht und ich wurde neugierig auf dieses vielseitige Leben. Überall wo er mich hinführte war Georg bekannt und gern gesehen. Die Mädchen hatten ein großes Augenmerk auf ihn und ich bemerkte, dass mich die Damenwelt nicht gern aufnehmen wollte. Ja ich spürte sogar Eifersucht, wenn Georg mit mir in die Lokale trat, wo seine Freundesclique versammelt saß. Ganz höflich hat Georg mich nach Ausgängen immer, wie ich es zeitlich wünschte, nach Hause begleitet. Er verabschiedete sich vor der Haustür und wünschte mir eine gute Nacht, bis morgen und tschüß. Ich fand sein Verhalten sehr anständig und fühlte mich zu ihm immer mehr hingezogen. Insgeheim konnte ich mir eine Heirat mit Georg gut vorstellen.

Wir wohnten Parterre und mein Schlafzimmerfenster ging zum Hof hinaus. Ich lag in tiefem Schlaf, als es plötzlich spät in der Nacht an mein Fenster klopfte. Georg stand wankend davor und bat um Einlass, ihm sei ja so schlecht. Er erzählte, als er nach unserem gemeinsamen Ausgang auf dem Heimweg noch Freunde traf und er kehrte noch einmal mit ihnen ein. Dabei schaute er zu tief ins Glas. Ja – was sollte ich da sagen, er tat mir Leid. Ich öffnete und kochte Tee in der Hoffnung, dass es ihm bald besser gehen wird. Das blieb leider kein Einzelfall. Mutti bekam diese nächtlichen Überfälle mit, aber statt zu schimpfen hat sie Georg immer mit versorgt. Der arme Junge, meinte sie. Das kann ja vorkommen. Mir jedoch gefiel dieses Verhalten nicht so gut und ich habe mich öfters gefragt, ob es wohl Sinn macht mich weiter zu verabreden. Aber durch seinen Charme und seine Unternehmungslust habe ich ihm immer wieder aufs Neue verziehen. Ohne ihn habe ich einfach etwas vermisst. Trotzdem störten mich seine Alleinausgänge sehr, denn es waren auch immer weibliche Wesen dabei, die Georg, selbst wenn ich anwesend war, sehr umgarnten. Ein enger Freund von Georg sagte einmal zu mir. Das darfst du nicht so eng sehen. Georg, Girgl, wie sie in alle damals nannten ist unser Sonyboy, ohne ihn geht gar nichts. Dich aber mag er besonders, das kannst du mir glauben. Der Freund war schon einige Jahre älter als Georg und ich wollte dieser Aussage Glauben schenken. Zu dieser Zeit gab es viele Nachtbars, wo hauptsächlich Amerikaner verkehrten und Jazzmusik Live gespielt wurde. In diese Lokalitäten zog es die Burschen. Dort waren die jungen, braven Mädchen nicht erwünscht und die jungen Männer waren neugierig auf das lockere Leben. Deutsche Frauen machten Bekanntschaft mit den Amerikanern und vergnügten sich ausgiebig auf deren Kosten. So eine Lokalität befand sich auch in der Ringstraße wo Georg zuhause war.

Im Geschäft, es war Sommerzeit, wurde es ruhiger. Mutti entschloss sich nun doch mit Renate zusammen die Tante Käthe in Erfurt zu besuchen. Ich war erfreut darüber und versprach ihr, dass ich mit Rita alles bestens meistern werde. Die Scheidung der Eltern wurde bereits im Februar 1960 vollzogen.

Natürlich hatte ich auch die Aufgabe für Oma voll da zu sein. Es war ein heißer Tag, ich stand allein im Geschäft, die Tür ging auf und Polizei trat ein. Zuerst dachte ich mir nichts und glaubte die Herren wollen etwas kaufen. Aber sie schauten mich sehr streng an und fragten nach meinem Namen und ob ich die Tochter von Willi Kramer sei. Als ich bejahte, sagten sie mir, sie hätten eine traurige Nachricht. Ihr Vater ist in Zwiesel in einem Hotel an einem Herzinfarkt verstorben. Das war am 28. Juli 1960. Ich konnte das nicht glauben. Das kann doch nicht sein. Meine Gedanken drehten sich im Kreis. Mutti und Renate in Erfurt, was soll ich machen und im Laden bin ich unabkömmlich. Die Polizei beruhigte mich und teilte mir mit, dass schon alles geregelt ist. Frau Helene. Kramer aus Nürnberg wurde verständigt und hat bereits die Überführung veranlasst. Ich fragte nicht nach wie das möglich ist, dass meine Tante das schon organisiert hat ohne mein Wissen. Ich muss sofort mit Erfurt Verbindung aufnehmen. Es stellte sich heraus, dass die Rückreise terminlich nicht so einfach ist. Tante Lenchen hat nach Rücksprache mit Oma das Grab am Friedhof ausgesucht und als ich von meinem Vater im Leichenhaus Abschied nehmen wollte, war schon alles gerichtet. Man sagte mir, dass die Polizei auf Grund der Scheidung in Nürnberg die Verwandtschaft ausfindig gemacht hat.

Ich wollte meinen Vater noch einmal sehen, aber davon wurde mir abgeraten, witterungsbedingt sei es kein schöner Anblick mehr für mich. Ich solle Vater in Erinnerung behalten wie ich ihn kannte. So stand ich nun einsam ohne Familienangehörige vor dem Sarg und weinte bitterlich. Angst kroch in mir hoch, wie geht es weiter mit dem Geschäft meines Vaters und den vielen Angestellten.

Mutti und Renate haben es geschafft zur Beisetzung unseres Vaters wieder zuhause zu sein. Trauernd standen wir alle wie versteinert vor dem Grab zusammen mit einigen Bekannten und Freunden der Eltern. Darunter war auch der Rechtsanwalt, der unsere Eltern beraten hatte. Bei der Beileidsbekundung sagte er noch zu Mutti – wir haben einen großen Fehler gemacht. Wir haben diesen Satz zwar gehört, aber an diesem Tag seine Bedeutung nicht aufgenommen. Der plötzliche Tod unseres Vaters fand nur ein paar Monate nach der Scheidung statt.

Wir waren uns sicher, auch Vater hat unter der Trennung gelitten. Für eine andere Frau hat er eine intakte Familie aufgegeben. Das war auch für ihn sicherlich schmerzlich. Er wollte beides haben und das hat er nicht verkraftet. Wir haben an die guten Zeiten an diesem Tag gedacht. Was wir sind, sind wir durch ihn. Darüber waren wir uns alle einig und wir haben ihm verziehen, wenn es auch nicht leicht war für uns.

Der Tod im Hotelzimmer in Zwiesel lies mir keine Ruhe und bin ich kurz nach der Beerdigung nach Zwiesel gereist. Der Wirt des Hotels kannte meinen Vater sehr gut. Schon viele Jahre war er in seinem Haus zu Gast und so habe ich erfahren, dass immer eine Frau an seiner Seite war, und er war der Meinung, es sei die Ehefrau. Das hat mich zutiefst erschüttert. Wie konnte Vater uns nur die ganze Zeit so hintergehen. Ich fragte nach den Sachen meines Vaters, denn die sind zuhause nie angekommen. Vater trug außer seinem Ehering einen wertvollen Siegelring, eine goldene Armbanduhr, goldene Manschettenknöpfe und seine Kleidung, das ganze Gepäck? Da wurde mir gesagt, dass diese Frau bereits alles mitgenommen hat. Sein Auto wurde von einem Mitarbeiter unserer Firma abgeholt. Verbittert bin ich dann wieder zurück gefahren. Kein Erinnerungsstück an meinen Vater, wie schade.

Einige Wochen nach Vaters Beerdigung kam Post in unser Haus. Es war eine Honorarrechnung eines hiesigen Architekten. Der Betrag war nicht unerheblich. Mutti und ich nahmen mit dem uns fremden Architekten Rücksprache und wir mussten erfahren, dass unser Vater in Wernberg ein Grundstück gekauft hatte und der Architekt den Auftrag hatte ein Haus zu planen. Für die angefallenen Planungskosten sollte nun meine Mutter aufkommen. Georg empfahl uns einen befreundeten Rechtsanwalt, der die Angelegenheit dann für uns gütlich einigen konnte. Auf Grund der Scheidung fühlte sich Mutter nicht verantwortlich die Kosten zu übernehmen. Unsere Trauer um unseren Vater war für alle Beteiligten sehr gestört.

Nach dieser neuen Aufregung mussten wir erst einmal Ordnung in unsere Gedanken bringen. Wie soll es mit dem Großhandel ohne Chef weiter gehen. Zusammen mit dem Personal haben wir beraten. Unser Steuerberater schlug vor, das Geschäft an eine Mitbewerberfirma zu übergeben. Ich ging auf Suche und wurde in Schwarzenfeld fündig. Der Chef des Großhandels in der gleichen Branche war interessiert und besuchte mich. Er wollte unseren Kundenstamm kennen lernen. Bilanzeinsicht und vieles mehr. So bin ich mit ihm in den Bayerischen Wald, unsere Hauptdomäne, gereist und habe ihn unserer Kundschaft als evtl. Nachfolger vorgestellt. Wir wurden uns einig mit der Übernahme. Ein Problem gab es jedoch, weil unser Ladengeschäft von Vater zum Selbstkostenpreis der benötigten Waren beliefert wurde. Ohne die Zusage, dass die neue Firma diese Vereinbarung übernimmt, könnte ich das Geschäft nicht übergeben. Mit einigen Abstrichen haben wir uns dann geeinigt. Das Personal und die Lagerräume wurden ebenfalls komplett übernommen.

Jetzt war ich frei für das Ladengeschäft unserer Mutter. Es war auch dringend notwendig Mutti unter die Arme zu greifen, denn sie war sehr mitgenommen von den ganzen Aufregungen.

Oma wurde zum Pflegefall und mussten wir sie leider in ein Pflegeheim bringen. Wir haben ihr dort das Zimmer gemütlich eingerichtet und sie jeden Sonntag besucht. Auch Georg hat mich manchmal zu meiner Großmutter begleitet. Sie war sehr interessiert an ihm, denn sie kannte ihn ja schon als sie noch bei uns wohnte.

Mit den Aufregungen wollte es einfach nicht aufhören. Durch die Scheidung im Februar 1960 wurde die Rente des Vaters der Mutter nicht zuerkannt. Vater hatte sein Leben lang gut eingezahlt, hohe freiwillige Beiträge geleistet und wir wussten, dass im Alter die beiden gut versorgt sein würden. Jetzt erst verstanden wir den Satz des Rechtsanwaltes am Beisetzungstag. Ausschlaggebend war, das beide Parteien auf Leben und Tod aufgrund der geschäftlichen Vereinbarungen auf Unterhalt verzichtet haben. Eine Rentenzahlung an Mutter wurde an Hand dieses Auseinandersetzungsvertrages abgelehnt. Vater hatte auch eine Lebensversicherung abgeschlossen, die an uns Töchter ausgezahlt wurde. Renate war zu dieser Zeit noch nicht volljährig und so bekam sie einen gerichtlichen Vormund und ihr Anteil des Geldes musste fest angelegt werden bis zu ihrem 21. Geburtstag. Mutter war von jeglichem Erbe ausgeschlossen.

Die Belieferung durch den neuen fremden Großhändler klappte gut, wir haben uns auch bestens verstanden und der Chef kam öfters zu uns zu Besuch und teilte uns immer wieder mit, dass er es nicht bereut habe unseren Großhandel übernommen zu haben.

Neben all den geschäftlichen Ereignissen und der bedauerlichen Rentenabsage für unsere Mutter haben wir jungen Leute die Freizeit weiter gelebt. Das Ladengeschäft machte gute Umsätze und hatten wir ein gesichertes Auskommen. Wir drei, Mutter, Rita und ich waren ein eingespieltes Team. Georg war stets bereit uns zu helfen. Er besorgte nun die Abfallbeseitigungen, die Sepp bisher für uns erledigte. Unser Sepp wechselte die Stellung nach der Geschäftsübergabe zu einer Brauerei als Fahrer. Er blieb uns jedoch immer verbunden und kam uns nach wie vor besuchen.

WIE ES WEITER GING MIT MEINEM „SCHNACK"

So wurde er von unseren Nachbarn und Freunden stets genannt. Er hat es verstanden sie alle für sich zu gewinnen. Im Jahr 1960 kamen wir uns näher. Ich war unbedarft und glaubte Georg zu verlieren, wenn ich nicht seine Liebeswünsche erfülle. Georg war für mich der erste Mann und ich hatte keinerlei Erfahrung. Wieder kreisten die Worte meines Vaters im Kopf. Vergib dich nicht, wenn du nicht geheiratet wirst. Ich muss es Georg sagen, warum ich mich so ziere. Als Antwort kam für mich unerwartet, na und, dann verloben wir uns eben und heiraten. Das befreite mich und das Auto wurde unser Liebesnest. Es blieb unser Geheimnis für lange Zeit. Noch im gleichen Jahr feierten wir mit einer riesigen Freundesclique und der Familie unsere Verlobung. Ein überraschendes Verlobungsgeschenk bereitete uns Georgs Mutter. Wir bekamen 2 Eintrittskarten für „Die Meistersinger" in Bayreuth. Zu dieser Aufführung fuhren wir beide in meinem kleinen Auto in schöner Abendrobe. Überwältigt genossen wir die Aufführung und das festliche Ambiente rings um den Hügel. Es war ein unvergessliches Erlebnis für uns beide so jung an Jahren diesen Abend erleben zu können.

Kurz zuvor hatte mich Georg seinen Eltern vorgestellt und mir sein Zuhause gezeigt. Aufgeregt bin ich in das Haus in der Ringstraße 13 gegangen. Man hat mich sehr beobachtend empfangen. Die Mutter war eine Brillenträgerin mit sehr starken Gläsern und sah dadurch für mich sehr streng aus. Vater war eher lustig, aber wenig an mir interessiert. Zu diesem ersten Vorstellungstermin waren auch noch mehrere ältere Damen an der Kaffeetafel, die mir als Schwestern und Cousinen und Freundinnen der Mutter vorgestellt wurden. Eine davon hieß Babette und die war mir auf Anhieb gleich sympathisch. Als Georg dann seinen Eltern mitteilte, dass wir uns verloben möchten, kamen viele Fragen meiner Herkunft auf mich zu. Dem Vater rutschte nach meinen Erzählungen heraus, was willst Du denn mit einer Flüchtlingspritschen.

Dieser Ausspruch verletzte mich zutiefst und verschlug mir die Sprache. Ich wollte nur noch weg. Georg lief hinter mir her und sagte, dass Vater das nicht so gemeint hat. Die Eltern sind von uns überrumpelt worden. Georg hatte bisher nie von mir erzählt. Vater ist ein Polterer und er meint das nicht so. Später habe ich erfahren, dass sie schon lange eine Frau für ihn insgeheim ausgesucht hatten mit Grund und Boden. So war es damals üblich. In der Oberpfalz wurden die Töchter und Söhne durch die Eltern versprochen damit sich die Besitzungen vermehren. Ja, da war ich natürlich nicht erwünscht. Ein Flüchtlingskind, ohne Haus und Grund was nur seine Arbeitskraft bieten kann, das war zu wenig. Ich war froh, dass mein Vater das nicht mehr erleben konnte.

Wir beide hielten jedoch an unserem Glück weiter fest. Georg nahm alles locker vom Hocker. Er vergnügte sich mit den Freunden, ging seinem Sport nach und arbeitete in einer alten Werkstatt seines Vaters als Geselle.

Bei einem weiteren Besuch in seinem Elternhaus wurde mir gesagt, wenn wir heiraten, dann gehört die Frau in das Geschäft des Mannes. Da könnte ich dann nicht mehr in unserem Süßwarengeschäft arbeiten. Georg hatte zwei ältere Schwestern, die beide verheiratet waren und auch schon Kinder hatten. Anneliese wohnte vor Ort in einem Einfamilienhaus und half im Büro der Eltern mit. Schwester Leni wohnte damals in Nürnberg und Georg hat mich auch ihrer Familie vorgestellt. Toni, der Ehemann von Schwester Leni war auch im Außendienst tätig und hatten wir gleich gemeinsamen Gesprächsstoff. Der Tag in Nürnberg war für mich sehr nett und hatte ich das Gefühl herzlich aufgenommen zu sein.

Meine Besuche bei Georg und seinen Eltern fanden nun öfters statt. Mir wurden alle Räumlichkeiten und die Werkstatt gezeigt. Dabei fiel mir auf, dass alles sehr veraltet ist. Es gab kein ordentliches Büro, die Werkstatt im Hinterhof war unaufgeräumt und ich sah nur heilloses Durcheinander. Das sanitäre Ladengeschäft war auch nicht ansprechend. Alles stand da kreuz und quer wie in einem Lagerraum. Der lange Hausdurchgang zur Werkstatt hatte einen großflächigen Steinboden, den Schwester Anneliese jedes Wochenende mühsam geschrubbt hat. Die Frauen trugen Kittelschürzen. Das alles war ich nicht gewohnt. Auch die Wohnräume der Eltern waren nicht so wie ich es mir vorgestellt habe bei einheimischen Bürgern und Geschäftsleuten. Es gab kein Badezimmer und die Toiletten befanden sich im Treppenhaus. Zum Baden ging man in den Keller. Dort stand eine Zinkwanne. Mit Kohleöfen wurde geheizt. Jetzt verstand ich auch warum Georg immer mal bat bei uns in die Wanne steigen zu dürfen. Diese Badestube bei uns hat er ausgiebig genossen.

Meine Gedanken waren, wie kann das sein. Sie haben doch im Krieg nichts verloren. Kein Haus wurde zerstört. Wir haben uns als Flüchtlinge alles wieder neu erarbeiten müssen, und sind besser ausgestattet. Schon in den Häusern wo wir zur Miete einzogen bemerkten wir, dass wohl kein Wert auf Erneuerungen gelegt wird. An Geld kann es den Leuten nicht gemangelt haben, sich Bäder und Heizungen in ihre Häuser einzubauen. Man erzählte sich unter den Zugereisten, dass die Oberpfalz diesbezüglich bekannt ist. Ja es wurden sogar Witze darüber an den Stammtischen gemacht. Ich hörte einmal, wie einer sagte, bis wir hier her gekommen sind, haben die Einheimischen noch über die Stange gesch... So krass war es natürlich im Braun-Haus nicht, aber es fehlte an einigen Erneuerungen.

Mein Entschluss stand fest, wenn ich in dieses Haus ziehen soll, dann muss sich von Grund auf vieles ändern. Eines Tages fand ich den Mut Georg das alles zu verstehen gegeben. Er hat es eingesehen und gesagt, ja dann packen wir es an. Er wollte nach unserer Heirat im Elternhaus wohnen bleiben. Aber wo, ich sah keine geeigneten Räume für uns. In den zwei Etagen waren auch Mieter untergebracht. Es waren sehr nette Leute, die mir freundlich begegneten. Ein schon sehr betagtes Ehepaar, die Georg schon als Kind gern bei sich sahen bewohnte zwei Räume im ersten Stock. Georg nannte sie Ema und Epa, sie waren wie Großeltern zu ihm. Ich lernte sie nur kurz kennen, denn sie verstarben, und Georg nutzte die Räume um endlich ein Bad für sich und seine Eltern einzurichten. Daneben war ein großes Zimmer mit eigenem Eingang vom Treppenhaus und Georg meine, das könnte doch erst einmal unser Anfang sein. Er möchte im Elternhaus wohnen bleiben, was ich zwar verstand, aber mir nicht vorstellen konnte so zu wohnen als junge Frau.

Ich schlug vor, Georg soll seine Meisterprüfung machen und die Eltern fragen, ob sie ihm danach nicht das Geschäft übergeben wollen. Schließlich waren beide schon dem Rentenalter nahe. So lange möchte ich in unserem Ladengeschäft bleiben.

In Regensburg legte Georg seine Meisterprüfung ab. Diese Zeit war nicht einfach für uns beide. Unter der Woche war er in Regensburg an der Schule und am Wochenende habe ich ihn dann immer bei den Arbeiten im Kaufmännischen unterstützt. Braun Karl war in dieser Zeit sehr gefordert in der Werkstatt, denn sein bester Schlossergeselle fehlte ihm.

Nach Abschluss der Meisterprüfung haben wir dann Vater angesprochen, ob er nicht den Betrieb dem jungen Meister übergeben würde. Ich glaube er war froh, nicht mehr die Verantwortung für das Geschäft zu tragen, und Vater und Sohn einigten sich. Er meinte, wenn schon dann richtig. Werkstatt und Haus wurden auf Rentenbasis mit einem Übergabevertrag an Georg überschrieben. Die auf uns zukommenden finanziellen Verpflichtungen den Eltern gegenüber musste ich mit unterschreiben. Die Eltern hatten beide keine Altersversorgung und waren zum damaligen Zeitpunkt auch nicht krankenversichert. Zu dieser Zeit haben die wenigsten Handwerker an eine Altersversorgung gedacht. Man hatte ja Haus und Grund und konnte darauf zurückgreifen. Mutter Braun veräußerte im Laufe ihres Lebens immer mal wieder ein Erbgrundstück, wenn eine größere Anschaffung zu tätigen war. Georgs Schwestern wurden ausbezahlt im Verhältnis der Hausüberschreibung und bekamen die noch vorhandenen Grundstücke von mütterlicher Seite überschrieben.

Mir war zu diesem Zeitpunkt bewusst, dass die Übergabe an meinen zukünftigen Ehemann uns Pflichten und Verantwortung seinen Eltern gegenüber auferlegt. Mein erster Weg war zu der Krankenkasse und es war zu dieser Zeit noch möglich Vater Braun mit Ehefrau in die soziale Krankenkasse als freiwilliges Mitglied einzubringen. Die Beiträge dafür haben wir übernommen. Nachdem alles für eine Übergabe mit den Eltern geregelt war, wollten wir beide gleich loslegen mit den notwendigen Umbauten. Wir wollten eine neue bezugsfertige Wohnung im Elternhaus haben. Der Notartermin war im Jahr 1962. Wir planten jedoch schon vorab mit unseren Umbauvorstellungen zu beginnen. Dazu fehlte uns das Geld. Vater

Braun war so freundlich und hat uns bei der Bank einen Bürgen gemacht. Nach der Hausüberschreibung konnten wir ja dann mit eigener Grundschuld Vater von der Bürgschaft entbinden.

Gesagt – getan. Der Dachstuhl wurde entrümpelt und abgetragen. Zusammen mit Freunden und einer kleinen Baufirma entstand eine wunderschöne 104 qm große Wohnung mit Balkon zum Hinterhof. Wir werkelten Tag und Nacht um schnellstmöglich ans Ziel zu gelangen. Es gab viele Aufregungen. Als das Dach frei gelegt wurde, setzte eine Regenperiode ein. Darunter wohnten Mieter und das Wasser lief an manchen Stellen durch die Decke. Braun Opa tobte von morgens bis abends über unser verrücktes Vorhaben. Als er mich aber dann ständig sah wie ich das Dach mit Planen abdeckte und das Wasser mit Eimern abschöpfte, half er mir fleißig mit, ohne dass wir beide miteinander sprachen. Georg musste sich um die Aufträge in der Werkstatt kümmern und hatte wenig Zeit. Der Polier der Baufirma war sehr unzuverlässig, er war immer alkoholisiert und kam meistens unpünktlich. Wir verzweifelten, denn der Fertigstellungstermin verschob sich dadurch. Als er erfuhr, dass ich aus dem Süßwarenladen stamme und dort auch Schnaps verkauft wird, sagte er eines Morgens mal zu mir, wenn du mir mal eine Flasche Schnaps spendierst, dann werde ich pünktlich sein. Wir vereinbarten dann, dass er jedes Wochenende nach der Arbeit bei meiner Mutter sich eine Flasche selbst aussuchen kann, wenn er nur unsere Termine hält. Meine Mutter kann die Flaschen nicht zählen, die der Michel, wie er sich nannte, dort abgeholt hat. Aber das Werk wurde Gottlob vollbracht.

Für die Einrichtung habe ich das Erbe meines Vaters verwendet. Wir waren überglücklich, ein eigenes gefliestes Bad zu haben. Zentralheizung, die bisher im Haus nicht vorhanden war. Parkettfußboden und sogar ein Kinderzimmer stand zur Verfügung. Eine wunderschöne Einbauküche habe ich mir geleistet und konnten wir es kaum erwarten einzuziehen. Schwester Anneliese zog sich aus dem Büro zurück und überließ mir die volle Verantwortung.

Zu dieser Zeit hat der Nachfolger unseres Großhandels meiner Mutter zu verstehen gegeben, dass er das Lager und das Büro in Weidach auflösen möchte. Für ihn sei es lukrativer alles von Schwarzenfeld aus zu organisieren. Ich fragte, was mit der Büroeinrichtung geschieht, und mir wurde angeboten, wenn ich Verwendung dafür habe, könnte ich sie mir abholen. Dieses Angebot nutzte ich und räumte die Büroräume in der Ringstraße damit ein. Gleichzeitig renovierte ich das Ladengeschäft für die Sanitär Artikel. Als eines Tages ein Vertreter in den neuen schönen Laden trat, war er so überrascht was hier geschehen ist, und bot mir eine Neuerscheinung an. Zu dieser Zeit kam damals ein Nirosta Spültisch mit Unterschrank auf den Markt. Das wäre der Blickfang für den Laden, das hat noch keiner in der Oberpfalz ausgestellt. Ich stimmte zu und ließ dieses Stück anliefern.

In diesem vielseitigen Trubel merkte ich, dass ich schwanger war. Das war für mich eine unverhoffte Überraschung. Es gab ja noch so vieles zu tun. Deshalb sollte es vorerst unser beider Geheimnis bleiben. Wir schrieben das Jahr 1961 und die Hochzeit war noch nicht geplant. Gemeinsam beschlossen wir uns noch im gleichen Jahr zu trauen. Der Termin wurde vorverlegt zum 1. September 1961. Insgeheim habe ich die frohe Botschaft meiner Mutter anvertraut. Sie freute sich im ersten Moment sehr darüber. Gleichzeitig war sie beunruhigt und meinte, Kind wie soll das denn alles gehen. Georg, immer fröhlich aufgelegt, sagte nur dazu, kommt Zeit kommt Rat, alles ist zu schaffen, wenn man nur will.

Meine zukünftigen Schwiegereltern haben erkannt, dass ich zupacken und organisieren kann. Georg hatte die Werkstatt voll im Griff mit guten Mitarbeitern. Das Flüchtlingsmädchen hat sich in der Braun-Familie bewährt. Braun Opa ging mit den Händen auf dem Rücken immer die Ringstraße auf und ab und sagte: Man staunt nur so, man staunt nur so. Wenn er Lust hatte, half er auch immer noch in der Werkstatt mit. Aber wir merkten, dass er seine Freiheit genoss und froh war nicht mehr gefordert zu sein.

Die Spültische fanden bei der vorbeikommenden Kundschaft großen Anklang. Der Vertreter des Großhandels für sanitäre Einrichtungen war glücklich über meine Verkäufe. Ich hatte allerdings ein Problem. Mit dem Verkauf der Spülen allein war es nicht getan. Sie mussten ausgeliefert werden und auch fachgerecht angeschlossen werden. Sobald ich in der Werkstatt Auftrag dafür geben wollte, bekam ich zur Antwort – dafür haben wir jetzt keine Zeit, frage mal den Seniorchef. Der aber ließ sich sehr betteln von mir. Er war der Meinung, sparsam wie er war, dass die Leute so etwas nicht benötigen. Das ist Luxus, die alten tun es noch lange. Ich musst ihm immer erklären, dass das unser Geschäft ist und wir vom Verkauf leben und Geld verdienen der Sinn eines Betriebes ist. Ja – so war er halt der alte Braun. Ihm war es wichtig der Kundschaft mit Reparaturen zu dienen. Meine Verkaufsfreude war Neuland für ihn. Wir haben uns dann immer im Guten geeinigt und hat er meine Lieferwünsche erfüllt, wenn auch nach seinem Zeitplan.

Meine Mutter habe ich trotz all der Hektik nicht vergessen, ein Anruf von ihr und ich stand ihr zur Seite. Rita wurde zu dieser Zeit auch sehr gefordert. Nach wie vor habe ich die Buchhaltung gemacht und die Schaufenster dekoriert. Unser Sepp blieb ein treuer Helfer und kümmerte er sich nach Feierabend immer um die Lagerarbeiten und trug Mutter die Ware in den Laden. Mutter bekam im Laufe der Jahre Knie und Hüftgelenkbeschwerden. Wir haben weiter alle zusammengehalten. An Urlaub war in dieser Zeit nicht zu denken.

UNSERE HOCHZEITSPLANUNG

Die Schwiegereltern und auch wir wollten eine schöne große Hochzeit. Wir suchten in näherer Umgebung im Grünen ein neu eröffnetes Hotel mit wunderschöner Terrasse aus und legten den Speiseplan fest. Auf eine Hochzeitsreise wollten wir nicht verzichten. Das muss etwas ganz besonders werden. Geld dafür hatten wir nicht und so hat Georg abends nach Feierabend viele Wochen in der Werkstatt für einen Dekorateur Blickfänge für

Schaufenster geschmiedet. Wenn es meine Zeit erlaubte stand ich ihm als Lehrling zur Seite. Der Dekorateur hat Georg bar bezahlt und gesagt, wir sollen uns davon schöne Tage machen. Er war auch einmal jung und weiß wie es ist, wenn man knapp bei Kasse ist. Wir haben uns dann erlaubt eine Flugreise nach Spanien nach Torremolinos zu buchen. Wir glaubten uns das verdient zu haben nach all den erfolgreichen Arbeiten.

An den Wochenenden saßen wir dann zusammen und besprachen unsere Einladungen. Die Braun Familie war groß mit Geschwistern, Neffen, Nichten, Tanten und Onkel. Alle sollten sie dabei sein, wenn der Sohn vom Braun Karl heiratet. Mein Kreis bestand aus Tante Lenchen mit den Söhnen Günter und Werner, meiner engsten Freundin Hannelore mit zukünftigem Mann. Ihre Jugendliebe Wiggi war in der Zwischenzeit geschieden und beide schmiedeten ebenfalls Hochzeitspläne. Meine Mutter war für mich die Hauptperson und natürlich Schwester Renate und unsere liebe Rita. Meine Großmutter war zu diesem Zeitpunkt leider schon verstorben.

Die Schwester meines Schwiegervaters hatte in Weidach in der Altstadt einen Antiquitätenladen und ihr Ehemann war Schreiner. Unser Wohnzimmer wurde von ihm komplett nach Maß angefertigt. Es wurde zur teuersten Einrichtung unserer Wohnung aber wunderschön, wenn ich auch tief in die Tasche greifen musste aus Vaters Erbe.

Zum Zeitpunkt des Hochzeitstermins wusste noch keiner außer meiner Mutter und meiner Schwester von meiner Schwangerschaft. Der Entbindungstermin war für März/April 1962 von meinem Arzt errechnet worden. Damals ging man nicht wie heute regelmäßig zur Untersuchung. Ich konnte auch dem Arzt nicht genau sagen wann ich meine letzte Periode hatte. Einen Kalender habe ich nicht geführt. Mir ging es gut, ich hatte keinerlei Beschwerden und meine Schaffenskraft war ungehindert. Von einer Schneiderin ließ ich mir ein Kostüm für das Standesamt nähen, auch mein Brautkleid war handgefertigt. Ich suchte mir ein kurzes Kleid aus, denn zu diesem Zeitpunkt war knielang Mode. Der Schleier sollte duftig mit einer kleinen Krone im Haar befestigt werden. Georg bekam einen Smoking vom Schneider. Von meiner Mutter wurden wir beide beraten.

Wenige Tage vor dem Hochzeitstermin, zu dem auch das Schreiner Ehepaar eingeladen war, die Schwester meines zukünftigen Schwiegervaters mit Mann, unserem Hofschreiner, betrat diese mir noch fremde Tante von Georg unseren Süßwarenladen. Sie wollte meine Mutter sprechen. Die beiden Frauen kannten sich überhaupt nicht und wir waren sehr überrascht über ihren Besuch. Sie war bei uns bisher nie Kunde gewesen. Wie Georg uns immer erzählte sind beide sehr begütert und kinderlos. In barschem Ton wollte sich diese Tante bei meiner Mutter nach dem Hochzeitsmenü erkundigen und was wir als Nachspeise auserwählt haben. Über diese Frage waren wir sehr verwundert. Natürlich gaben wir Auskunft. Für das Dessert machte sie uns einen Vorschlag, denn sie möchte etwas Besonderes zu diesem Tag. Sie wird beim Konditor Brandteigschwäne anfertigen lassen, die dann mit Sahne gefüllt werden. Sie werde sich selbst darum kümmern. Wir können den Nachtisch von unserer Liste streichen. Etwas verärgert gingen wir auf ihren Vorschlag ein, obwohl die Hochzeitskosten allein von meiner Mutter getragen wurden. Danach verließ die Tante unseren Laden ohne einen Einkauf bei uns und ohne weitere persönliche Worte. Mutter sagte dann zu mir, na lassen wir uns überraschen, zur Not können wir ja unseren Nachtisch noch von der Hotelküche improvisieren lassen. Vielleicht denkt die Tante, weil wir Flüchtlinge sind keinen Geschmack zu haben.

Einige Tage vor unserer Hochzeit fand die standesamtliche Trauung in unserem wunderschönen alten Rathaus statt. Georgs Vater und meine Mutter waren unsere Trauzeugen.

Als die Freunde von Georg erfuhren, dass wir den Hochzeitstermin festgelegt haben, bestanden sie auf einen zünftigen Polterabend. In der Familie saßen wir am Vorabend alle bei Georgs Eltern zusammen als plötzlich ein LKW vorfuhr und ein riesiges Gepolter in unserem Hausdurchgang begann. Ein verheirateter Freund arbeitete in der Porzellanfabrik Bauscher und hatte den Wagen voll mit Geschirr geladen. Mindestens zwanzig seiner Freunde warfen nun mit voller Wucht diese vielen Teller und Schüsseln in den Eingang. Wir alle rannten nach unten und waren machtlos über das wilde Treiben. Radio Musik wurde eingeschaltet, Bierkästen, die im Haus waren, wurden gebracht, Mutter Braun mit Georgs Schwestern zusammen machten Brotzeiten fertig und es herrschte ein fröhliches wildes Treiben. Das Ende vom Lied war, Georg und ich mussten die Scherben zusammenkehren. Nur das bringt Glück meinten die Freunde. Alle standen um uns herum und schauten unserer Aufräumarbeit belustigt zu. Der Alkohol hielt sich in Grenzen, die Kästen waren bald leer. Mit so vielen Freunden hatten wir nicht

gerechnet. Da wurde übermütig beschlossen noch nebenan in das Nachtlokal zu gehen. Es wollten nur die Männer
aufbrechen. Ich hatte Sorge, dass dieser Abend ausufern
könnte. Am nächsten Tag ist der Hochzeitstag und anschließend gleich unsere Flugreise in die Flitterwochen.

Mein zukünftiger Schwager, der ja mit seiner Leni
und Sohn auch schon angereist war, sagte zu mir: Wir
beide gehen mit. Bisher war ich noch nie in so einem
Nachtlokal. Ich war überrascht was ich da sah. Schumm-
riges Licht, eine riesige Bar und viele Sitzecken, die gut
besucht waren. Die Musik spielte und einige Pärchen
waren auf der gläsernen von unten beleuchteten Tanzfläche. Die Polterabendmänner standen schon an der
Bar und Georg spendierte die Drinks. Toni packte mich
am Arm und zog mich zum Tanz auf die gläserne Fläche. Wir tanzten Tango, ich wollte es gerade genießen,
da rutschte Toni aus und fiel der Länge nach auf den
Boden. Das war für uns beide natürlich sehr peinlich.
Damit war unser Tanz beendet und wir gingen beide
schnell nach Hause. Georg kam alsbald nach und ich
war darüber sehr froh.

Unsere Trauung fand in der Michelskirche in Weidach
statt. Das Brautauto wurde von einem netten Taxifahrer,
den wir schon viele Jahre als unseren Kunden schätzen,
vorgefahren. Der Blumenschmuck, den Mutter für uns
bestellt hatte, war wunderschön auf dem Auto dekoriert.
Meinen Brautstrauß suchte ich selbst aus, denn Georg
hat die Bestellung in der Eile völlig vergessen. Der Gottesdienst war für alle Beteiligten sehr erhebend, Braut-
kinder waren Tochter Friederike von Georgs Schwester
Anneliese und Sohnimann von Schwester Leni. Unser Einzug in die Kirche wurde brausend von der Orgel begleitet,

mit Musikstücken, die wir selbst ausgesucht hatten. Das Versprechen am Altar in guten wie in schlechten Zeiten habe ich sehr ernst genommen und halte mich bis heute noch daran.

Nach dem Gottesdienst und dem Auszug aus der Kirche standen Georgs geladene Freunde mit Skiern Spalier vor dem Kirchenportal und wir mussten viele Glückwünsche entgegennehmen. Anschließend fuhren wir in einer langen Autokolonne in das von uns auserwählte Hotel. Meine Mutter hielt, so schwer wie es ihr fiel, eine schöne Tischrede für uns. Erst an diesem Tag kam sich die Verwandtschaft etwas näher. Georgs Freunde, teils auch schon mit Ehefrauen rahmten unser Fest. Natürlich Freund Roland mit Frau war unter den Gästen und strahlte mich an. Er gab mir zu verstehen, dass er auch ein bisschen zu unserem Glück mit beigetragen hat.

Es war ein sonniger, wunderschöner Sommertag und wir konnten nach dem Menü im Freien unsere Fotos machen. Die vielen hübschen mit Liebe ausgesuchten Geschenke, die unsere neue Wohnung zieren sollten, konnten wir auf der Terrasse auspacken und bewundern. Georg hatte eine fetzige Musikkapelle organisiert, die er an seinen Männerabenden schon reichlich genossen hatte. Es wurde fleißig getanzt, nachdem wir beide den Tanz eröffnet hatten. Onkel Klaus hatte uns passend zu unserer Wohnzimmereinrichtung einen sehr geschmackvollen Teewagen geschreinert. Er flüsterte mir ins Ohr viel Freude damit, aber nicht der Tante sagen. Meine Mutter hatte alle Hände voll zu tun die Geschenke zu bestaunen, denn am späten Nachmittag war geplant die Feier mit einer Kaffeestunde zu beenden.

Wir beide verabschiedeten uns von unserer Familie und den Gästen und brachen als erste auf. Alle winkten uns fröhlich nach. Schwager Anton hatte uns in Nürnberg für unsere Hochzeitsnacht ein Hotelzimmer gebucht. Früh am nächsten Morgen startete unser Flug von Nürnberg nach Spanien in die Flitterwochen.

Erschöpft kamen wir mit schönen Gedanken in dem Hotel an, wir nahmen ein bescheidenes Abendessen ein und gingen auf unser Zimmer. Das Hotel lag in der Innenstadt und die Straße war sehr belebt. Die Straßenbahn fuhr ständig vorbei und das Klingeln ließ uns nicht zur Ruhe kommen. So verbrachten wir die halbe Nacht zum Fenster hinaus schauend bis wir erschöpft statt flitternd endlich einschliefen.

Für die Flugreise haben wir beide unsere Standesamtkleidung angezogen. Es war unsere erste Flugreise und waren wir natürlich sehr gespannt wie alles ablaufen wird. Georg nahm genüsslich seinen Platz im Flugzeug ein, während ich ängstlich herum schaute und hoffte, dass wir gesund wieder herunter kommen werden. Alles ging gut. Nur mir war sehr übel. Sicherlich weil in mir unser Sprössling wuchs. Aber als mir die warme Luft beim Ausstieg aus der Maschine entgegen strömte, die Sonne am blauen Himmel stand und die Palmen sich im warmen Wind bewegten, da ging mir das Herz auf und die Übelkeit war verflogen. Wir wurden mit einem Taxi zu unserem Hotel gefahren. Wir hatten einen kleinen Bungalow direkt am Strand gebucht. Dahinter stand die Hotelanlage. Georg war total erschöpft und schmiss sich gleich auf das Bett. Das ist ja eine Hitze hier, das halte ich nicht aus. Er riss sich die Kleider vom Leib und stand ewig unter der kalten Dusche. Einige Zeit verging und wir waren der Meinung, dass unsere Koffer nun schon da sein müssten. Bis zum Abend tat sich nichts. Ich lief in das Hotel und fragte auf Englisch an der Rezeption danach. Aber die sprachen kein Englisch nur ihre Heimatsprache Spanisch, die ich nicht verstand. Mit Händen und Füßen versuchte ich nun zu erklären wonach ich fragte. Es hatte Erfolg und mir wurde nach zwei Stunden im Bungalow dann mitgeteilt, dass unser Gepäck leider nicht angekommen sei. Es ist in Madrid. Es wird zwei Tage dauern bis wir es in Empfang nehmen können. Wir waren schockiert. Na, unser Urlaub fängt ja gut an. Ich stand noch immer in meinem weißen Standesamtskostüm mit Stöckelschuhen und Strümpfen im Raum, während Georg immer wieder zur Dusche eilte und wieder nackt zurück ins Bett sprang. Dann sagte er mir, hier stehe ich nicht mehr auf bis ich eine Badehose habe. Zum Abendessen geht er auch nicht, denn in den Anzug steigt er nicht mehr bei der Hitze. Na bravo und jetzt meinte ich? Ja da geh du mal essen und bringe mir etwas mit. Bis das Gepäck da ist verlasse ich den Raum nicht mehr. Gesagt, getan. Ich war neugierig was ich in dem Hotel für Leute treffen würde, vielleicht kann mir da jemand beistehen. Leider musste ich feststellen, dass unter den Gästen keine Deutschen waren – also war eine Verständigung nicht möglich.

Wieder keine Liebesnacht nach den Aufregungen des Tages. Am nächsten Morgen lief ich zum Meer, immer in meinen weißen Stöckelschuhen mit Strümpfen an den Beinen und im Kostüm. Auf die Idee barfuß zu gehen kam ich nicht, obwohl ich ja schon mehrere Nordseeurlaube mit den Eltern verbracht hatte. Es waren kaum

Leute am Strand, nur vereinzelt lief mal jemand in weiter Ferne. Ich bedauerte nicht ins Wasser gehen zu können. So lief ich wieder zurück in unser Domizil. Georg wartete schon ungeduldig auf mich und sagte, hier muss es doch einen Ort geben, schau dich mal um und bring mir eine Badehose mit. Noch einiges mehr trug er mir auf zu kaufen, aber das hätte meine Reisekasse gesprengt. Mit solchen Einkäufen hatten wir nicht gerechnet. Wieder pilgerte ich los auf Erkundigungsgang. Ich lief nur auf Sandwegen in meinen schönen Stöckelschuhen. Esel mit ihren Treibern begegneten mir. Sie schauten mich verwundert an. Mein Aufzug war ihnen sicherlich fremd. Dann plötzlich kam ich in einen Ort, es war Torremolinus. Verschlafen, romantisch sah es dort aus. Aber Geschäfte habe ich keine gefunden. Der Tourismus fand hier noch nicht statt. Vor den Häusern saßen fröhliche Leute und plauderten, die Männer rauchten ihre Pfeifen, die Kinder tobten auf den Wegen. Kein Verkehr, alles still und leise. Ich fragte mich, ja wo sind wir denn hier. Allen Komfort fand man nur in unserem Hotel. Georg wartete ungeduldig auf meine Rückkehr. Leider kam ich mit leeren Händen. Da sagte er, dann bleib ich hier liegen bis die Koffer kommen. Zwei zermürbende Tage haben wir dann verbracht bis endlich am dritten Tag der Hotelboy uns die Koffer ins Haus stellte. Von da ab begann dann endlich unser Urlaub den wir in vollen Zügen im Wasser genossen und die uns fremden, aber leckeren Speisen im Haupthaus genießen konnten. Wir schauten uns die Umgebung an, im Hintergrund sahen wir herrlich begrünte Berge. Doch die Temperaturen lagen bei 40 Grad und Georg fühlte sich nur im kühlen Nass wohl. Auch die Nächte kühlten kaum ab.

Ein bisschen anders hatten wir uns die Flitterwochen schon vorgestellt. Es waren zwei einsame Wochen ohne jeglichen Kontakt von außen. Auf unseren Spaziergängen fanden wir weder eine Eisdiele noch ein Café zum Einkehren. Versöhnt hat uns der tägliche Sonnenschein und das glasklare Meereswasser. Als wir im Flugzeug auf unserer Heimreise waren, sagte Georg zu mir, du kannst dich gleich wieder scheiden lassen, aber über Österreich bringst du mich nicht mehr hinaus. Das sind keine Temperaturen für mich. Beide freuten wir uns auf unsere schöne auf uns wartende Wohnung. Ich dachte mir, wenn ich erst einmal Mutter bin, dann wird das Reisen ja in der nächsten Zeit sowieso nicht möglich sein.

EIN NEUES LEBEN BEGANN

Zuhause angekommen. Ich freute mich darauf endlich gemeinsam wohnen und wirtschaften zu können. Jeder von uns musste sich neu orientieren. Mutter blieb nun allein in ihrer Wohnung zurück. Mein Weg zu ihr war ja nur um die Ecke und schon konnte ich ihr zur Seite stehen, wenn es nötig war. Unsere neu erbaute Wohnung im dritten Stock in der Ringstraße wartete komplett eingerichtet auf uns. Das Sanitär-Geschäft im Erdgeschoss war renoviert. In der Zeit unseres Hochzeitsurlaubes hat der Senior Chef die Arbeitseinteilung für die Werkstatt übernommen. Meine Mutter wartete schon sehnlich auf mich, denn wir mussten zusammen die Weihnachtsbestellungen durchgehen.

Für mich hieß es nun den Kochtopf für uns beide selbst zu schwingen. Was mir Freude machte in meiner wunderschönen neuen Küche. Georg war bereits morgens um 7 Uhr in der Werkstatt, Frühstück wurde um 6.30 eingenommen. Wir hatten eine Bäckerei gleich nebenan und so gab es morgens frische Brötchen. Das Ladengeschäft war nicht mit unserem zu vergleichen. Es kamen nur wenige Leute, manchmal auch gar keine Kundschaft. Ich hatte eine Ladenglocke in unserer Wohnung, so das ich nur in das Geschäft hinunter gehen musste, wenn es klingelte. Das neu eingerichtete Büro befand sich gleich anschließend im Erdgeschoss und konnte ich meine Arbeit einteilen und nebenbei auch meinen Haushalt führen. Pünktlich um 12 Uhr, wie es bei Handwerkern üblich war haben wir beide unser Mittagsmahl eingenommen.

Die Tischzeit war nur eine Stunde. Um 13 Uhr fanden sich die Mitarbeiter bereits wieder zur Arbeit ein. Mit wenigen Ausnahmen war in dem Braun-Betrieb um 17 Uhr Feierabend. Georg genoss dann sein gemütliches Zuhause, während ich zu meiner Mutter vorbeischaute und dort anfallende Arbeiten erledigte.

Sonntags kam meine Mutter und auch Schwester Renate öfters zu uns zu Besuch und wir kochten gemeinsam. In unseren Haushalten gab es bisher keinen Fernseher. Manchmal sind wir zu einer Nachbarin von Mutter zu einem Fernsehabend gegangen. Georg überraschte mich eines Tages mit einem eigenen Fernseher. Das war natürlich für uns alle eine tolle Anschaffung, die wir abends dann in gemütlicher Runde genossen.

Unser erstes Weihnachten feierten wir zusammen mit Georgs Eltern und meiner Mutter mit Renate bei uns. Ganz feierlich saßen wir schön gekleidet in Abendrobe an unserem festlich gedeckten Esstisch in gemütlicher Runde. Vater Braun war von diesen Einladungen immer sehr angetan. Mit einer Zigarre lehnte er sich in unserem Fernsehstuhl zufrieden zurück. Er hat losgelassen und uns zu verstehen gegeben, dass wir wohl den richtigen Weg eingeschlagen haben.

Georg hat seine Stammtische weiter gepflegt, bei Schnee ist er mit Freunden zum Skilaufen auf die Silberhütte, und Sonntag Vormittag war seine Frühschoppenzeit in verschiedenen Stammlokalen. Ich hatte nichts dagegen, denn ein gepflegter Haushalt braucht seine Zeit und Mutti sollte auch nicht zu kurz kommen mit meiner Unterstützung.

Der Fasching begann, wir gingen wie die Jahre vor unserer Ehe fleißig zum Tanz. Mein Bauchumfang wurde immer stärker und habe ich mir zwei hübsche Umstandskleider von meiner Schneiderin anfertigen lassen. Mir ging es gut, ich merkte keine Veränderung meiner Schaffenskraft.

Der Faschingsdienstag war für Georg immer ein ganz großer Tag. An diesem Tag ging es schon am frühen Morgen los. Es wurde der Lieferwagen geschmückt und er beteiligte sich mit all seinen Freunden an einem Faschingsumzug. Danach wurde kräftig zum Glas gegriffen und durch viele Kneipen gezogen. Ich kannte das nur aus seinen Erzählungen. Verkleidete Faschingsveranstaltungen waren in unserer Familie nicht üblich. Ich merkte, dass Georg auch in diesem Jahr etwas in dieser Richtung unternehmen möchte. Den Fasching muss man ausklingen lassen – das war zu dieser Zeit seine Meinung. Mit Rücksicht auf meine Umstände haben wir am 6.3.1962 den Kehraus im Vereinshaus gewählt. Ich machte mich hübsch, hatte selbst Lust dazu und so sind wir losgezogen. Seine Freunde waren alle maskiert schon im Saal versammelt und freuten sich auf uns. Wir haben getanzt, ich konnte nicht genug bekommen und war dankbar über jeden Tänzer, der mich aufforderte. Um 24 Uhr wurde der Fasching begraben. Richtig mit Sargeinbettung, Musik und Gesang. Ich fand das alles sehr komisch, das hatte ich noch nicht erlebt. Pünktlich um Mitternacht war dann der Fasching Ausklang und alle gingen nach Hause. Georg hatte etwas zu tief in sein Glas geschaut und fiel in sein Bett. Ich wollte mich noch meiner Maskierung entledigen, als plötzlich die Wehen los gingen. Ganz unerwartet und heftig. Ich bekam Angst und ich rief meine Mutter an. Georg konnte ich nicht wach bekommen. Er schnarchte tief und fest. Mutter kam sofort angerannt und legte mich auf das Sofa. Sie rief die Hebamme an, die auch gleich zur Stelle war und mich ins Krankenhaus fuhr. Ich wurde in den Kreißsaal geschoben. Schwestern bemühten sich um mich und ich kam aus dem Stöhnen nicht mehr heraus. Eine der Schwestern hörte ich sagen, das Kind wird bald kommen wir brauchen einen Arzt, aber keiner ist im Haus. Das machte mir Angst. Ich dachte, wenn die auch alle beim Tanzen waren und nun alkoholisiert zu Hause liegen, was dann. Die Wehen wurden immer schlimmer, man schloss mich an Geräte an, ich hatte keine Ahnung was auf mich nun zukommen wird. Plötzlich stand ein junger Mann im weißen Kittel vor mir und stellte sich als Doktor vor. Wir beiden werden es jetzt angehen. Entspannen sie sich und atmen sie tief ein und aus. Alles andere machen wir. Morgens um 8:09 am 7.3.62, am Aschermittwoch war das Kind da. Es ist ein Junge, gesund und munter wie man hört, lachte die

Schwester. Der Doktor drückte meine Hand, gratulierte mir und sagte, dass war meine erste Entbindung. Beide haben wir gute Arbeit geleistet. Ich lehnte mich erst einmal erschöpft zurück bis mir dann der kleine Braun in den Arm gelegt wurde. Ich bat eine Schwester bei mir zuhause anzurufen. Mutti saß aufgeregt wartend in unserer Wohnung und war erlöst über die freudige Nachricht. Sie weckte Georg und beide kamen sie zu mir an das Wochenbett. Die Nachricht von der Geburt eines Sohnes verbreitete sich wie ein Lauffeuer. Braun Karl, der Opa, lief in der Ringstraße immer auf und ab und rief allen Nachbarn zu, wir haben einen Stammhalter, einen neuen Braun. Für ihn stand fest, auch einen neuen Schlosser.

Alles war schon gerichtet für die Heimkehr des Kindes. Mit viel Liebe habe ich zusammen mit Mutter das Kinderzimmer eingerichtet. Ein Bettchen mit Himmel, eine Wickelkommode, dekorierte Wände und Plüschtiere zierten das Zimmer. Viel hübsche Anziehsachen wurden in die Schübe gepackt und natürlich die Pflegeutensilien für das Kind. Das alles war schon lang vor der Geburt gerichtet und täglich habe ich die Kinderzimmertür aufgeschoben und mich auf den Tag der Niederkunft gefreut. Ich konnte es noch immer nicht fassen. Jetzt bin ich Mutter eines lieben Sohnes. Ein hübsches Kerlchen blickte mich mit blauen Augen an. Zärtlich nahm ich seine kleinen Händchen in meine Hand. Ich konnte es kaum erwarten mit unserem Kind nach Hause zu gehen, und ihn selbst zu versorgen. Nach ein paar Tagen trat Georg mit einem Tragekörbchen in der Hand zur Abholung in mein Zimmer. Meine Mutter war auch dabei und freudig stiegen wir alle zusammen in unser Auto und fuhren der Ringstraße entgegen. Vorsichtig stieg ich die drei Etagen zu unserer Wohnung hinauf mit dem Kind im Arm. Georg, Mutter und die Braun-Großeltern vom ersten Stock hinter mir her. Zärtlich lege ich unseren Stammhalter in sein Bettchen. Mit geschlossenen Augen rekelte sich der Kleine wohlig in seinem Zuhause. Wir alle standen andächtig und leise um ihn herum und bestaunten unseren kleinen Erdenbürger. Unser Schweigen unterbrach als erster der Großvater Braun. Er sagte, der Bub muss Karl heißen. So war es seit Generationen in der Braun Familie, nach Georg kam immer ein Karl. Jetzt ist ein Karl wieder an der Reihe. Diese Namensgebung fand ich übereilt. Karl klang für mich sehr altmodisch. Bis vor ein paar Tagen wussten wir noch nicht, ob es ein Junge oder ein Mädchen wird. Ich wollte mir bis zur Taufe damit Zeit lassen.

Keiner von uns beiden hat an das Geschäft gedacht. Heute war nur der Kleine wichtig. Er soll sich bei uns wohl fühlen und es darf ihm an nichts fehlen. Wir sind stolze, glückliche Eltern und alle drei gesund und munter.

Der Tagesablauf für mich musste nun neu gestaltet werden. Die ersten Tage waren für mich eine große Umstellung. Die Nächte waren unruhig, denn das neue Familienmitglied forderte auch nachts sein Recht. Georg hat oft gefragt wie lang die nächtliche Ruhestörung noch dauert. Dazu konnte ich ihm keine verbindliche Auskunft geben. Ich konnte ihm nur aufklärend sagen, dass diese Schreistunden normal sind und alle Elternpaare durchleben müssen. Es kann nur besser werden und wir müssen Geduld haben.

Wir haben uns entschlossen die Taufe noch im Geburtsmonat zu planen. Im kleinen Familienkreis mit Patin Schwester Renate wurde unser Bub in St. Michael getauft.

Sein Taufspruch: Ich will dich segnen und du sollst ein Segen sein. Das hat mich so berührt, dass mir die Tränen in die Augen kamen, ich fühlte in diesem Augenblick den Segen. Dem Opa Braun haben wir seinen Namenswunsch erfüllen wollen. Meine Mutter machte den Vorschlag den Jungen doch Charles zu taufen und wir alle stimmten ein.

Der Junge gedieh prächtig. Wir suchten einen wunderschönen Kinderwagen für ihn aus und ich war ganz ungeduldig endlich mit ihm ausfahren zu können. Am Wochenende hat ihn auch sein Vater mal mit durch die Straßen geschoben. Ich merkte bald, dass das nicht so recht sein Ding war. Die Bekannten, die wir trafen, blieben stehen und schauten interessiert in den Kinderwagen und wollten ausgiebig mit uns plaudern. So sagte Georg eines Tages zu mir, sei mir nicht böse, aber das muss ich nicht haben. Da fahren wir lieber mit dem Auto ins Grüne und schieben dort unseren Jungen spazieren. So haben wir es dann auch gehalten und nur ich allein war mit meinem Kind in der Stadt unterwegs, wenn Besorgungen zu erledigen waren. Natürlich wurde täglich um die Ecke zu Mutters Geschäft geschoben. Dort warteten schon alle Nachbarfrauen auf den kleinen Braun.

Der Tagesablauf pendelte sich neu orientiert ein und in den Ruhephasen des Kindes konnte ich meinen Aufgaben nachgehen. Es war gut, dass Geschäft und Wohnen in einem Haus vereint waren.

Georg merkte, dass ich nun rund um die Uhr beschäftigt war, und nahm sich die Freiheit öfters seine Stammtische zu besuchen. Ich hatte nichts dagegen, war aber immer sehr enttäuscht, wenn er zu spät und ziemlich angeheitert nach Hause kam und in sein Bett fiel. Die

Abende mit einem Säugling zu verbringen, da fühlte er sich wohl überflüssig. Ich bedauerte das sehr. Wenn ich ihn darauf ansprach, meinte er nur, du bist doch jetzt beschäftigt. Meine Mutter bot sich an, wenn wir mal wieder zusammen am Abend etwas unternehmen möchten, kommt sie gern über Nacht zu uns. Wir kamen dankbar darauf zurück, um mal wieder gemeinsam ins Kino gehen zu können. An die Stammtische, wo nur das Bier in Strömen floss wollte ich Georg nicht mehr begleiten. Das war nicht meine Welt und hätte ich sie gern geändert. Darunter litt nicht nur ich. Ich kannte einige Ehefrauen, die auch nicht erfreut waren, dass die Männer so hartnäckig abends unterwegs waren und das Familienleben zu kurz kommt. Mir war bewusst, dass ich das nicht abschaffen kann, und ich muss das Beste daraus machen und mich am Kind erfreuen. Meine Hoffnung lag in der Zukunft, wenn der Bub erst einmal laufen kann, ja da wird der Vater mehr Interesse zeigen.

DIE ZEIT VERGING IM FLUG

Unser Charles machte seine ersten Gehversuche. Der lange Balkon war sein Wanderweg mit einem Gehfrei. Je größer er wurde und seine Babykleidung ablegte, bekam ich Lust für ihn zu stricken. Am späten Abend vor dem Fernseher zückte ich die Stricknadeln und erfreute mich an schönen Ergebnissen für den Buben.

Bayrisch sollte der Bub gekleidet werden. So bekam er eine kurze Lederhose und selbst gestrickte Wadenstrümpfe und eine dazu passende Strickjacke. Ein lustiger fröhlicher Junge war er und alle hatten ihn in **ihr** Herz geschlossen. Mit drei Jahre hüpfte er die Treppen herunter, in der Hand ein Einkaufsnetz und sprang fröhlich früh am Morgen um die Ecke zum Bäcker und holte für uns alle die frischen Brötchen. Ich schaute oben vom Fenster zu wie er mit dem gefüllten Netz wieder zurück kam. Sein Lieblingsgebäck war ein Milchhörnchen zum Frühstück. Danach brachte ich ihn in den Kindergarten, der gleich bei uns um die Ecke war im evangelischen Vereinshaus. Mittags ging er schon alleine zu meiner Mutter in den Laden, dort verbrachte er die Nachmittage. Gleich nebenan in meinem früheren Schulhof fand er viele Kinder zum Spielen. Der Hausmeister der Schule wohnte dort in einem Hinterhaus mit drei Kindern und durften sie den Schulhof nach Schulschluss zum Ballspielen und Dreiradfahren nutzen. Mutti war glücklich den Jungen so oft bei sich zu haben, verwöhnte ihn mit ihren Kochkünsten und am Abend holte ich den Jungen dann nach Hause.

Feiertage, Geburtstage und was so im Laufe des Jahrs anstand, wurden in unserem gemütlichen Wohn-Esszimmer gefeiert. Braun Oma und Opa immer dabei. Braun Oma war leider gesundheitlich angeschlagen. Sie hatte Bronchitis und bekam schwer Luft. Charles ist sehr wenig bei Braun Oma ohne mich zu Besuch gegangen. Sie hatte meistens Damenkränzchen und für Omasein wenig Verständnis. Ich habe das sehr bedauert, denn im Haus eine Oma zu haben, das wäre für mich eine Erleichterung gewesen. Ihre Wohnungstür stand immer offen und jeder hatte Zutritt. Wenn sie allein war, hörte sie gern klassische Musik, die durch das ganze Haus schallte. Bei den

Damenkränzchen saß Opa Braun mit Zigarre im Sessel und lauschte den Gesprächen. Da fühlten wir uns immer überflüssig, wenn wir mal durch die offen stehende Eingangstür zu einem Besuch eintraten.

EIN NEUAUFTRAG VERÄNDERT UNSER LEBEN

Unser Betrieb lief gut. Georg hatte viel zu tun. Wir stellten weitere Schlossergehilfen ein und legten uns einen neuen Lieferwagen zu. Gleich neben uns befand sich eine namhafte Textilversandfirma. Sie plante ein großes Geschäftsgebäude. Eines Tages kam Freund Erhard, ein Glasermeister, zu uns und teilte uns mit, dass er an der Glasfassade des Gebäudes sehr interessiert ist. Er hat in Erfahrung gebracht, dass die Fassade und der Eingangsbereich in Leichtmetallbauweise geplant wird. Das wäre doch ein Auftrag für uns beide. Georg kümmerte sich um diesen Auftrag, obwohl wir bisher keine Leichtmetallarbeiten ausgeführt hatten. Georg sprach beim Geschäftsführer und seinem Architekten vor und teilte mit, dass er an dem Auftrag interessiert wäre. Wir sollten nach Plan ein Angebot unterbreiten. Jetzt war Eile geboten, denn bisher wurden nur Schlosserarbeiten in der Werkstatt ausgeführt. In Nürnberg bei einer Zulieferfirma für Metall stellte sich Georg vor und teilte mit, dass er an dieser Verarbeitung interessiert ist, und man solle ihm die Details zur Herstellung erklären. Das hat funktioniert, wir unterbreiteten unser Angebot und bekamen den Auftrag. Für alle Mitarbeiter unserer Firma war dieser Auftrag eine neue Herausforderung, die zur vollsten Zufriedenheit des Kunden erfüllt wurde. Das Gebäude mit der von der Glasbaufirma eingesetzten Profilit-Verglasung in unsere gefertigten Rahmen wurde zum Blickfang unserer Oberpfälzer Stadt.

Nach diesem gelungenen Auftrag konnten wir uns nicht retten vor Anfragen nach Leichtmetall-Fenstern und Türen. Viele Geschäftsleute in der Stadt wollten ihre alten Holzschaufenster erneuert haben. Wir waren die erste Firma in der Stadt, die diese Arbeiten zur Ausführung bringen konnte. Der nächstliegende Metallbauer befand sich in Ingolstadt.

Jetzt benötigten wir ein komplett anderes Warenlager. Stangen von 6 Meter wurden angeliefert. Bleche, Beschläge und vieles mehr. Die Werkstatt platzte aus allen Nähten. Hinzu kam, alles, was angeliefert wurde, musste durch den schmalen Hausdurchgang in den Hinterhof transportiert werden. Die Gefertigten Elemente, dann wieder zurück auf die Verkehrsstraße zum Beladen. Die Elemente wurden auf Wunsch der Kunden immer größer und mussten zerlegt durch den Hausgang getragen werden. Das war auf Dauer unlukrativ und viel zu zeitaufwendig.

Wir beide waren uns einig, wir brauchen eine Halle. Platz zum Lagern, Fertigen und Beladen. Möglichst außerhalb der Innenstadt. Wir gingen auf Grundstückssuche und wurden am langen Steg fündig. Das alte Wasserwerk, ein Stadtgrundstück, zentral gelegen. Aber das Grundstück war für uns zu groß und zu teuer. Nach langen Verhandlungen ist es uns gelungen das halbe Grundstück zugesprochen zu bekommen. Als Braun Opa von unserem Vorhaben erfuhr, war er außer sich.

Seit Generationen befindet sich die Schlosserei in der Ringstraße. Wir werden uns finanziell übernehmen, wie wollt ihr das bezahlen?

Wir aber waren der Meinung, das ist unsere Zukunft. Wer nicht wagt, nicht gewinnt. Geld für Kauf und Bau gleichzeitig stand nicht zur Verfügung. Nach langen Bankgesprächen und mit einer Grundschuld auf das Haus in der Ringstraße bekamen wir den nötigen Kredit. Im Oktober 1964 wurden wir Grundstückseigentümer.

In Windeseile wurde die Halle in Fertigbauweise mit viel Eigenleistung erstellt. Ein kleiner Büroanbau angrenzend an die Werkhalle entstand in Ziegelbauweise. Er bestand aus drei großzügigen Büroräumen mit einem schönen Eingangportal und für mich eine kleine Teeküche, damit die Familie nicht zu kurz kommt. Rings um die Halle und das Bürogebäude war viel Platz für einen schönen Garten. Ein Cousin von Georg, der Gärtnermeister war, hat uns die Anlage gestaltet. Für unsere Mitarbeiter und all die Kunden, die uns nun in der neuen Halle aufsuchten, war die Anlage eine Augenweide.

Mit voller Kraft voraus konnte das Geschäftsjahr 1965 nun beginnen. Wir gaben unserer Firma einen neuen Namen unter „Metallbau Oberpfalz". Auch die Fahrzeuge wurden mit dieser Firmennennung beschriftet.

Für mich war der Weg ins Büro nun weit. Nachdem unser Charles im Kindergarten abgegeben war, fuhr ich zum langen Steg mit meinem kleinen eigenen Auto. Es war mir jedoch nicht möglich pünktlich um 8 Uhr im Büro zu erscheinen. Das Telefon klingelte bereits, wenn ich zur Tür herein kam. Georg war schon wie alle Mitarbeiter um 7 Uhr in der Werkstatt, aber hatte keine Zeit die Telefonate entgegen zu nehmen. So habe ich mich entschlossen mir einen kaufmännischen Lehrling einzustellen, der dann pünktlich schon im Haus war. Ich hatte Glück, ein sehr nettes arbeitswilliges Mädchen bekam die dreijährige Lehrzeit in unserem Büro. Jetzt konnte ich auch während der Geschäftszeit mal schnell private Erledigungen tätigen. Charles verbrachte nach dem Kindergarten seine Nachmittage bei meiner Mutter, oder ich holte ihn in den Werkstattgarten bis zum Feierabend.

WAS WURDE AUS DEM LEERSTAND
IN DER RINGSTRASSE

Das Werkstattgebäude in der Ringstraße stand nun leer und ungenutzt. Ein Textilkaufmann hatte neben uns ein Mietshaus erworben, umgebaut und zog selbst im Obergeschoss ein. Eines Tages fragte er bei uns an, was wir mit unserem Rückgebäude vorhaben. Er könnte es gut gebrauchen, weil er ein Ladengeschäft in seinem Vorderhaus eröffnen möchte und gern unseren Hinterhof dazu nutzen möchte. Uns kam das sehr gelegen. Wir hatten Verpflichtungen den Eltern gegenüber mit der Leibrente, Grundschulden wollten wir schnellstens abtragen und neue Maschinen mussten angeschafft werden. Eine zusätzliche Einnahme kam uns da sehr gelegen.

Es wurde mit dem Nachbarn ein Vertrag zur Miete vereinbart mit einem späteren Vorkaufsrecht, falls wir uns einmal zu einem Verkauf entschließen. Wir gestatteten die alte Werkstatt abzubrechen und auf unserem Grundstück einen Verkaufsraum neu zu erbauen. Das Sanitär-Ladengeschäft im Erdgeschoss konnten wir an einen Zoo-Handel vermieten.

Unsere Freizeit war sehr bemessen. Bei schönem Wetter sind wir früher manchmal am Wochenende mit Picknick-korb an verschiedene umliegende Weiher gefahren. Unsere Mutter und Renate immer dabei. Jetzt hatten wir unseren schönen Werkstattgarten, den wir nutzen wollten. Den Garten habe ich liebevoll gepflegt. Es machte mir Freude und war es für mich eine neue, schöne Herausforderung. Einmal im Jahr kam der Gärtner und zeigte mir den Rückschnitt der Büsche. In der kleinen Teeküche machte es mir Spaß am Wochenende vorgekochte Gerichte aufzuwärmen oder Salate für uns zu bereiten. Der Garten wurde unser neues Wochenenddomizil. Für Charles eine herrliche Spielwiese mit Schaukel und Sandkiste. In einem Sommer ließen wir uns sogar ein rundes Schwimmbecken in den Garten bauen und eine Hollywoodschaukel diente zur Entspannung. Wir hatten kein Verlangen mehr mit dem Auto an irgend einen See zum Baden zu fahren. Freunde und Verwandte besuchten uns gern in unserem Garten zu einem Kaffeeplausch. Die Bürotüren und Werkstadttore blieben an den Sonntagen geschlossen, wenn es auch dahinter immer Arbeit gegeben hätte.

Die Jahre vergingen. Wir gönnten uns weiter im Sommer, abgesprochen mit den Terminen in der Werkstatt, dem Personal und der Kundschaft zwei Wochen Urlaub. Unsere Reiseziele waren, wie schon in meiner Jugendzeit mit den Eltern, die Nordsee oder der Wörthersee. Die von uns ausgesuchte Pension am Wörthersee lag direkt am See mit

Bootssteg. Dort hielt jeden Morgen ein Motorboot mit einem lustigen Kapitän, der mich an unseren Sepp erinnerte. Er bot Wasserskifahren an. Georg als guter Skiläufer war daran interessiert und probierte es aus. Es klappte auf Anhieb, sogar mit einem Ski ist er Slalom über den See gerauscht. Er konnte nicht genug davon bekommen. Georg bat mich das auch einmal auszuprobieren. Ich zögerte, aber der Bootsführer sagte mit einem Wasserstart kannst du das auch schaffen. Er schnallte mir die Ski an, ich lies mich damit ins Wasser fallen, dann Skispitzen hoch, Seil fassen, Arme strecken und wenn ich losfahre erklärte er mir, dann zieh dich einfach hoch. Ich befolgte interessiert seine Anweisungen. Kann ja nichts passieren, kann ja nur ins Wasser fallen, waren meine Gedanken. Das Boot rauschte los und juhu auch bei mir hat es geklappt. Einfach herrlich, ich jubelte und Georg winkte mir vom Boot aus immer freudig zu. Unser kleiner Charles mit Kapitänsmütze vom Bootsmann mit an Bord. Von da an wollten wir nur noch an den Wörthersee. Auch Mutti haben wir überredet mit uns zu kommen. Sie hat die Tage am See und in der schönen Pension sehr genossen und schaute vom Liegestuhl aus unserem bunten Treiben zu.

UNERWARTETE KRANKHEIT

Eines Tages bekam Georg Probleme mit dem Herzen. Er bekam keine Luft, es war ihm ständig schlecht und wir gingen zum Arzt. Der wies ihn sofort in das Krankenhaus ein mit der Diagnose Herzmuskelentzündung, was sich auch bestätigte. Nach eingehender Untersuchung wurde festgestellt, dass sich am Herzen bereits Eiterablagerungen gebildet hatten. Wahrscheinlich kam diese Erkrankung von seinen Zähnen. Zu spät wurde ein vereiterter Zahn erkannt und verunreinigte das Blut. Es folgte ein langer Krankenhausaufenthalt. Wir alle waren in großer Sorge, denn sein Körper war so geschwächt, dass er nicht mehr laufen konnte. Der Arzt verordnete ihm nach dem Krankenhausaufenthalt zum Aufbau seiner Kräfte eine Kur in Meran. Das Klima dort trägt zur Gesundung bei, aber er sollte mindestens 4 Wochen dort bleiben. Georg wollte in kein Kurhaus und nach Rücksprache mit dem behandelnden Arzt war dieser einverstanden privat sich selbst eine Unterkunft zu besorgen. Uns wurde eine nette Pension nahe dem Kurpark empfohlen. Ich holte Georg aus dem Krankenhaus, alle Behandlungen waren abgeschlossen und nun muss die Erholungsphase beginnen. Dieser plötzliche Ausfall aus dem Geschäft war für mich sehr aufregend. Georg war nicht in der Lage noch vor Abreise die Werkstatt zu betreten. Ich fuhr Georg mit dem Auto nach Meran. Die Unterkunft war wunderschön. Nach zwei Tagen allerdings musste ich wieder heimwärts fahren. Die Wirtin haben wir eingeweiht, dass Georg langsam wieder zu Kräften kommen muss und vorerst das Haus, bis Stärkung eintritt, nicht verlassen kann. Seine Medikamente hatte er mitbekommen und nun war er selbst verantwortlich seinen Körper zu trainieren.

Zuhause angekommen gab es große Verantwortung für mich. Werkstatt, Kind, und die Mutter. Die schlimmste Sorge allerdings war für mich, wer nun die Angebote errechnet, denn bisher war das allein Chefsache. Die Werkstattführung mit Fertigung und Montage haben unsere Mitarbeiter sehr gut übernommen und mich unterstützt. Es war Hochsaison und viele Kunden kamen ins Büro und wollten Preise für Neuaufträge. Ich musste sie leider vertrösten. Manch ein Architekt wurde ungeduldig. Zu dieser Zeit waren wir die einzige Metallbaufirma in der Oberpfalz. Der nächste Metallbauer war in Ingolstadt und München. Ich wollte auf keinen Fall, dass diese durch die Krankheit von Georg hier in unserer Gegend ins Geschäft kommen.

Da entschloss ich mich an jedem Wochenende nach Meran zu fahren und zusammen mit Georg die gewünschten Kalkulationen zu besprechen. Von Woche zu Woche konnte ich eine Besserung bei Georg bemerken. Stolz erzählte er mir, wo er schon überall langsam gelaufen ist, und er war überzeugt bald wider der Alte zu sein. Charles zog in dieser Zeit komplett zu Oma, denn ich hatte keine Zeit mich um ihn zu kümmern. Dem Kind machte das nichts aus, er war bei meiner Mutter genauso zuhause wie bei uns. Das war ein kleiner Trost für mich. Als wieder einmal ein Reisewochenende anstand, kam eine Nachbarin zu Mutti in den Laden. Sie sagte, dass sie mich beneidet so oft in die Berge fahren zu können. Sie würde gern einmal mitfahren, denn reisen kannte sie nicht. Sie war Mutter von drei Kindern. Der Ehemann war Heilpraktiker und verdient nicht genug. Als ich ihren Wunsch hörte, sagte ich spontan zu ihr, dass ich sie gern einmal mitnehmen werde. Wir verabredeten uns gleich für das kommende Wochenende.

In dieser Woche wurde noch ein neues Auto, das schon länger von Georg bestellt war geliefert. Es war ein BMW, der alte Mercedes wurde mitgenommen und so stiegen wir beide froh gestimmt, diesmal schon an einem Freitag in das neue Fahrzeug ein. Wir starteten morgens um 4 Uhr, damit wir den Tag in Meran noch genießen konnten. Der Tag war sonnig, der Verkehr ließ uns flott durchkommen und waren wir schon früh am Morgen in den Bergen und der Reschenpass war nicht mehr weit. Die Nachbarin meiner Mutter war überglücklich und erfreute sich an der Fahrt. Bestaunte die Bergwelt und dankte mir immer wieder, dass sie das erleben kann. Plötzlich stand ich vor einer Umleitung. Die Straße nach Ehrwald war wegen Bauarbeiten gesperrt. Die Umleitung führte romantisch an steil abfallenden Felswänden vorbei. Wir waren auf dieser Strecke so früh am Morgen allein unterwegs. Von den Felswänden rieselte Wasser, welches über die schmale Straße lief und eine Eisschicht bildete. Es war Sommer und ich erkannte die Situation zu spät. Das Auto kam ins Schleudern und rückte der Felswand immer näher. Vor Schreck, damit das Auto nicht beschädigt wird, habe ich wohl falsch reagiert. Ich konnte das Auto nicht mehr steuern und es rutschte immer weiter auf den Abhang zu. Wir überschlugen uns seitwärts mehrmals den Hang hinunter, der mit abgeholzten Baumstämmen auf Wiesengrund ziemlich steil nach unten ging. Damals kannte man noch nicht das Anschnallen im Fahrzeug. Bei jeder Drehung schaute ich meine Nachbarin an und fragte, ob es ihr gut geht. Mutter von drei Kindern, nein wenn uns etwas passiert, nicht auszudenken. Ich klammerte mich am Lenkrad fest, die Nachbarin saß geduckt neben mir. Immer und immer wieder drehte sich das Auto seitwärts hinab, bis es endlich auf den Rädern zum Stehen kam. Das war unser Glück. Mir fehlte nichts, aber was ist mit meiner Begleitung? Ich sah Blut auf ihrer Stirn und erschrak. Doch sie sagte, mir fehlt nichts. Beide brachen wir in Tränen aus, umarmten uns und dankten Gott, dass wir am Leben sind. Lange saßen wir geschockt in dem völlig zertrümmerten Auto. Die Windschutzscheibe war heraus geflogen. Ich versuchte die Türe zu öffnen, aber alle Türen waren verklemmt und nicht zum Öffnen. Ich entschloss mich durch die Windschutzscheibe zu klettern und half der Nachbarin ebenfalls durch zu kommen. Wir setzten uns auf die Wiese und weinten bitterlich, boten uns in der Not das Du an und rätselten, wie es nun weiter geht. Georg wusste, dass ich immer, wenn ich ihn anreiste, morgens zwischen 8 Uhr und 9 Uhr bei ihm vorfuhr. Zu dieser Zeit hatten wir auch kein Handy. Das Auto hatte Totalschaden und lag in einem Abgrund. Wir sahen weit und breit keinen Menschen und auch kein vorbeikommendes Fahrzeug. Nach einer Weile kam oberhalb von uns ein Traktor angefahren, hielt an und ein Mann kam zu uns Frauen herunter gelaufen. Ja – um Gottes Willen, was ist denn passiert? Geht es Euch gut? Ja, ja jammerten wir, aber das Auto, wie kommt das hier jemals weg. Seid froh, dass ihr am Leben seid, ich habe den Krach schon von Weitem gehört, sagte der freundliche Bauer zu uns. Ich werde Euch nach Ehrwald zur Polizei fahren. Ihr müsst dort Meldung machen und die werden Euch sagen was zu tun ist. Wir krabbelten den Berg hinauf und fuhren mit dem Traktor zur Polizei. Schluchzend erzählten wir dort von unserem Unfall. Ich berichtete von dem Grund meiner Reise nach Meran und bat dort anzurufen, damit Georg nicht zur üblichen Zeit auf unser Ankommen wartet.

Danach fuhr die Polizei mit uns zum Unfallort. Sie waren erstaunt, dass wir keine Verletzungen davon getragen haben bei dem Anblick des Fahrzeuges. Das Auto muss geborgen werden, aber das wird teuer, meinte einer der Polizisten. Haben Sie eine Firma, die das übernehmen kann? Ich sagte, das Auto ist neu und wir waren quasi auf Jungfernfahrt. Ich könnte mal die Autofirma anrufen, ob sie die Bergung übernimmt. Ich ließ mich mit dem Autohaus verbinden. Der Chef, ein Stammtischfreund meines Mannes sagte uns sofort zu, dass er alles veranlassen wird, um uns zu helfen, und das kostet uns nicht viel, weil er in der nahen Umgebung unseres Unfallortes geschäftliche Verbindungen hat. Ich brauche mich um nichts zu kümmern. Das befreite mich ein wenig von den Aufregungen. Weinend fuhren wir wieder zurück zur Polizeistation für die amtlichen Protokolle. Ich war so erregt, dass ich am ganzen Körper zitterte. Wie sollen wir jetzt von hier aus nach Meran kommen? Mein Mann darf sich nicht aufregen. Ein junger Mann saß im Büro, wohl ein Bekannter der Polizisten und hatte großes Mitleid mit uns verschreckten Frauen. Er bot freundlich an uns für 100 DM nach Meran zu fahren. Das nahmen wir beide natürlich dankbar an. Wir holten unser Gepäck aus dem zertrümmerten Auto und stiegen bei dem hilfsbereiten Mann ein. Der junge Mann verstand uns beide während der Fahrt von unseren Aufregungen abzulenken. Gegen Mittag sind wir dann in die Straße der Pension, wo Georg wohnte eingebogen. Wir sahen ihn schon von Weitem auf der Baumallee auf und ab gehen. Ich hatte furchtbare Angst ihm nun sagen zu müssen, dass das neue Auto total kaputt ist. Die Überweisung der Rechnung für das Auto hatte ich erst kurz vor meiner Abfahrt zur Bank gebracht. Er wird toben was ich für einen finanziellen Schaden angerichtet habe. Aber das Gegenteil trat ein, er umarmte uns beide und sagte nur: Ihr seid am Leben das ist das Wichtigste, alles andere lässt sich ersetzen. Den netten jungen Mann haben wir mit einem guten Trinkgeld entlohnt und er düste mit allen guten Wünschen für uns davon.

Das Wochenende habe ich mich bemüht, trotz der Umstände Frau Mütterlein abwechselnd zu gestalten. Wir beide haben die Frau verwöhnt, damit sie wenigstens jetzt einen schönen Eindruck von der Reise mit nach Hause nehmen kann. Meine geschäftlichen Besprechungen mit Georg haben wir erledigt und sind wir beide dann, Georg bis zum Abholwochenende zurücklassend, mit dem Zug zurück nach Weidach gefahren. Während der Bahnfahrt habe ich mir immer wieder den Kopf zerbrochen, wie das Unglück geschehen konnte. Bisher hatte ich keinen Unfall und dann gleich so heftig und noch mit Begleitung. Unverantwortlich, was hätte uns alles passieren können. Jeder von uns hat Familie – nicht auszudenken. Das gefrorene Wasser auf der Straße war nur ein kleines Teilstück, war ich zu schnell, war ich unaufmerksam? Nun es ist passiert und alles ging gut aus für uns zwei, dafür muss ich dankbar sein.

Die Freundschaft zur Familie Mütterlein vertiefte sich durch dieses Ereignis und sie hat mir immer wieder versichert, dass sie auch weiterhin meinen Fahrkünsten volles Vertrauen schenkt. Das war ein unglücklicher Zufall. Wer rechnet schon mit Glatteis im Sommer. Meiner Mutter haben wir bis zu unserer Rückkehr natürlich nichts berichtet. Sie sollte sich nicht unnötige Gedanken machen. Der gute Freund meines Mannes hat mich dann noch sehr enttäuscht. Eine heftige Abschlepprechnung flatterte mir nach einigen Wochen ins Haus.

Am darauf folgenden Wochenende holte ich dann Georg gut erholt und wieder fit für den Alltag nach Hause und alle waren glücklich. Die Umleitung war bis dahin aufgehoben.

DER WINTERSKILAUF KAM ZU KURZ

Georg war wieder voll einsatzfähig. Die Herzschwäche war überstanden. Er fühlte sich völlig ausgeheilt und gesund. Für das kommende Jahr wünschte sich Georg mit mir zusammen einmal einen Winterurlaub zu verbringen. Du kannst doch Skifahren, sagte er zu mir. Ich hatte ja etwas geschwindelt, als er mich damals, als wir uns kaum kannten, danach fragte. Meine Skikünste bestanden nur aus ein paar Tagen in der Schulzeit und da gab es nicht einmal einen Lift. Jetzt musste ich beichten und ihm sagen, dass ich noch nie in den Bergen beim Skilaufen war. Ich kenne nur die heimischen Hügel, die wir zur Abfahrt aufgestiegen sind. Einen Skilift habe ich nie kennen gelernt. Er meinte, das macht nichts, das lernst du gleich. Wir haben den Sommerurlaub gestrichen und haben uns zwei Wochen Skiurlaub im Februar in Davos gegönnt. Charles haben wir in dieser Zeit zu unserer Mutter gegeben und sogar sein Kinderbett in Mutters Wohnung transportiert. Die geplante Reisezeit war günstiger von geschäftlicher Seite aus gesehen, denn im Sommer ist auf dem Bau Hochbetrieb. Mutti, Rita und auch Schwester Renate waren glücklich den Jungen einmal für sich alleine zu haben. Die Anreise nach Davos war ein Erlebnis für mich. Die Berge tief verschneit hatte ich noch nie gesehen. Ich konnte mir die Anfahrt nicht vorstellen wo und wie man da Skifahren kann. Ich sah nur steil abfallende Hänge mit viel Schnee. Ich wurde immer stiller und machte mir meine heimlichen Gedanken. Georg hatte für uns im Ort ein Chalet gebucht. Zuhause wurde ich noch eingekleidet mit Skianzug, Skistiefel und die passenden Skier dazu. Nach einer unruhigen Nacht mit den mich nicht loslassenden Gedanken wie ich mich wohl anstellen werde, wachte ich früh am Morgen auf. Die Sonne schien, blauer Himmel und ich sah die Gondeln den Berg hinauf fahren. Nach dem Frühstück schulterten wir beide unsere Skier und gingen zu Fuß zur Bahn. Aber was sah ich da, keine Gondel, sondern eine Bahn auf Schienen, die Parsenn-Bahn. Das war völlig neu für mich. Man stieg ein wie in einen Zug und es ging bergauf. Ich sah schon viele Skifahrer auf der Piste die den Berg hinunter wedelten. Mir verschlug es die Sprache. Oben angekommen standen wir mit vielen Skifahrern in herrlichem Pulverschnee. Ängstlich schaute ich mich um und dachte, was soll ich hier. Georg pfiff fröhlich und sagte, los, los, anschnallen. Ich bin zum Skilaufen hier und nicht zum schauen. Schüchtern fragte ich, hier soll ich runter fahren? Ja – klar – das geht schon. Keine Angst, alle kommen unten an. Wie versteinert stand ich auf meinen Skiern. Ich konnte mich nicht vom Fleck bewegen. Georg wurde ungeduldig. Auf geht's, mir nach und weg war er. Nach ein paar Schwüngen drehte er sich nach mir um und rief, wo bleibst du denn. Ich rief ihm zu – hier kann ich nicht runterfahren und mir liefen die Tränen. Da rief er zurück, dann nimm die Bahn nach unten und er setzte zu neuen Schwüngen an bis ich ihn aus den Augen verlor. Da stand ich nun, allein und meine Knie zitterten. Immer wieder schaute ich auf den Hang. Da entdeckte ich eine dicke, grauhaarige Frau, ganz schwarz gekleidet auf der Piste, die mich ständig anschaute. Sie winkte mir zu und rief, ich komme rauf zu dir, warte auf mich. Völlig außer Atem stand sie dann vor mir und fragte mich, was war denn los mit euch beiden. Ich habe euch immer beobachtet. Da erzählte ich weinend, dass das mein erster Skiurlaub in den Bergen ist und mein Mann, ein guter Skiläufer, ungeduldig wurde. Das habe ich bemerkt, sagte sie zu mir. Das ist sehr ungezogen, wie er mit dir umgegangen ist. Ich aber meinte, dass ich auch etwas Schuld habe, denn ich habe ihm verheimlicht, dass ich nicht gut Skilaufen kann. Das ist keine Entschuldigung dafür. In den Bergen muss man zusammen halten. Wenn du Lust hast begleite ich dich nach unten. Ich werde dir sagen was du machen musst, und langsam, ganz langsam kommen wir bestimmt ins Tal. Sie stellte sich mir als Frau Polland vor und ich erfuhr, dass sie in jungen Jahren in Kitzbühel an dem Kandahar-Rennen immer teilgenommen hat und schon einige Preise gewonnen hat. Skilaufen ist ihr Leben und wenn du Lust hast, bringe ich es dir bei. Wie lange seit ihr denn hier und ich sagte, es ist unser erster Tag und wir sind zwei Wochen in Davos. Na prima, da fahren wir ab heute täglich miteinander und du wirst sehen, nach dem Urlaub kannst du mit Sicherheit gut Skilaufen. Ich strahlte und nahm das Angebot dankend an. Im Schneepflug ohne Sturz erreichten wir beide dann nach Stunden das Tal. Überglücklich war ich, dass ich die Angst durch die gütige Hilfe der Frau Polland überwunden hatte. Als sie mich fragte, wo wir denn wohnen und ich ihr unser

Chalet nannte, lachte sie, das ist ja ein Zufall, ich wohne gleich nebenan. Schon viele Jahre verbringe ich hier meinen Skiurlaub. Das passt gut, ich werde heute Abend bei Euch vorbeikommen und deinem Mann anständig den Kopf waschen. Müde und erschöpft legte ich mich auf das Bett. Georg war noch nicht zuhause. Erst als alle Lifte still standen kam er freudig heim. Es tut mir Leid, aber mich hat einfach der Teufel geritten als ich diese Abfahrt und den herrlichen Schnee sah. Wie bist du denn runter gekommen. Hast du die Bahn genommen? Da erzählte ich voller Stolz von meiner Bekanntschaft. Als wir beim Abendessen saßen klopfte es an unserer Tür und Frau Polland kam mit einer Flasche Wein zu uns herein. Sie polterte gleich los und schimpfte mit Georg über sein ungebührliches Verhalten. Sie machte den Vorschlag, dass sie sich gern die zwei Wochen um mich kümmern wird, damit der junge Rennteufel seinen Auslauf genießen kann. Darauf stießen wir an und es wurde noch ein geselliger Abend. Frau Polland hat aus ihrem Skileben erzählt und wollte gar nicht nachhause gehen.

Von Tag zu Tag verbesserten sich meine Fahrkünste unter der Anleitung von Frau Polland. Großen Ehrgeiz habe ich entwickelt und Frau Polland war erfreut über meine Fortschritte. In der zweiten Woche fuhr sie mit mir die Abfahrt zur Parsenhütte und dort haben wir uns immer zu einer Mahlzeit mit Georg getroffen, der die Strecke mehrmals am Tag bewältigte. Ich habe bei unserer Einkehr die Fahrkünste der Leute genau beobachtet und mir zum Ziel gesetzt, so muss ich auch einmal fahren können. Gleich nächstes Jahr möchte ich wieder in den Winterurlaub. Dieser Urlaub war für mich ein großartiges Erlebnis. Jetzt konnte ich Georg verstehen, wenn er von Skifahren sprach.

Als Dankeschön haben wir Frau Polland in ein feines Davoser Restaurant zum Abschiedsessen eingeladen. Es war ein vergnüglicher Abend mit der netten, nicht mehr jungen Dame. Ich habe sie bewundert wie gut man noch in hohem Alter Skilaufen kann. Für mich stand fest, unser Sohn Charles muss ein Skifahrer werden wie sein Vater. Sobald er vier Jahre geworden ist, werde ich mit ihm trainieren auf den heimischen Bergen. Ein Sprichwort sagt: Früh übt sich, wer ein Meister werden will.

Ich nahm mir die Zeit und schnallte dem Bub bei Schnee seine ersten Brett'l an.

Der Turnerbund von Weidach gab Skiunterricht. Charles fand sofort Freude daran und mit 6 Jahren 1968 wurde er erster Sieger im Torlauf am Hausberg. Mutter war stolz, der Vater war erstaunt über unsere Ausdauer, die er nicht mitbekommen hat. Während wir übten, verbrachte Vater die Freizeit mit Freunden beim Bier.

Um unsere Mutter machten wir uns Sorgen

Die Preisbindung der Waren wurde aufgehoben. Der Konkurrenzkampf wurde stärker in ihrem Geschäft. Es entstanden Supermärkte, die durch Großbestellungen bei den Firmen ihre Verkaufspreise senkten. Das bekam Mutter in ihrem Geschäft zu spüren. Es wurden nur mehr Spezialitäten verlangt, die in den Großmärkten nicht zu kaufen waren. Der Umsatz war rückläufig. Auch der Großhändler, der unser Geschäft übernommen hatte, bemerkte einen Rücklauf des Umsatzes. Viele Unternehmen hatten nun die Möglichkeit direkt ab Fabrik ihre Einkäufe zu tätigen. Der Zwischenhandel war unterbrochen.

Mutter kam in die Jahre, die Gelenke schmerzten immer mehr. Rita hat auch geheiratet und ist Mutter geworden. Sie kam nur noch stundenweise als Verkäuferin in das Geschäft. Die großen Saisongeschäfte, wo die Kunden Schlange standen, waren vorbei. Viele Artikel wurden preisgünstiger in den Märkten angeboten. Der Kunde verglich die Preise und kaufte bei uns nur noch, was er bei uns zum günstigeren Preis bekommen konnte. Wir hatten ja das Glück noch immer mit der doppelten Verdienstspanne zu kalkulieren. Die Bilanzergebnisse waren nicht mehr erfreulich.

Sorge bereitete uns, wie es Mutter einmal ohne Rente im Alter gehen wird. Ein Schwager meiner Schwiegermutter, pensioniert, kannte sich im Sozialwesen aus und empfahl mir doch einmal beim Sozialgericht einen Antrag zu stellen. Der Versuch war es wert und habe ich den Sachverhalt dem Sozialgericht geschildert. Die gaben mir den Rat eine Klage einzureichen. Nach Monaten bekam ich den Bescheid mit einer Absage. Die Begründung: in dem Scheidungsvertrag steht der Satz: Auf Leben und Tod abgefunden. Ich versuchte den Satz zu erklären, da Mutter einen versteckten Unterhalt vom Vater durch den Fabrikeinkauf zugesprochen bekam. Aber das nützte nichts. Das Gericht gab mir jedoch die Möglichkeit immer wieder einen neuen Antrag stellen zu können, falls sich die Gesetze ändern. Das behielt ich viele Jahre immer wieder mit neuen Anträgen im Auge, ohne Erfolg.

Wir beruhigten die Sorgen der Mutter immer wieder, indem wir ihr versprachen für sie da zu sein, wenn sie einmal nicht mehr in der Lage ist ihr Geschäft zu führen. Wir gaben ihr zu verstehen, dass wir nur durch ihre Mithilfe unsere neuen Wege gehen konnten. Wir werden auch in Zukunft für einander da sein.

UNSER BEKANNTEN- UND FREUNDESKREIS WIRD GRÖSSER

Überall wo unsere Fenster und Türen und Fassaden eingebaut wurden, erweckten die Arbeiten großes Interesse bei namhaften Weidacher Architekten. Jedes von uns abgegebene Angebot bekam den Auftrag zur Ausführung. Auch für unseren Freund Roland, der sich in der Zwischenzeit als selbstständiger Architekt niedergelassen hatte, durften wir arbeiten. Es entstanden neue geschäftliche Begegnungen und private Zusammenkünfte. Georg war gern gesehen als zuverlässiger Handwerker und charmanter Unterhalter bei den schon teilweise etwas älteren Herren. Er wurde an neue Stammtische eingeladen, dort wurden Geschäftsverbindungen geknüpft, Erfahrungen ausgetauscht und neue Bauvorhaben besprochen. Die alten Jugendfreunde an den Stammtischen sollten dadurch nicht zu kurz kommen. Die Ausgehabende wurden immer mehr. Ich sah Georg erst zu später Stunde in sein Bett fallend. Das gemeinsame Abendessen in unserem Zuhause fiel meistens aus. Georg fand diese Ausgänge für notwendig, denn nur wenn man unter Leute geht, kann man gute Geschäfte machen. Ich hatte Einsehen, war aber unglücklich, dass dabei einfach zu viel getrunken wurde. Sein alter

Freundeskreis wurde eifersüchtig und fühlte sich teilweise zurück gesetzt. So kam es vor, dass sie sich bei mir beschwerten und mir mitteilten, dass Georg sehr spendabel sei und oftmals die Zeche übernahm. Das beunruhigte mich, denn wir hatten Schulden zum zurückzahlen die nicht unerheblich waren. Wenn ich ihn darauf ansprach wurde er sehr ungehalten. Das gehört zum Handwerk, davon verstehst du nichts. Später bemerkte ich, dass er nach den geschäftlichen Gesprächen nach Aufbruch der Herren noch mal die Lokalität wechselte in die Nachtlokale. Dort traf er dann den früheren Clan und die Post ging ab. Für mich waren die wartenden Abende bald unerträglich. Ich nahm mir die Buchhaltung mit nach Hause um Beschäftigung zu haben, wenn mein Charles im Bett lag. Es kam vor, dass Georg manchmal nicht in der Lage war frühmorgens um 7 Uhr die Werkstatt aufzusperren und ich eilte dann schnell damit die Handwerker Einlass fanden. Es wurde mir auch peinlich, denn es sprach sich herum, dass der Braun gern die Abende im Wirtshaus verbringt. Durch seine gute Organisation allerdings gab es keinerlei unternehmerische Schwächen.

Einer der ersten Architekten von Weidach plante in Obertauern ein Hotel in Eigenbesitz zu bauen. Alle guten Handwerker vor Ort wurden eingeladen für diesen Bau ihr Angebot zu unterbreiten. Auch wir waren eingeladen für die Fertigung und Montage der Fenster und Türen. Der Auftrag wurde uns zugesprochen. Georg war stolz. Es war unser erster Auftrag so weit weg. Viele heimische Handwerker bekamen ebenfalls ihre Arbeiten zugesprochen.

Dieser Auftrag war für uns eine Herausforderung schon allein wegen der weiten Anreise und der langen

Montagezeit. Es entstand ein wunderschönes, großes Hotel in gehobener Ausstattung. Ein Vorzeigeobjekt. Der Bauherr selbst ein guter Skiläufer war darauf bedacht, dass alle beteiligten Handwerker nun ihren Winterurlaub in diesem Hause buchen. Wir alle hielten das für selbstverständlich, wenn auch die Preise im oberen Niveau lagen.

Die erste Buchung in diesem Haus wurde von allen beteiligten Handwerksmeistern nach den Weihnachtsfeiertagen über Neujahr vorgenommen. Wir Frauen blieben mit den Kindern zu Hause. Es muss hoch her gegangen sein. Eine eingeschworene Clique hat sich in diesen Tagen zusammengefunden. Alles gute Skifahrer und am Abend ging es an die Bar. Die Abrechnung, die ich dann in meiner Buchhaltung vorfand war nicht unerheblich. Ich hatte die leise Hoffnung, dass diese Reise einmalig ist. Den Jahreswechsel getrennt zu verbringen fand ich gar nicht schön.

Für die kommenden Jahre wurde dann eine Herrenparty und danach noch eine Skiwoche mit Familie geplant. Zu dieser Skiwoche nahmen wir auch unseren Charles mit. Dort bekam er seinen ersten Skikurs in den Bergen. Das Hotel war ausgebucht. Viele Weidacher waren vertreten, Rechtsanwälte, Ärzte, Architekten, Handwerker mit Familien. Alles sehr betuchte Leute mit zu jedem Anlass passender Garderobe. Wir waren die jüngsten in dem Kreis und hatte ich gesellschaftlich anfangs Probleme in diesem Stil mithalten zu können. Selbstbewusstes Auftreten bekam ich gleich nach dem ersten Abend in der Bar. Als ich sah, wie auch die Damen dort tranken, flirteten und sich etwas daneben benahmen. Da waren mir die Männer, wenn sie auch zu tief ins Glas schauten angenehmer. Die Damen schliefen am Morgen alle sehr lang und ich war schon längst unterwegs mit meinem Bub in der herrlichen Winterlandschaft. Die Skiwoche mit den vielen Bekannten nahm ich an und machte das Beste daraus. Lieber wäre mir ein Urlaub zu dritt allein gewesen. Ganz abgesehen von den Preisen. Zuhause in Weidach wurden wir überall in ihre schönen Häuser zu ihren Partys eingeladen. Ich wurde in der Gesellschaft doch nie richtig heimisch. Aus Höflichkeit habe ich meinen Mann zu diesen Einladungen begleitet und war froh, wenn wir wieder zuhause waren. Eine Rückeinladung konnten wir nicht geben, denn wir bewohnten ja eine bescheidene Wohnung im 3. Stock, die war für solche Anlässe nicht geeignet. Außerdem fehlte mir die Zeit dazu. Die Ehefrauen waren alle nicht berufstätig, sie waren beschäftigt sich mit schönen Kleidern, Frisuren und Kosmetik ihre Zeit zu vertreiben. Mein Mann, so empfand ich das, war für sie eine freudige Abwechslung mit seinem jugendlichen Charme. Sie verstanden es ihn in ihr Haus zu locken, wenn mal der Wasserhahn tropfte um danach eine unterhaltsame Teestunde zu haben. Georg hielt das mir gegenüber sehr geheim. Doch in einer Kleinstadt wird vieles beobachtet und getratscht.

Mir wurde klar, diese Urlaube werde ich auf lange Sicht nicht mehr mitmachen. Ich möchte auch einmal einen anderen Ort kennen lernen und in eine Skischule gehen. Georg versprach mir den nächsten Skiurlaub mit mir im Ötztal zu verbringen. An den Herrentagen in Obertauern muss er allerdings aus geschäftlicher Sicht weiter teilnehmen. Das Problem löste sich von ganz allein.

Ein neues Ereignis kündigt sich an

Alles ging wieder seinen gewohnten Gang. Anfang des Jahres 1970 bemerkte ich, dass ich noch einmal schwanger war. Damit hatten wir alle nicht gerechnet. Ich aber freute mich und hoffte, dass es diesmal eine Tochter wird. Mutti war von der Nachricht so überrascht wie ich. Sie sorgt sich, zwei Kinder und jetzt schon wenig Zeit. Aber Georg wie immer, das wird sich alles regeln.

Charles zwar inzwischen 9 Jahre und war ein guter Schüler, der in das Gymnasium wechseln wollte. Jeder, der ihn fragte, ob er auch einmal Schlosser werden möchte wie sein Vater. Da antwortete er immer wie aus der Pistole geschossen, nein ich werde Architekt. Sicher haben ihn die Urlaube mit den vielen Architektenfreunden zu dieser Aussage bewegt. Wir fanden das lustig und nahmen ihn nicht ernst.

Charles war sehr sportlich und gut zu Fuß und so hat Georg seinen Frühschoppentreff am Sonntag mit seinem Bub mit einer kleinen Wanderung verbunden. Vater und Sohn kamen auf den Geschmack bei Schönwetter den Vierlingsturm anzulaufen. Dort stand ein zu einem kleinen Lokal umgebauter alter Eisenbahnwaggon, der zur Einkehr einlud. Seine Stammtischfreunde, die den Frühschoppen mit Georg nicht missen wollten, fuhren das Turmwirtshaus, den neuen Treff, mit dem Auto an. Wo der Girgl sich nieder lässt, da sind wir natürlich dabei. Ich war glücklich, dass der Vater mit dem Sohn etwas unternimmt, und winkte ihnen freudig nach, wenn sie das Haus verließen. Um zwölf Uhr sind wir wieder daheim, riefen sie mir zu. Ich brutzelte den sonntäglichen Schweinebraten mit rohen Klößen. Die Zubereitung der

Klöße habe ich von der Schwiegermutter gelernt. Wir kannten den Teig nur aus gekochten Kartoffeln. Die rohen geriebenen Kartoffeln mussten geschwefelt werden. Um den unangenehmen Geruch in der Wohnung zu vermeiden, habe ich die Schüssel bis das Schwefelblättchen verbrannt war, vor die Wohnungstür gestellt. Der Schweinebraten war ein Ritual in der Braun Familie und sollte es auch für Georg so bleiben.

Meine Kochbemühungen allerdings wurden oftmals nicht geschätzt. Mittags, wie verabredet klingelte es dann an meiner Wohnungstüre und mein Bub stand mit einem von Georgs Freunden vor der Tür. Ich bringe dir deinen Jungen, Georg kommt später, er ist noch nicht fertig. Darüber war ich natürlich nicht erfreut. Wir beide haben dann allein den Braten verspeist. Ich war traurig und wütend, dass Georg mich wieder einmal so versetzt.

Zu dieser Zeit wurde bergabwärts vom Fischerberg im Hölltal ein neues Hotel mit Gastronomie eröffnet. Dorthin begab sich dann Georg mit einigen Freunden, die allerdings noch keine Familie hatten, zur weiteren Einkehr. Georg fühlte sich in dem Haus gleich sehr heimisch. Die Wirtsleute haben ihn freudig aufgenommen. Der Braun war lustig und großzügig. Er bekam sogar seinen Stammplatz in der Küche der Familie und wurde gut bewirtet. An den Schweinebraten zuhause hat er nicht mehr gedacht. Für mich war der Sonntag gelaufen. Ich bemühte mich meinem Jungen von meinem Ärger nichts anmerken zu lassen, und versuchte ihm einen schönen Nachmittag zu gestalten. Diese sonntäglichen Ausrutscher häuften sich und so habe ich beschlossen das Kochen am Sonntag einzustellen. Habe mittags meine Mutter in das Auto geladen und wir beide sind in den Gasthof zum Essen gefahren. Dort trafen wir dann Vater und Sohn schon meistens an. Mit der Familie des Hotels entstand ein freundschaftliches Verhältnis. Nach dem Essen sind wir dann spazieren gegangen und nach einer Kaffeepause ging es gemeinsam nach Hause oder in unseren Werkstattgarten.

Eines Sonntags, beim Spaziergang durch das grüne Tal, kamen wir auf die Idee uns hier ein Wohnhaus zu bauen. Fern von der Stadt, frei in der Natur. Kühe auf der Weide, wie wir es von unseren Urlauben kennen. Ja, das konnten wir uns alle gut vorstellen. Die Wohnung in der Ringstraße wird auf Dauer mit dem zu erwartenden Familienzuwachs eines Tages zu klein werden. Ich war nicht abgeneigt von Georgs Vorschlag und dachte mir innerlich, da muss er nach Geschäftsschluss ja hinter den Berg fahren. Wenn er erst einmal zuhause ist, dann wird er sicher nicht mehr zurück in die Stadt fahren. Wir alle, auch meine Mutter waren uns einig, dass das angedachte Vorhaben schön werden kann.

DIESE VORSTELLUNG SOLLTE WAHR WERDEN

Eines Tages fragte dann Georg den Hotelchef ob er nicht ein Grundstück zum Verkauf hat. Dieser verwies uns an einen Bauer im Dorf. Die Hotelfamilie hatte keinen Baugrund nur Waldbesitz. Wir sprachen in dem Dörfchen bei dem Landwirt vor und er zeigte uns seine Grundstücke, die bebaubar sind. Wir entschlossen uns in der Dorfmitte ein Grundstück zu kaufen. Rings herum war alles noch unbebaut. Nur oberhalb stand ein altes Haus und die Dorfwirtschaft. Ein schöner Wanderweg führte zu dem geliebten Turmwirtshaus meines Mannes und auch den Gasthof kann man zu Fuß erreichen. Das ist perfekt für uns. Insgeheim dachte ich mir und Georg hat sein Wirtshaus gleich nebenan und wird nicht mehr so oft die Stammtische in der Stadt aufsuchen.

Der Grundstückskauf wurde vollzogen. Unser Sepp hat den Kopf geschüttelt. Ja seid ihr noch bei Trost? In so ein Dorf wollt ihr ziehen? Da liegt ja der Kuhdreck auf der Straße. Wir aber waren so begeistert von der Landschaft, und fest überzeugt davon, dass es sich hier gut wohnen lässt. Außerdem waren hier die Grundstückspreise bezahlbar, während wir in Weidach das doppelte und mehr bezahlen müssten. Außerhalb zu wohnen im Grünen, das war unser Ziel unser beider Traum.

Eines haben wir nicht bedacht. Schwester Anneliese war mit dem damaligen Oberbürgermeister von Weidach verheiratet. Von unserem Grundstückskauf war er nicht begeistert. Er sagte zu uns: Das wisst ihr schon, jetzt gehört ihr nicht mehr zu Weidach, Das Dorf gehört zum Landkreis Neustadt. Das war uns etwas peinlich vor der Verwandtschaft. Da aber unser Betrieb in Weidach ansässig war, gingen der Stadt die Steuern nicht verloren. Nach dem Erwerb vereinbarte Georg gleich einen Besichtigungstermin mit unserem besten Auftraggeberarchitekt und gemeinsam begutachteten sie unser Grundstück. Er bewertete unseren Kauf positiv und sagte, er könne sich hier ein schönes Einfamilienhaus vorstellen. Sicher werden in Zukunft noch viele Häuser nachkommen und der Ort wird einmal ein schönes Naherholungsgebiet von Weidach werden. Vor der Haustür war der Skihang und schöne Rundwanderwege laden ein spazieren zu gehen. Eine Langlaufloipe wurde angedacht, Fußball- und Tennisplätze befanden sich ebenfalls in unmittelbarer Nähe. Dort kann sich unser Bub austoben.

Mit der Planung und dem Bau wollten wir uns Zeit lassen. Es gab vielerlei zu überdenken. Wie steht es mit den Finanzen, welche Bausumme können wir uns privat leisten? Was machen wir mit Mutter und ihrem Geschäft. Mutter steht dann alleine im Laden. Rita ist auch keine Vollzeitkraft mehr. Wir sind nach Geschäftsschluss hinter dem Berg und Mutter in der Stadt. Zwischenzeitlich wieder eine Rentenabsage mit einem Gerichtsbeschluss. Das muss alles in Ruhe überdacht werden.

Georg fasste einen Entschluss. Wir bauen das Haus sofort und Mutter zieht bei uns ein. Das Geschäft soll sie aufgeben und noch schöne Jahre bei uns haben. Über diesen Vorschlag war ich sehr überrascht. Zehn Jahre habe ich einen eigenständigen Haushalt geführt und nun soll ich wieder mit Mutter wirtschaften? Ich wusste, dass es unzumutbar ist ohne Unterstützung Mutter alleine mit dem Laden zurückzulassen. Der Verdienst wird immer weniger und der Hauswirt wollte auch die Miete erhöhen. Wir sahen keinen Sinn mehr den Laden aufrecht zu erhalten. Ich glaube zu diesem Zeitpunkt war auch Mutter froh eine Lösung für sich gefunden zu haben. Sie sagte zu uns, ich ziehe gern mit, wenn ich für Euch kochen kann und alles tun darf was meine Kräfte zulassen. Ich freue mich schon auf das kleine Butzerl, was ja bald kommt und ihr könnt beruhigt Eurer Arbeit nachgehen. So einigten wir uns, wenn das Haus bezugsfertig ist, Mutter bei der Geschäftsauflösung oder einer Übergabe zur Seite zu stehen.

DER ALLTAG LÄUFT WEITER

Der Architekt ging in Planung. Vorab fragte er uns was wir uns so vorstellen. Ich zeichnete ein Haus nach meiner Vorstellung auf mit räumlicher Einteilung und gab ihm eine Summe bekannt, die wir uns vorstellen ausgeben zu können.

Nach ein paar Tagen kam er zu uns zu Besuch und lachte. Das ist ein „Kackhaus", das könnt ihr bauen mit wem ihr wollt, nicht mit mir. Ich werde euch etwas ganz besonderes planen. Ich war überrascht über diese Aussage, denn ich liebte die Häuser wie ich sie im Norden von Deutschland mit Walbendach zu sehen bekam. Auf Sylt bewohnten wir ein wunderschönes Ferienhaus und dieses Haus nahm ich als Maßstab für unser zukünftiges Heim. Georg sagte zu mir, lass ihn mal machen. Er wird schon wissen was richtig ist. Es eilte uns nicht und wir ließen dem Architekten für die Planung freie Hand.

Braun Oma wurde sehr krank, musste ins Krankenhaus und kurze Zeit später ist sie verstorben. Ich bedauerte sehr, dass sie unser zweites Kind nun nicht mehr miterleben kann. Opa Braun wirtschaftete allein in seiner

Wohnung in der Ringstraße und Tochter Anneliese versorgte ihn, wenn es notwendig war. Er war noch gut zu Fuß, ging spazieren und fuhr sogar an den Wochenenden mit einem unserer Autos, das wir ihm gern zur Verfügung stellten.

Ein besonderes Weihnachtsfest

Weihnachten 1970 kam näher, mein Bauchumfang wurde größer. Mir ging es gut wie in der ersten Schwangerschaft mit Charles. Wir verbrachten sogar noch einen Sommerurlaub auf Sylt. Diesmal war Georgs Schwester Leni mit dabei und wir genossen das Meer in vollen Zügen. Wieder hatte ich keinen genauen Geburtstermin. Im Weihnachtsgeschäft habe ich bei Mutter fleißig mitgeholfen. Freude kam immer wieder auf, wenn ich hinter dem schönen Ladentisch stehen konnte. Die Kundschaft fragte, wann denn das zweite Kind kommen wird. Ich war mir nicht sicher, ob es überhaupt noch in diesem Jahr zur Niederkunft kommen wird. Für Heilig Abend habe ich wie jedes Jahr das Menü vorbereitet und Mutter, Schwester Renate und Braun Opa an meine feierlich gedeckte Tafel eingeladen. Die Bescherung unter dem festlich geschmückten Christbaum war beendet. Von Mutter bekam ich einen persönlichen Dankesbrief in diesem Jahr, der mich sehr berührte, und wir umarmten uns innig unter dem Weihnachtsbaum. Charles sortierte seine Geschenke, wir Frauen räumten das Geschirr in die Küche, die Männer nahmen entspannt im

Sessel Platz. Jetzt sollte der gemütliche Teil des heiligen Abends beginnen.

Ich hatte eine Bowle vorbereitet und lief mit dem gläsernen Topf in das Wohnzimmer. Da ging es unerwartet los. Die Wehen traten ein. Ich schleppte mich an unser Telefon und rief meine Hebamme an. Sie versprach mir sofort vorbei zu kommen. Mir war es sehr peinlich an diesem heiligen Tag die Hebamme in Anspruch nehmen zu müssen. Es dauerte nicht lange und es klingelte. Nach kurzer Untersuchung fuhr sie mich in das Krankenhaus. Die Familie blieb zurück. Alles ging schneller als bei meinem Sohn und ich hoffte in diesem Fall, dass es noch ein Christkind wird. Wir beide haben es nicht geschafft. Es war eine dreiviertel Stunde nach Mitternacht, bereits der 25. 12. 1970. Hurra – noch ein wunderbares Weihnachtsgeschenk wurde mir in den Arm gelegt. Eine Tochter wie insgeheim gewünscht und rund um gesund und kräftig. Diesmal wusste ich sofort den Namen. Anja muss sie heißen. Damals als Georg in Meran zu Kur war, fand ich an einem hübschen, kleinen Mädchen Gefallen. Ein Enkelkind der Wirtsleute, sie nannten sie Anja. Immer wenn ich das Kind sah, wünschte auch ich mir insgeheim noch ein Mädchen. Nun war mein Traum erfüllt.

Am 1. Feiertag stand dann die ganze Familie um uns herum im Krankenzimmer. Als Überraschungsgeschenk von Georg bekam ich eine Filmkamera. Er legt gleich los und filmte Mutter und Kind im Wochenbett. Unser Charles stand staunend vor dem Bett und betrachtete sein Schwesterchen. Es war herrlich anzuschauen und ich war überglücklich. Die ganze Familie strahlte und wollte unser Zimmer nicht verlassen.

Zuhause war alles gerichtet. Das Kinderzimmer von Charles sollte ihm weiter allein gehören. Er hatte sich dort nach seinem Geschmack eingerichtet und durfte Alleinherrscher in diesem Zimmer bleiben. In unserem großen Schlafzimmer war genügend Platz für das neugeborene Kind. Eine hübsche Wiege ziert nun den Raum mit der Wickelkommode, die ja schon vorhanden war.

Eine Cousine von Georg besuchte uns unter den vielen Gratulanten und bot uns für Anja die Patenschaft an. Wir haben das gern angenommen. Sie selbst hatte eine Tochter namens Anja und war der Meinung wir hätten den Namen nach ihr gewählt.

Die Taufe fand am 23. Januar 1971 in der Michaels Kirche statt. Im engsten Familienkreis haben wir freudestrahlend diesen Tag begangen. Der große Bruder war stolz auf seine Schwester und ich musste aufpassen, dass er sie nicht vor Liebe erdrückt.

MEINE LIEBE MARGOT!

Weihnachsbrief

Den Dank, den ich Dir dieses Weihnachten sagen möchte kann ich nicht in Worten ausdrücken, da käme kein Laut aus meinem Mund. Was Du mir geholfen hast und welche große Stütze Du mir warst, bis zu deiner letzten schweren Stunde, gibt es nicht noch einmal.

Immer wenn am Morgen die Tür aufging, war ich so
froh, wenn Du noch da warst. Nun wollen wir hoffen,
das Du liebe Margot auch dafür belohnt wirst und al-
les gut und schnell vorüber geht. Hauptsache auch ich
bleibe gesund, damit ich noch lange Euch helfen kann
und Dir beistehen das kleine Pupperl großzuziehen.

In Dankbarkeit

Eure Mutter

WIE GEHT ES NUN ZU VIERT WEITER

Die ersten Wochen waren wieder einmal eine große Umstellung. Zum Stillen bin ich auf das Sofa in das Kinderzimmer von Charles gegangen. Er stand, wenn er zuhause
war immer daneben. Alles wollte er mitbekommen. Ich
dachte zurück. Genau so erging es mir als meine Schwester in Hamburg zur Welt kam. Ich verglich die Ausstattung von damals zu heute. Improvisieren musste meine
Mutter damals mit allem was das Kind brauchte. Mir ist
es vergönnt alles anschaffen zu können was nötig ist und
gefällt. Dafür muss man dankbar sein.

Meine Arbeitskraft fiel erst einmal für Wochen aus. Das
Neugeborene konnte ich nicht allein in der Wohnung
lassen. Die Büroarbeit habe ich mir deshalb in die Ringstraße geholt, denn die monatlichen Steuererklärungen
sollten weiter pünktlich abgegeben werden. Mein Lehrmädchen war inzwischen gut eingearbeitet und haben

wir uns telefonisch besprochen. Die Jahreszeit war zu kalt um mit dem Kinderwagen in die Werkstatt zu fahren. Eine Bekannte riet mir doch ein Hausmädchen einzustellen. Es gibt eine Hauswirtschaftsschule und die Mädchen müssen ein praktisches Jahr machen in ihrer Ausbildungszeit. Diesen Vorschlag fand ich gut und erkundigte mich. Mir wurden einige junge Mädchen für ein Vorstellungsgespräch vorgeschlagen.

Eine davon gefiel mir besonders. Sie war vom Land und die Busverbindung zu uns war ideal. Sie erzählte mir, dass sie alles beherrscht, kann kochen, waschen, bügeln. Ich sagte zu ihr, dass sie das alles nicht machen braucht. Wichtig ist mir, dass sie das Kind betreut, wenn ich Büroarbeiten zu erledigen habe, oder für einige Stunden im Geschäft anwesend sein muss. Sie gab mir zu verstehen, dass das kein Problem für sie sei. Ich kann das Fläschchen geben und auch Kinder wickeln. Wir haben es ausprobiert, es ging gut und so haben wir es miteinander versucht. Nach ein paar Tagen der Eingewöhnung hat alles bestens funktioniert. Ich hatte ein gutes Gefühl unsere kleine Anja kurzzeitig in ihre Obhut zu geben. Der Alltag pendelte sich für uns alle gut ein. Anja wuchs und gedieh und strahlte uns alle an. Georg war der abendliche, familiäre Rhythmus nicht so angenehm und seine Ausgänge wurden immer regelmäßiger. Er zog es vor gleich nach Geschäftsschluss ohne bei uns zuhause vorbei zu kommen mit den Freunden den Abend zu verbringen. Mittlerweile waren es so viele geworden, dass es für jeden Tag einen Anlass gab die Familie zu vernachlässigen. Wenigstens am Wochenende haben wir einige Zeit miteinander verbracht. Wenn ich mich bei ihm beschwerte, sagte er zu mir: Du brauchst mich doch nicht, du hast ja immer zu tun. Fanny mochte er zwar, war auch immer nett zu ihr, aber ich merkte, dass sie für Georg ein Fremdkörper in unserem Haushalt war. Das Wohl der Kinder war mir wichtig und ich versuchte die ganzen Jahre das Beste für unser Familienleben und das Geschäft zu geben. Keiner sollte zu kurz kommen. Ich bemühte mich mir meinen Kummer nicht anmerken zu lassen. Ich hätte mir sehr gewünscht, dass Vater und Sohn mehr Zeit für einander finden und seine Alleinausgänge nicht mit so viel Alkohol verbunden gewesen wären.

Im Jahr 1971 haben wir zum ersten Mal einen Betriebsurlaub eingeführt. Die Urlaube der Angestellten verteilten sich über Wochen in den Sommermonaten und waren in der Hochsaison nur mit halber Personalbesetzung die Termine zu halten. Inzwischen hatten auch andere Handwerksbetriebe sich dazu entschlossen. Für den Geschäftsablauf erwies sich diese Neueinführung rationeller. Diesen Betriebsurlaub nutzten wir gleich für einen gemeinsamen Urlaub mit unserer kleinen Anja, die gerade 8 Monate alt geworden war an unseren geliebten Wörthersee zu fahren. Dort genossen wir zusammen mit unserer Mutter entspannte Tage mit unserem Familienzuwachs und schöpften Kraft für unser neues Vorhaben. Unsere gemeinsamen Urlaube waren immer sehr harmonisch und vergnüglich und nach jeder Rückkehr hoffte ich, dass auch zuhause das Familienleben besser funktioniert.

DER ARCHITEKT GEHT IN PLANUNG

Der Eingabeplan für unser Haus wurde uns Anfang des Jahres 1972 vom Architekten überreicht. Für die Genehmigung beim Landratsamt in Neustadt mussten vorab die Nachbarn unterschreiben. So ging ich stolz mit den Plänen unter dem Arm zuerst zur Frau Wittmann, die in unserem neuen Ort seitlich oberhalb von uns ihre Dorfwirtschaft betrieb. Unser Grundstück grenzte an einen Obstgarten von ihr und hat sie sofort ihre Unterschrift erteilt. Dagegen wurden bei dem oberhalb wohnenden Nachbarn erhebliche Bedenken vorgebracht. Er teilte mir mit, dass er allein in dem Haus wohnt und bisher keine Klärgrube benötigte. Sein bisserl Wasser läuft über die Wiese ab, genau über unser Grundstück. Wenn wir diese Wiese jetzt bebauen, ist er verpflichtet eine Klärgrube zu bauen. Altersbedingt lohnt sich das nicht für ihn und deshalb kann er nicht unterschreiben. Ich war entsetzt über diese Aussagen, lief nach Hause und teilte Georg die unerfreuliche Aussage mit. Wir überlegten und Georg kam zu dem Entschluss, sag ihm, dass wir sein bisserl Dreck mit an unsere Grube anschließen werden.

Ich teilte Herrn Steger unseren Vorschlag mit und er meinte, ja wenn das so ist und ich keine Kosten habe, dann werde ich unterschreiben. Der Genehmigung des Bauantrages stand nichts mehr im Wege.

Die Handwerkerarbeiten wurden nach Angeboten vergeben. Wir haben natürlich die Fertigung und Montage aller Fenster- und Türelemente in Eigenleistung erbracht. Der Rohbau ging zügig voran. Ich konnte mir die Großzügigkeit des Innenlebens in dem Haus gut vorstellen.

146

Am Wochenende sind wir alle gemeinsam, Anja noch im Kinderwagen zur Baubesichtigung gefahren und anschließend kehrten wir im Gasthof ein. Noch im Jahr 1972 kam der Maler ins Haus. Obergeschoße wurden tapeziert. Die Kinder durften selbst ihre Tapeten aussuchen und die Bäder wurden gekachelt. Oma freute sich auf ihr Zimmer, es war geräumig und sonnig hell. Das gesamte Haus war in Sichtmauerwerk erstellt. Außen wie innen sollten die nicht tapezierten Räume einen weißen Anstrich erhalten.

Eines Tages, ich saß im Büro, der Maler rief an, der in unserem Haus tätig war und sagte, ich solle mal zur Baustelle kommen, er muss mir etwas zeigen. Beim Eintreten in die Wohndiele sah ich an den weißen Wänden lauter dunkle Flecken. Beim näher Hinsehen, stellte ich Ziegelsteinabsprengungen fest. Ich war entsetzt und fragte den Malermeister wie ist das möglich. Er teilt mir mit, das ist ein grober Baufehler. Die Steine werden keine Ruhe geben, sie haben Kalkausblühungen, das ist ein Materialfehler und nicht zu beheben. Die Ausblühungen werden über Jahre immer wieder kommen.

Entsetzen durchfuhr meinen ganzen Körper. Was ist zu tun. Ein einzugsbereites Haus, die Termine zum Möbeleinbau schon festgelegt. Der Gärtner, unser Cousin bepflanzt bereits den Garten. In der Gartenanlage ein zum Wasser einlassendes Schwimmbecken bereit. Der Einzug in Kürze geplant. Mutter hat ihr Geschäft an einen Nachfolger zum Jan. 1973 terminlich festgelegt. Der frühere Sanitärverkäufer, mit dem ich die guten Umsätze erzielen konnte, zeigte Interesse an dem Süßwarenspezialgeschäft. Seine Ehefrau Irmgard war eine alte Schulfreundin von mir und verliebte sich in unser

Geschäft. Viele Gedanken durchkreisten meinen Kopf. Unsere Umzugspläne sind nicht zu halten.

Wir verständigten den Architekten zur Baubesichtigung. Für diesen Schaden ist die Baufirma allein verantwortlich. Diese Aussage nützte uns allerdings nicht viel. Wichtig war uns wie der Schaden zu beheben ist. Darüber konnte uns keiner eine Aussage geben. Ein Gutachter wurde hinzugezogen. Von diesem erfuhren wir, nach vielen Ortbesprechungen, dass es nur eine Möglichkeit gibt. Der gesamte Innenbereich, wo die Ziegel als Sichtmauerwerk sichtbar bleiben, muss mit einer Gaze zur Festigung der Ziegeloberfläche überzogen werden und dann ein Neuanstrich vorgenommen werden. Eine Sicherheit, dass dies gelingt kann allerdings nicht gegeben werden. Außen wird man versuchen mit einem Spezialanstrich vorzugehen. Wer übernimmt diese Kosten? Durch einen Rechtsanwalt wurde die Baufirma verklagt. Lange Prozesse ohne Ergebnisse waren die Folge. Unsere Zeit drängte und wir erreichten wegen der ständigen Unstimmigkeiten mit den Gerichtsbeschlüssen einen gerichtlichen Klärungstermin in unserem Neubau. Der Richter konnte sich vor Ort über den Schaden ein Bild machen und kam auf Grund dessen zu dem Ergebnis, dass allein die Baufirma für alle Mehrkosten und eine Wertminderung ihres Angebotes aufzukommen hat. Das Bauunternehmen meldete inzwischen Insolvenz an. Ja, die Baufirma machte uns sogar verantwortlich für ihren geschäftlichen Ruin. Man kannte sich unter Handwerkern und tat es uns auch leid, allerdings mussten wir mit den beschwerlichen Behebungskosten allein zurecht kommen.

Viel Zeit verging, viel Energie und Kraft waren notwendig dieser misslichen Situation Herr zu werden. Auch unser gutes Verhältnis zum Architekten wurde gestört. Wir waren der Meinung die Bauleitung hat versagt. Die Ziegel hätten vor Vermauerung geprüft gehört, was wohl nicht erfolgt ist.

Für uns war allein wichtig, ob nach Behebung des Schadens für alle Zeit an den Wänden die Ausblühungen zum Stillstand kommen. Dank des Ehrgeizes unseres Malers wurde das gemeistert. Wir leben zwar jetzt mit etwas verschleierten weißen Wänden, die anfangs gewöhnungsbedürftig für uns waren.

Der Umzug verzögerte sich durch die Widerstände bis zum Pfingstfest 1973. Meine Mutter hat einige Monate im Dachgeschoss über ihrem schon übergebenen Geschäft verbringen müssen. Charles fand die Zwischenunterkunft von seiner Oma so interessant, dass er die Zeit mit ihr dort gern verbrachte und auch bei ihr schlief.

Erst als die letzte Vase ihren Platz in unserem neuen Heim fand, zog die Familie komplett ein. Der Ärger war vergessen, eine Einzugsparty wurde gefeiert. Die Gäste sprangen in das geheizte Schwimmbecken, der Grill wurde angeworfen, die Mühe hat sich gelohnt.

Die Kinder tobten durch das Haus, Treppe rauf, Treppe runter, Garten raus und rein, die Türen standen weit geöffnet. Das Schwimmbecken war die Krönung. Ein völlig neues Wohngefühl mitten in der Natur. Oma schwenkte die Kochtöpfe für uns alle, und Georg und ich waren glücklich über das gelungene Werk. Der neue Haushalt war allerdings nicht vergleichbar mit unserer Wohnung in der Ringstraße. Ein Freund von Georg mit seiner Frau wurde Nachmieter für einige Jahre. Bald merkte ich, dass ein Haus mit Garten und dem Schwimmbecken sehr viel Mehrarbeit macht. Hausbesitzer in unserem Bekanntenkreis beschäftigten Putzfrauen und Gärtner, obwohl die Ehefrauen nicht berufstätig waren. Das kommt für mich nicht in Frage. Erstens müssen wir sparen für die Rückzahlung der Kredite und zweitens hätte mir es eine fremde Person in dem schönen Heim nicht recht machen können. Ich war wie schon als Kind sehr eigen mit meinen Sachen, deren Wert ich zu schätzen wusste. Ich stand früh morgens sehr zeitig auf, bevor die Kinder erwachten, waren schon viele Arbeiten erledigt. Im Büro hatte ich ein neues Lehrmädchen auszubilden. Die Fanny ging zur Schule zurück und Mutter und ich haben alles alleine gemeistert.

Charles ging weiter in Weidach zur Schule. Zu dieser Zeit gab es keine Schulbusverbindung und sind wir zwei morgens zusammen in die Stadt gefahren. Er besuchte bereits das Gymnasium, dort stieg er aus meinem Auto und ich fuhr weiter in unser Geschäft. Mittags holte ich meinen Jungen wieder von der Schule ab und wir düsten gemeinsam in unser neues Zuhause. Dort war der Tisch von Oma bereits gedeckt und wir alle konnten gemeinsam unser Mittagessen einnehmen. Georg fuhr nach einem kurzen Mittagsschläfchen wieder in die Werkstatt. Manchmal blieb ich dann auch zuhause. Es waren Schulaufgaben zu überwachen und die kleine Anja wollte auch unterhalten werden. Bei Schönwetter sprangen wir alle in unser Schwimmbecken und hatten Spaß. Der Tagesablauf funktionierte für uns alle gut und wir haben es nicht bereut ins Grüne gezogen zu sein. Die Abende auf der Terrasse waren gemütlich, wenn auch meistens Georg, der Vater der Kinder nicht anwesend war. Der Umzug hat ihn von seinen Stammtischen nicht fern halten können.

Charles hatte Freunde im Dorf gefunden und fand am Fußballspielen Gefallen. Er ist auch in den Verein eingetreten und hat an Freundschaftsspielen teilgenommen. Ich habe mich auf dem örtlichen Tennisplatz versucht. Nach einigen Trainerstunden fand auch ich, wenn es meine Zeit erlaubte mal ein vergnügliches Stündchen. Zu unserem Glück fehlte nun noch ein Hund und so holten wir uns aus einem Zwinger einen Boxer, den wir Leo riefen, wie er im Stammbaum festgehalten war. Der Hund brauchte Auslauf und jeder aus unserer Familie war einmal an der Reihe den Hund Gassi zu führen. Die Rasse war damals noch nicht so gezüchtet, dem Leo lief bei Erregung das Wasser aus dem Maul. Trotzdem liebten wir das Tier über alles. Wir Hausfrauen hatten allerdings zu tun, wenn er sich schüttelte und sein Geschlabber durch die Gegend schleuderte. Mit einem Tuch waren wir dann schnell zur Stelle. Wir tauften ihn um – er wurde unser Schlabbersack.

Die Zeit verging. Anja kam in den Kindergarten und so fuhren wir nun schon zu dritt früh am Morgen in die Stadt. Der Kindergarten tat ihr gut, denn Anja war ein stilles Kind, anders als unser Charles. Sie lernte sich gemeinschaftlich einzufügen und hatte auch Freude an den Spielen und Theateraufführungen, wie auch den Faschingsfesten gefunden.

Im Winter tobte sich Charles auf den nahe gelegenen Skihängen bei uns aus. Es war selbstverständlich für mich, dass auch Anja zum Skilaufen angehalten werden muss. Nach anfänglichen Schwierigkeiten fand sie auch

Freude daran und mein Ziel war es, so bald als möglich sie an einem Skikurs teilnehmen zu lassen. Wir bekamen Nachbarn mit neuen Häusern in unserer Straße und Anja fand eine gleichaltrige Freundin. Unser Schwimmbecken im Garten wurde zum Anziehungspunkt aller Nachbarkinder. Oma saß vor dem Becken als Aufsicht. Abends sagte sie dann zu mir, das war wieder ein anstrengender Tag mit der Horde. An manchen Wochenenden kam meine Schwester Renate mit ihrer Familie gern zu uns zu Besuch. Renate war inzwischen in Nürnberg verheiratet und hatte eine Tochter die etwas jünger war als unsere Anja. Sie bewohnten in Nürnberg damals eine Mietwohnung und unser grüner Ort war für sie ein herrliches Ausflugsziel. Oma, unsere Mutter freute sich besonders über diese Tagesbesuche und schwenkte die Töpfe für uns alle.

In den ersten Jahren unseres Einzuges in das Haus gaben wir viele Einladungen zurück, die wir während unserer Wohnzeit in der Ringstraße nicht halten konnten. So waren oft zwanzig oder mehr Gäste an einem Abend bei uns. Der Grill wurde angeworfen, die Salate tagsüber von uns Frauen zubereitet und Bier und Wein floss in Strömen bei den Männern. Laut ging es zu. Die Nächte waren lang. Manch einer der Männer sprang nachts nackt in das beleuchtete Schwimmbecken. Die Lebensfreude war groß und übermütig. Der Gastgeber zog sich oftmals heimlich zurück in sein Bett und ich hatte zu tun die alkoholisierten Männer außer Haus zu bekommen, denn die mitgebrachten Ehefrauen hatten sich schon vorab verabschiedet, weil ihnen das Treiben zu bunt wurde. Nach manchen solcher ausufernden Abenden blieb ich gleich auf, um die Aufräumarbeiten anzugehen. Mir waren diese Abende peinlich vor den Nachbarn.

Die Straße war voll geparkt mit Autos bis zum frühen Morgen. Zu den zugezogenen Nachbarn hielt Georg immer Abstand und hat sie nicht dazu eingeladen. Er meinte, die kenne ich ja nicht. Über die Wirtin der Gaststätte hörte ich, dass manch einer sich über die Lautstärke bei unseren Festen beschwerte. Der 40. Geburtstag von Georg kam näher und ich überlegte, wie der am besten zu feiern ist ohne Ruhestörung. Alle Freunde von Georg sprachen mich bereits an und warteten auf Einladung zu diesem Fest.

Der 40. Geburtstag von Georg

Mit blauem Himmel und Sonnenschein erwachten wir an diesem Tag. Ein besonderer Werktag für die ganze Familie. Für 17 Uhr hatte Georg eingeladen in unseren Werkstattgarten. Wie viele Leute kommen, das war mir nicht bekannt.

Es wurden Bierbänke angeliefert, die wir in dem Werkstattgarten platzierten. Ein Freund kam mit einem riesigen gastronomischen Grill angefahren den er auf der Wiese platzierte. Meine Schwester mit Familie kam am Nachmittag angereist und Renate half Oma und mir bei den Vorbereitungen. Wir schmückten mit Lampions und schönen bayrischen Papiertischtüchern. Die Brauerei lieferte die Bierfässer mit den Krügen. Alles war gerichtet. Riesige Körbe mit Brötchen und Brezen, Käse- und

Wurstplatten und großer Auswahl an selbst zubereiteten Salaten zierten eine Tafel, über die wir einen Sonnenschirm spannten. Fleisch und Bratwürste warteten auf die Abnehmer in einer Kühlbox. Alles sah sehr einladend aus, das Wetter spielte mit und wir warteten gespannt auf das, was da kommen wird. Georg war noch in der Werkstatt tätig, als ein Freund mit einem LKW mir einige Holzgartenstühle hinter einer Tanne versteckte. Ich lief zu ihm und fragte, weshalb so viel Stühle? Das wird eine Überraschung, meinte er, aber nichts Georg sagen. Wir marschieren gemeinsam mit einer Blaskapelle ein. Kurz vor 17 Uhr kam Georg aus der Werkhalle zu uns in den geschmückten Garten und wunderte sich, dass noch kein Gast zu sehen war.

Ist noch keiner da? Er war nervös, wir sahen es an seinem Gesichtsausdruck. Ich sagte verschmitzt, vielleicht haben sie vergessen, dass heute dein Geburtstag ist. Das kann nicht sein. Er ging auf und ab, niemand kam durch das Tor. Plötzlich hörten wir Blasmusik aus der Ferne. Alle geladenen Gäste haben sich etwa 100 m vor unserem Grundstück aufgestellt, um gemeinsam mit Musik Einzug zu halten. Ich lief mit der Filmkamera vor das Tor auf die Straße. Da kamen sie eine ewig lange Schlange und ich konnte da erst sehen, wer alles als Gast zu uns kommt. Die Überraschung war groß. Georg strahlte, unsere Kinder hüpften vergnügt um die Kapelle. Die Mitarbeiter traten aus der Werkstatt und staunten. Sie waren natürlich auch eingeladen an diesem Tag dabei zu sein.

Opa Braun kam zu Fuß von der Ringstraße angelaufen. Er setzte sich gleich an einen der Tische und verfolgte das Geschehen. Die Stühle aus dem Versteck wurden für die Kapelle aufgestellt und das Treiben fand seinen Anfang. Georg war beschäftigt erst einmal alle zu begrüßen und die Geschenke auszupacken. Der Grill wurde angeworfen, das erste Fass Bier angezapft und die Party begann. Hier in dem Werkstattgarten konnte man niemand stören mit der Lautstärke. Die Musik platzierte sich auf den Stühlen und spielte weiter auf. Es war eine gute Idee das Fest hier abzuhalten. Eine lustige bunte Nacht begann. Alle haben geschmatzt und sich gut unterhalten. Abwechselnd mussten wir, erst das Geburtstagskind, dann ich und dann unser Charles die Kapelle dirigieren. Um Mitternacht zog die Musik ab, aber das Ende lag noch in weiter Ferne. Für mich war dieser Tag entspannt, weil das Toben nicht in unserem Haus statt fand. Ich freute mich, dass es sogar Opa Braun gefallen hat. Frauen waren zu diesem Fest nicht geladen. Es war eine reine Männerveranstaltung und wir weiblichen Familienmitglieder waren für das Wohl der Gäste zuständig. Ein Freund zapfte unermüdlich das Bier und ein anderer bediente den Grill. Den Service zu den Tischen übernahmen meine Schwester Renate und ich. Auch Charles war freudig dabei den unersättlichen Männern immer wieder eine frische Maß zu bringen.

Erst zur Morgendämmerung verließen die letzten Männer das Fest. Georg haben wir völlig erschöpft hinter den Berg kutschiert und in sein Bett gebracht. Sein Kopf war schwer am nächsten Morgen. Mit ziemlicher Verspätung fand er in den Alltag zurück. Noch viele Wochen danach war dieser 40. Geburtstag Gesprächsstoff an den weiter folgenden Stammtischen. Einige der Gäste haben sich bedankt für unseren weiblichen Einsatz und fanden unser Durchhaltevermögen erstaunenswert. Ja, was tut man nicht alles für den Chef des Hauses an so einem besonderen Tag.

DIE JAHRE NACH DEM 40. GEBURTSTAG VON GEORG

Unser Charles war nun 13 Jahre und Anja konnte an Weihnachten ihren 5. Geburtstag feiern. Die Kinder machten mir viel Freude und dank meiner Mutter war es mir möglich die Bürozeiten und Haus- und Gartenarbeiten bestens zu organisieren. Das Geschäft erzielte gute Umsätze und unser Steuerberater war sehr zufrieden mit den Bilanzen. Trotz Abtragung unserer Kredite konnten wir uns vieles leisten. Ich trug die Verantwortung für die Finanzen und habe stets darauf geachtet, dass die privaten Ausgaben nicht ausuferten. Meine Sorge war immer, dass Georg das hart verdiente Geld so leichtsinnig in die Lokale trug.

Charles kam 1976 zur Konfirmation, die wir im Familienkreis in unserem Haus gefeiert haben. Ein fescher Bub war er in seinem extra angefertigten Anzug für diesen Tag. Anja wurde 1977 eingeschult in einem zünftigen Trachtengewand mit einer bunten Schultüte gefüllt mit süßen Sachen. Leider nicht mehr aus Oma Maries Süßwarengeschäft wie damals bei Charles. Das stimmte uns an diesem Tag etwas wehmütig, denn die Schule war ja gleich nebenan und wir hatten den Blick auf unser ehemaliges Geschäft gerichtet. Wir haben sogar die Fotos gemacht vor unserer ehemaligen Ladentür.

In der Zwischenzeit wurde von dem Architekten, der das Hotel Edelweiss in Obertauern gebaut hatte auch in Weidach ein Hotel mit Restaurant und Bar eröffnet.

Natürlich bekamen wir für dieses Objekt wieder die anfallenden Metallbauarbeiten. Dieses neue Bar-Restaurant wurde ein zusätzlicher, besonderer Anziehungspunkt von Georg. In Dreier-Reihen standen die Männer nach Feierabend vor dem Tresen und dazwischen viele Damen, die sich gern einen ausgeben ließen. Neue Bekanntschaften wurden dort getroffen und man wartete schon am nächsten Abend auf den spendablen „Girgl". Mit Sorge kam ich in unserem Haus meinen Mutterpflichten nach, während mein Mann die Damenwelt hofierte. Meine Mutter verstand es mich immer zu trösten, indem sie sagte, er wird älter, das legt sich, hab Geduld. So einfach war das allerdings nicht für mich. Ich schämte mich zeitweise sehr für das umtriebige Leben meines Mannes. Morgens kamen dann öfters so genannte Freunde zu mir ins Büro und fragten scheinheilig nach Georg. Sie wollten von mir wissen, ob und wann er nachhause gekommen ist. Das macht mich wütend, denn ich wusste auch diese Männer genossen die Großzügigkeit den ganzen langen Abend mit. In mir stieg Zorn und Enttäuschung auf. Ich konnte mit keinem Gespräch etwas in unserem Eheleben bewegen. Ich machte es nur noch schlimmer. Streit wollte ich vermeiden, denn das beflügelte Georg umso mehr die Abende außer Haus zu verbringen. Wenn ich Frieden in der Familie haben möchte, dann muss ich ihn gewähren lassen. Oftmals wusste ich nicht, wo er die Nächte verbracht hat. Erst zum Wäschewechseln erschien er am frühen Morgen, um dann in die Werkstatt zu fahren. Dort teilte er seine Leute ein und war wieder für Stunden verschwunden. Ich wusste nie, wo ich meinen Mann erreichen konnte. Einige Ehefrauen der Freunde berichteten mir dann bei Einkäufen in der Stadt, dass Georg auch bei Frauen die Nacht verbringt und tagsüber einen Einkehrschwung bei einigen Damen hält. Dieses Treiben erduldete ich im Interesse meiner Kinder und allem was wir uns geschaffen hatten nur sehr schwer. Es kam soweit, dass ich nicht mehr in die Stadt ging und nur rasch meine Einkäufe erledigte in der Hoffnung niemand zu begegnen.

Den eingeführten Betriebsurlaub, den wir dann auch alle wieder mit schönen Reisen verbrachten wie am Anfang unserer Ehe behielten wir bei. Nach jeder Urlaubsrückkehr hatte ich die Hoffnung es sei ein Neuanfang. Leider blieb das ein Wunschtraum von mir. Die Abende verbrachte ich mit Mutter beim Fernsehen. Bücher konnte ich nicht lesen zu dieser Zeit. Dazu war ich innerlich zu unruhig. So habe ich beim Fernsehen gern Teppiche geknüpft, die alle in unserem Haus aufliegen. Ich suchte mir ständig Beschäftigung, damit ich gedanklich abgelenkt war.

Eines Tages rief mich mein Cousin Werner aus Nürnberg an, ob ich nicht Lust habe mit ihm mal ein paar Skitage zu verbringen. Ich sagte spontan zu und wir beide fuhren nach Hochsölden ins Ötztal. Ich nahm mir die Freiheit ohne Mann zu verreisen. Er sollte auch einmal kennen lernen wie es ist, wenn der Partner nur an sich denkt.

Herrlicher Sonnenschein, Pulverschnee und meine Gedanken wurden frei. Wir beide hatten viel Spaß miteinander. Werner ist ein lustiger Typ und hatten wir angeregte freudige Gespräche bei Tisch. Uns gegenüber saß ein schwäbisches Ehepaar, die unsere Unterhaltung interessiert mit verfolgte. Sie beide allein fanden keine Unterhaltung. Das fiel uns gar nicht auf, denn wir waren immer guter Dinge.

Nach zwei Tagen stand plötzlich Georg vor uns beiden im Speisesaal. Er lachte und sagte, wollte nur mal sehen was ihr beide da so treibt. Wir waren überrascht und freuten uns riesig. Der Ober legte ein Gedeck auf und ich stellte meinen Mann dem Ehepaar vor. Da erwiderte die Frau, mein Gott bin ich froh, dass sie der Ehemann sind. Ich dachte mir schon die ganze Zeit, so ein lustiges Ehepaar denen der Gesprächsstoff nicht ausgeht. Ich war schon ganz neidisch auf die beiden. Wir klärten die Tischnachbarn auf, dass ich mit meinem Cousin hier ein paar Skitage verbringe und mein Mann überraschend dazu gekommen ist. Gemeinsam hatten wir einen lustigen Abend in der Keller Bar mit Lifemusik. Ich konnte endlich mal wieder mein Tanzbein schwingen. Am nächsten Morgen wedelten wir dann die Pisten gemeinsam bergab. Das Panorama von Hochsölden mit den nahen gewaltigen Gipfeln hat mich sehr beeindruckt. Für mich stand fest, wenn Skiurlaub, dann nur noch hier. Schon die Auffahrt nach Hochsölden mit einem Einer-Sessellift, Fahrtzeit 25 Minuten, ein Erlebnis in dieser herrlichen Bergwelt. Auch das Gepäck wurde so nach oben im Sessellift transportiert. Die Autos blieben im Tal. Das alles fand ich sehr romantisch und sehr Natur verbunden. Die Wirtin, Frau Gurschler, war im gleichen Alter wie ich und fanden wir Sympathie zu einander. Bei der Verabschiedung umarmte sie mich und sagte, sie müssen unbedingt wieder kommen und ich versprach es fest.

Es waren gelungene Tage und ich war sehr erfreut, dass Georg nachgereist war. Ein Zeichen, dass er mich doch noch liebt oder vermisst?

Zuhause angekommen gingen wir wieder unseren Aufgaben nach. Ich war locker nach der Abwechslung aus dem Alltagstrott. Das insgeheim erhoffte Glück währte nur kurze Zeit. Manchmal dachte ich mir, wenn wir beide ohne Freundeskreis meines Mannes leben könnten, ja dann wären wir das ideale Paar. Die Verführung ist einfach zu groß und er kann eben nicht nein sagen. Er war ein Gesellschaftstrinker, denn zuhause rührte er keinen Alkohol an. Der gute Zuspruch meiner Mutter hat mich immer wieder zur Ruhe und Ausdauer gebracht.

Unserem Steuerberater blieb das ausschweifende Leben von Georg nicht verborgen. Georg hatte von Jugend an zur Familie des Beraters ein freundschaftliches Verhältnis. Die Ehefrau schwärmte in vollen Zügen von meinem Mann und die Tochter, in meinem Alter und sogar Klassenkameradin zu Volksschulzeiten war Georg früher auch sehr zugetan. Ich stand in unserer Firma viele Jahre nicht auf der Gehaltsliste und der Steuerberater sorgte sich um meine Altersversorgung. Er schlug mir vor ab sofort mir einen Gehalt meiner kaufmännischen Tätigkeit entsprechend zu entnehmen. Allerdings sollte ich nicht mehr in die Sozialversicherung einbezahlen, sondern einen Teil des Geldes als Lebensversicherungen abschließen. In meinem Alter wäre das sinnvoller. Den Vorschlag nahm ich gern an und wir vereinbarten ein Gehalt für meine kaufmännische Tätigkeit.

Nun hatte ich mit gutem Gewissen mein eigenes Geld für mich persönlich und musste kein schlechtes Gewissen

mehr haben, wenn ich mir einen Kleiderwunsch erfüllen wollte. Mit meinen persönlichen Ausgaben ging ich
sehr gewissenhaft um. Ich glaube das wusste auch Georg, den er ließ mir freie Hand was die Buchhaltung be-
traf. Wenn eine Maschine, ein neues Auto oder sonst
eine größere Ausgabe anstand, fragte er nur, können wir
uns das leisten? In dieser Hinsicht hatte ich sein vollstes
Vertrauen. Eigentlich waren wir ein gutes Team. Schade,
dass der Alkohol unser privates Glück immer wieder zer-
störte. Mit dem Alkohol kamen die Ausuferungen, die
er eigentlich nie bewusst vorhatte, wenn er zu seinem
Dämmerschoppen ging. Deshalb stand ich Georg immer
wieder bei, wenn es ihm nicht gut ging, sich übergeben
musste und auch Schmerzen verspürte. Meine Hoffnung
war bei diesen Exzessen, dass er endlich mal an seinen
Körper denkt. Auf die Dauer kann das nur der Gesundheit schaden.

Da fällt mir eine Episode ein, als Georg wieder einmal völlig betrunken nachhause fand. Er war immer mit
dem Auto in diesem Zustand unterwegs, da bemerkte er,
dass er seinen Zahnersatz (Brücke) nicht mehr im Mund
hat. Er warf sich in sein Bett und stammelte noch zu mir,
meine Zähne sind weg. Der Zahnersatz war ziemlich neu
und hatte viel Geld gekostet. Ich war entsetzt, fragte wie
kann das sein und wo hast du sie verloren? Lallend kam
die Antwort vor der Wildsau Bar, da musste ich mich
übergeben, dabei müssen sie wohl heraus gefallen sein.
Also wieder einmal nach einem Dämmerschoppen – ein
Nachtlokalbesuch. Es gehörte dem berüchtigten Herrn
Klankermeier, der in unserer Stadt mehrere Lokale dieser Art betrieb und auch Zimmer vermietete. Im Nacht-
hemd sprang ich in unser Auto und fuhr zu dem Lokal,

es war früh am Morgen. Kein Mensch war unterwegs und ich ging den Straßenrand ab und tatsächlich fand ich das Gebiss. Mit einem Taschentuch nahm ich es auf und war trotz allem Ärger froh es gefunden zu haben. Zuhause legte ich es im Bad in sein Glas und Georg steckte es, nachdem er ausgeschlafen hatte, wie selbstverständlich in seinen Mund. Unsere Unterhaltung hatte er wohl vergessen und musste ich ihm erst mitteilen wie das gute Stück in das Glas kam.

Mit seinen Zähnen hatte er ja schon in jungen Jahren Probleme, deshalb waren viele Zahnarztbesuche angesagt. Die Herzmuskelentzündung, verursacht durch einen eitrigen Zahn ließ mich darauf achten, dass er regelmäßig seine Zähne prüfen lässt.

Zu diesen Ausgängen kam auch meine Sorge, dass er unvernünftig alkoholisiert in sein Auto steigt und unbedarft durch die Gegend kurvt. Meine Ermahnungen hatten keinen Erfolg. Das hatte er allein zu verantworten, bis eines Tages der Führerschein weg war. Erst nach dem zweiten Führerscheinentzug trat die Vernunft ein. Ich wurde dann nachts öfters zu verschiedenen Zeiten angerufen, bitte hol mich ab, ich kann nicht mehr. Manchmal brachten Freunde meinen Mann nachhause, andermal fuhr ich nach dem Anruf im Nachtgewand und holte ihn nachhause. Den Kindern, die fest schliefen, blieb das verborgen. Nur Oma bekam meine nächtliche Ruhestörung mit und bedauerte die Umstände sehr.

Georg hat sich, nachdem ihm die Fahrerlaubnis genommen wurde ein Mofa zugelegt und ist damit zur Arbeit gefahren. Aber der Rückweg, der war dann meistens mit diesem Gerät nicht mehr möglich.

So fuhren beide meiner Männer mit so einer Knatter-kiste durch die Gegend. Charles bekam vom Vater schon vor geraumer Zeit ein Mofa geschenkt, damit er unab-hängig seine Schulsporttermine und was er sonst noch so vor hatte, eigenständig wahrnehmen konnte. Ich war darüber sehr froh, denn oftmals kam ich mir als Chauf-feur vor, was mich sehr viel Zeit kostete. Das war der Nachteil mit Kindern, die flügge werden, nicht in der Stadt zu wohnen. Für mich war es manchmal aufregend, wenn ich nicht pünktlich, wie mit Charles vereinbart das Motorgeräusch hörte. Charles aber versprach mir immer vorsichtig zu fahren. Zur Tanzstundenzeit ließ ich ihn allerdings nicht mit dem Mofa fahren.

Spät am Abend holte ich ihn dann mit dem Auto ab. Manchmal fuhr ich auch da schnell im Nachtgewand wie bei Georgs Abholterminen in die Stadt, wenn er bat noch anschließend ausgehen zu dürfen.

ÜBERRASCHEND ERGAB SICH FÜR MICH EINE NEUE AUFGABE

Eines Tages beim Rasenmähen hinter unserem Haus schaute der Nachbar zu mir über den Zaun. Er teilte mir mit, dass er altersbedingt sein Haus verkaufen möchte und in ein Seniorenheim bei Rosenheim ziehen wird, wo seine Kinder wohnen. Ich war sehr überrascht und gleichzeitig musste ich an seinen von uns damals ge-nehmigten Abwasseranschluss zu unserem Haus den-ken. Nur mit dieser Zusage hatte der Nachbar unseren

Bauantrag unterschrieben. Wir hatten nichts schriftlich vereinbart. Es eilte uns endlich mit dem Bau beginnen zu können und haben wir damals nicht in die Zukunft geschaut, wenn wie jetzt der Fall eintritt und das Haus seinen Besitzer wechselt.

Ich erzählte meinem Mann von der Verkaufsabsicht und ich fragte, schaffen das dann unsere Rohre, wenn mehr Bewohner in das Haus einziehen. Wir ließen das überprüfen und es wurde festgestellt, dass in diesem Fall dann eine eigene Klärgrube für das Haus geschaffen werden müsste. Diese Feststellung wäre für Herrn Steger zum Verkaufsproblem geworden betreffend seiner Preisvorstellung. Ich schlief eine Nacht über diese plötzliche Veränderung in unserer direkten Nachbarschaft. Das Haus war sehr alt und reparaturbedürftig. Was werden wir für Nachbarn bekommen? Herr Steger war allein stehend und ein sehr angenehmer Nachbar. Plötzlich kam mir eine Idee, die mich nicht mehr los ließ. Der Gasthof ist ein gut belegtes Hotel. Jeden Morgen, wenn wir in unser Geschäft fahren stehen dort auf dem Parkplatz viele Autos von Übernachtungsgästen. Mich reizte es plötzlich eine kleine Pension für Feriengäste zu haben. Ich stellte mir das wunderschön vor Gäste zu verwöhnen. Eine Aufgabe die mich persönlich erfüllt. Kontakt mit neuen Menschen, ein zweites Standbein zu haben. Ja – das ist es. Wenn es einmal mit uns beiden nicht weiter geht, dann habe ich eine eigene Existenz. Dieser Gedanke ließ mich nicht mehr los.

Ich fasste Mut ohne mit Georg oder mit Mutter darüber zu sprechen und klingelte bei Herrn Steger. Freundlich wurde mir die Tür geöffnet. Ich erlaubte mir zu fragen was er sich denn für einen Verkaufspreis vorstelle, ich hätte evtl. Interesse. Als ich den Betrag hörte bei 600 qm Grund habe ich sofort zugesagt und wir beide schlugen mit Handschlag in den Kauf ein. Er war erfreut, dass ich für sein Haus Interesse zeigte und ich war beruhigt keine unliebsamen Nachbarn zu bekommen. Die ganze Grundstücksbreite grenzt an unser Haus und die Gärten sind nur durch eine Stützmauer voneinander getrennt. Da muss ein Nachfolgenachbar passen.

Jetzt musste ich zuhause von meiner spontanen Eigenmächtigkeit berichten. Oma war die erste, die sagte, was willst du denn noch alles machen. Georg sagte, was willst du denn mit dem verkommenen Haus, das passt überhaupt nicht zu uns. Als sie hörten, was ich damit vorhabe, meinten sie nur, ja wenn du das willst, dann mach es – meinen Segen hast du. Meine Mutter bot mir ihren kleinen bald fälligen Bausparvertrag zur Kaufsumme an, den ich in diesem Fall gern angenommen habe. Natürlich übernahm ich die Rückzahlung der Darlehenssumme. Oma war beruhigt, jetzt kann ich auch etwas für dich tun und kann mit gutem Gewissen mein schönes Zimmer bei euch genießen.

Ich informierte zur Sicherheit unseren Steuerberater über mein geplantes Vorhaben. Er gab mir grünes Licht und klärte mich auf, dass die Firma Metallbau Braun bei einer Kreditaufnahme steuerliche Vorteile hätte, da ja mein angedachtes Objekt gewerblich genutzt wird. Das beflügelte mich und ich rief unseren gemeinsamen Freund Roland an. Für mich kam nur er als Architekt für die Planung in Frage. Roland blieb mir die ganzen Jahre vom ersten Tag unseres Kennenlernens immer als guter, ehrlicher Freund eng verbunden. Bei ihm hatte ich das Gefühl mich mal frei aussprechen zu können ohne, dass hinter meinem Rücken getuschelt wird über unser gefährdetes Eheleben.

Wir beide gingen im Jahr 1977 in Planung. Ein gemütliches Gästehaus im rustikalen Landhausstil sollte es werden. Eine hiesige Baufirma wurde beauftragt die räumliche Umgestaltung vorzunehmen. Das Haus wurde komplett bis auf die Grundmauern saniert. Die Firma Metallbau Braun fertigte Fenster und Türen in Eigenleistung an. Alles lief wie am Schnürchen und das Ergebnis konnte sich blicken lassen. Eine großzügige Sauna und Solarium wurde im Keller eingebaut mit Freiluftterrasse. Diese Einrichtung hatte zu dieser Zeit noch keine Unterkunft im Umkreis. Eine gemütliche Frühstücksstube mit Sonnenterrasse zum Garten, eine Teeküche mit Empfangstheke und Platz für 10 Gäste. Mir war kein Handgriff zu viel und ich hätte Tag und Nacht arbeiten können damit sich einmal die Gäste wohl fühlen in diesem kleinen Hotel.

Eine nette Einweihungsfeier mit dem örtlichen Bürgermeister und einer Reporterin unserer Tageszeitung war dann im Jahr 1978 die Krönung. Zwischenzeitlich fuhr ich zu einer Hotel- und Gaststättenmesse und kaufte die Bettwäsche mit eingewebtem Monogramm „Landhaus Margot". Geschirr und alles was ein Gästehaus benötigt. Die Bauherrin und der Architekt waren mehr als zufrieden mit dem Ergebnis.

Für die einheimischen Bürger gab es einen Tag der offenen Tür und jeder war begeistert von den herrlichen Räumlichkeiten. Der Bürgermeister sprach sich lobend und dankbar über diese neue Errungenschaft für unsere kleine Ortschaft aus.

In der Bauphase machte ich mir überhaupt keine Gedanken wie wohl das Haus belegt werden wird. Schließlich müssen jetzt nach den erheblichen Kosten Einnahmen folgen. Die Ortschaft ist völlig unbekannt. Der Gasthof etwa 500 m entfernt hat seine Gäste. Die wollte ich natürlich nicht abwerben. Die Stadt Weidach liegt 7 km entfernt. In diese kleine Ortschaft fährt kein Auswärtiger um eine Übernachtungsmöglichkeit zu suchen. Nach der Eröffnungsfeier blieb mein Landhaus unbesucht, keine Anfrage, kein vorbeikommender Gast. Immer, wenn mein Mann nachhause kam, fuhr er am Landhaus Parkplatz vorbei der leer stand. Er machte sich Sorgen um mich. Es tat ihm leid, dass sich bisher kein Gast zu mir verirrt hat. Wir ließen Reklameschilder anfertigen und stellten sie an den Ortseingängen auf. Dazu war eine Genehmigung vom Landratsamt notwendig, die mir kurzfristig gewährt wurde.

Auch diese Wegweiser brachten keinen Erfolg. Nach zwei Wochen der Unruhe kam mir dann eine Idee. Ich ließ Visitenkarten anfertigen, fuhr mit den Kärtchen in die Stadt und hängte sie an die Windschutzscheibe bei den Autos mit auswärtigen Kennzeichen. Auf der Rückseite der Visitenkarten war die Wegbeschreibung aufgezeichnet.

Der Erfolg ließ nicht lange auf sich warten. Es klingelte der erste Gast und wollte sich die Unterkunft ansehen. Er war begeistert und buchte gleich für eine Nacht. In kurzer Zeit sprach sich das Landhaus in dem Geschäftsreiseverkehr herum und die Zimmer waren belegt. Diese überraschende Vollbelegung hat mich erst einmal erschreckt. Ich hatte ja keine Ahnung, dass es sich bei den Gästen um Geschäftsreisende handelt. Ich dachte mehr an Urlaubsgäste die für eine Woche oder länger buchen.

Die Überzahl der Gäste blieb nur eine Nacht, einige zwei, höchsten drei Nächte. Das Frühstück musste morgens um 7 Uhr serviert werden. Dann verließen die Männer das Haus. Bei Abreise wurde mir dann der nächste Anreisetermin bekannt gegeben. Diese Kurzübernachtungen schmissen mich total aus der Bahn. Die Betten müssen täglich frisch gemacht werden, die Duschen und Zimmer gesäubert. Das schaffe ich auf Dauer nicht alleine. Die Bürozeiten in der Firma mussten ja weiter erfüllt werden und dann Familie und Haus und Garten.

Ich kümmerte mich schnellstens um ein Zimmermädchen für diese Aufgaben. Ein nettes junges Mädchen mit ihren Eltern als Beistand stellte sich bei mir vor. Sie kam von einer Hauswirtschaftsschule mit Abschluss. Fand leider bisher keine Anstellung, weil sie etwas schüchtern und schwerfällig im Denken ist. Die Eltern baten mich sehr darum, dass ich es mit ihrer Tochter versuchen möchte. Sie ist sehr willig und wenn sie angelernt wird, dann erfüllt sie ihre Aufgaben.

Das Mädchen war mir sympathisch und ich versprach den Eltern es mit ihr zu versuchen. Nach vier Wochen erfüllte Annemarie alle anfallenden Arbeiten gewissenhaft und ich war wieder tagsüber frei für meine Aufgaben im Geschäft des Mannes. Die telefonischen Zimmerbestellungen hat meine Mutter entgegengenommen. Annemarie kam früh am Morgen mit dem Bus und hat sie mit uns zu Mittag gegessen. Sie wurde für uns ein neues Familienmitglied. Ihre Eltern waren sehr glücklich, dass wir Annemarie so gut aufnahmen, und waren dankbar, dass sie so viel bei mir lernen kann. Um 17 Uhr, wenn ich vom Büro kam, fuhr Annemarie nach Hause. Ich inspizierte alle Zimmer und war zufrieden wie das Mädchen meinen Anweisungen nachgekommen ist. Alles fand ich tipp topp vor. Kein Stäubchen war zu finden. Die Bettwäsche wurde von einer Wäscherei übernommen. Die Gäste waren von der Sauberkeit im Haus sehr angetan. Das Frühstück, was ich ihnen servierte, war für sie ungewöhnlich. Immer wieder bekam ich zu hören, so sind wir noch in keinem Hotel bewirtet worden. Ja – darin hatte ich Erfahrung. Hatte selbst in guten Häusern übernachtet und mir vieles davon abgeschaut und jetzt für meine Gäste umgesetzt. Die frischen Brötchen holte ich schon morgens um 6 Uhr in Weidach vom Bäcker. Ein ziemlicher Aufwand, aber meine Familie konnte gleich davon mit profitieren. So hatten meine Kinder jeden Morgen ihre frischen Hörnchen zum Frühstück. Georg hat sich über den Zuspruch zu meinem Haus ebenfalls gefreut, ja er hat sogar manchmal die Brötchen für mich vom Bäcker geholt, oder auch nach lang durchzechter Nacht mitgebracht. Bei seinen Freunden war das schon bekannt. Man sagte, kannst gleich die Semmeln für deine Frau mitnehmen. Das kleine Landhaus kam plötzlich in aller Munde, wurde bekannt und begehrt. Das machte mich stolz und gab mir frohe Stunden. Die Gäste waren nett, anständig und schätzten mich als Wirtin sehr. Ich hatte 80 % Stammgäste und ich konnte unter der Woche selten neue Gäste aufnehmen.

Die Gäste unter sich lernten sich auch näher kennen, spielten am Feierabend in der Gaststube gern Karten oder benutzten unter dem Dachgiebel den gemütlich eingerichteten Fernsehraum. Einige von ihnen gingen gern in die Sauna. Weidacher Bürger fragten bei mir nach, ob sie nicht auch meine Sauna nützen könnten. Eigentlich war das nur für die Hausgäste gedacht. Ich entschloss mich dann zweimal in der Woche die Sauna für vorbestellte Gruppen zu öffnen.

Mein Landhaus war als Frühstückspension angedacht. Gleich nebenan, für warmes Essen oder Brotzeiten konnte die Gaststätte Wittmann besucht werden oder der Gasthof angefahren werden. Nach geraumer Zeit waren die Stammgäste davon nicht mehr begeistert. Wir fühlen uns in ihrem Haus so wohl und wären mit einem Käsebrot oder einer Wurstplatte schon zufrieden, wenn wir nur nicht mehr die gemütliche Stube verlassen müssen. Ich gab zu verstehen, dass ich Familie habe und am Abend wenigstens für sie da sein möchte. Ich richte einen Kühlschrank in der Küche ein, aus dem können Sie alle gewünschten Getränke selbst entnehmen und am Morgen rechnen wir ab. Ja – aber Sie fehlen uns, war die Antwort darauf. Was sollte ich da machen. Ich servierte bis 20 Uhr Brotzeiten und Getränke und die Gäste waren zufrieden. An Sommerabenden hielt ich einmal in der Woche einen Grillabend. Ein Gast, der viel in Frankreich geschäftlich verkehrt, brachte manchmal Fisch mit, den er dann für alle in meiner Küche zubereitet hat. Die Atmosphäre wurde immer familiärer. Schön war die Zeit, ich kam auf andere Gedanken und musste nicht mehr mit der Uhr im Kopf auf die Heimkehr meines Mannes warten.

Diese Aufgabe mit meinen zufriedenen dankbaren Gästen füllte mich so aus, dass ich gern nach der Arbeit im Büro hinter den Berg zu Familie und Landhaus fuhr. Die Weidacher Gesellschaft mit ihren Festen und Einladungen blieb zurück. Ich hatte eine Aufgabe, die mich erfüllte und beglückte. Der Abstand tat mir gut. Ich merkte, dass Georg manchmal beunruhigt war und sich für die

Gäste interessierte, die so in meinem Haus verkehrten. Er kam sogar an manchen Abenden dazu und unterhielt sich mit ihnen. Mit einigen traf er sich dann auch mal in der Stadt, ohne dass ich es wusste. Sie berichteten mir dann ausgiebig von ihren Unternehmungen und ich merkte, dass sie mich etwas bedauerten.

EIN UNVERHOFFTES ANGEBOT

An einem Abend besuchte ich in Weidach den Ratskeller-Stammtisch. Ich war eingeladen zu einem Geburtstags-umtrunk eines Weidacher Bürgers. Dem älteren Herrn wollte ich die Ehre geben, denn ich schätzte ihn sehr. Nachdem ich meine Gäste im Landhaus versorgt hatte, machte ich mich für den Anlass, der eine Ausnahme war, hübsch und fuhr an diesen Stammtisch, wo ich bereits meinen Mann fröhlich vorfand. Auch unser Steuerbe-rater war unter den Gästen. Ich war die einzige Frau in dieser Runde, fühlte mich jedoch unter den seriösen Her-ren sehr wohl. Mir wurde ein Herr vorgestellt, den ich noch nicht kannte. Er hat hier in Weidach geschäftlich zu tun und kommt aus Hamburg. Mir wurde gesagt, seit geraumer Zeit verbringt er in dieser Stammtischrunde seinen Abend und man hat ihn gern aufgenommen. Als ich dem Herrn vorgestellt wurde, bekam er große Augen, verwundert sah er mich an. Sie sind die Frau von dem Braun? Ja, meinte ich und ich wurde etwas verlegen. Es schwirrte in meinem Kopf. Wie kennt er meinen Mann, hat er ihn auch schon in seiner Hochform erlebt? Wir kamen ins Gespräch und einer der Herren sagte, eigentlich können sie auch bei der Frau Braun ihr Zimmer buchen, sie vermietet in einem Landhaus nahe Weidach. Das wurde gleich angenommen und der Herr versprach beim nächsten Besuch in Weidach bei mir zu wohnen.

So geschah es, dass seine Sekretärin bei mir für zwei Nächte ein Zimmer bestellte. Ich war etwas aufgeregt über diese Buchung, denn ich war der Meinung, dieser Mann gehört in ein großes Hotel und nicht zu mir aufs Land.

So stand Herr ... eines Tages bei mir im Raum. Ich hatte mein schönstes Zimmer mit Dusche für ihn reserviert. Bei Eintreten merkte ich, dass er von der Räumlichkeit angenehm überrascht war, und er fragte nach dem Preis. Als ich ihm den Zimmerpreis nannte, lachte er aus vollem Hals und sagte: Hier kann ich nicht wohnen, das ist viel zu billig, ich muss mindestens 80 DM abrechnen für eine Übernachtung. Nur wenn ich diesen Preis zahlen darf, dann kann ich bleiben. Mir verschlug es die Sprache. Ja – wie soll das gehen, meine Preise sind festgelegt? Er aber meinte, das kann doch Ihnen egal sein, ich zahle und sie quittieren. So einfach geht das. Ich möchte ja wieder kommen. Na, die Überraschung ist ihm gelungen. Er wurde ein langzeitiger Stammgast in meinem Haus. Ich wusste allerdings nicht, wie gut er über die Umtriebigkeit meines Mannes im Nachtleben Bescheid wusste. Ich glaube da hätte ich nicht so entspannt das Frühstück servieren können. Ich mochte den Herrn sehr, er war ein sportlich gut aussehender Mann, hatte Umgangsformen die mir gefielen und sehr unterhaltsam. Als Gast wollte ich ihn nicht verlieren und er lobte mein Haus in Weidach an dem Stammtisch wo er regelmäßig verkehrte, wenn er in unserer Stadt geschäftlich zu tun hatte. Nach längerem Kennen erlaubte er sich mir eine persönliche Frage zu stellen. Er meinte, wie halten sie das mit dem „Braun" wie man in nennt eigentlich aus. Der schätzt sie ja gar nicht als Frau. Ich tat mich sehr schwer darauf zu antworten. Innerlich dachte ich, der Mann hat Recht, aber zugeben wollte ich das nicht. Da spricht er weiter frei heraus. So eine Frau wie Sie, ja die muss man erst einmal finden da kann man lange suchen. Ich würde sie sofort nehmen. Lassen sie alles stehen und liegen und kommen sie mit mir. Sie brauchen nur eine Handtasche und sonst nichts. Ich meine es ernst, sie gefielen mir auf Anhieb. Bei mir haben sie ein sorgenfreies Leben. Ich stand über diese Aussage wie versteinert im Raum. Ich versuchte spaßig darauf zu reagieren. Das kann wohl nicht ihr Ernst sein, kam es kleinlaut aus meinem Mund. Wie sie wissen habe ich Familie und meine Kinder liebe ich über alles und ich könnte niemals einen Ortswechsel vornehmen. Seine Enttäuschung merkte ich ihm an. Trotz allem kam er noch längere Zeit zu mir als Gast, lachte schelmisch und sagte, na ich frage nicht mehr nach. Dann war ein halbes Jahr Pause mit seiner Zimmerreservierung. Bis eines Tages von seiner Sekretärin ein Doppelzimmer bei mir bestellt wurde. Bei dieser Anreise war er in Begleitung einer Frau, er lachte und sagte, ja Sie wollten ja nicht. Damit war das Thema abgeschlossen. Ich wünschte beiden Glück für die Zukunft und mir wurde geraten stark zu bleiben.

Mein Rückzug aus dem Stadtleben wurde von vielen Leuten bewundert. Das stellte ich immer wieder fest. Ich war zufrieden mit Haus und Familie und mit der Abwechslung in dem gut angenommenen Landhaus. Mein

Selbstbewusstsein wurde gestärkt und ich stand über den Dingen, die mir Ärger bereiteten.

EIN ÜBERRASCHUNGSBESUCH

Kurz nach der Eröffnung meines Landhauses, ich stand vor der Eingangstür, es war die gewohnte Anreisezeit meiner Gäste. Plötzlich fuhr ein schickes Cabriolet vor. Darin saß neben dem Chauffeur der berüchtigte Herr Klankermeier aus dem Nachtlokalleben. Hinten, halb auf dem Kofferraum sitzend zwei leicht bekleidete Mädchen. Sie hielten vor meinem Haus an. Herr Klankermeier sprang aus dem Auto und eilte auf mich zu und begrüßte mich sehr überschwänglich. Überrascht und erstaunt über diesen Überfall, peinlich mich umschauend, ob Nachbarn uns sehen könnten, erwiderte ich seine Begrüßung. Ich kam gar nicht zu Wort. Eine neue Wirtin muss man begrüßen. Er hat erst jetzt erfahren, dass die Frau vom Braun auch ein Lokal eröffnet hat. Das muss gefeiert werden. Inzwischen stiegen der Chauffeur und die beiden Damen aus und eh ich mich versah, liefen sie durch mein Haus auf die Terrasse und nahmen Platz. Bitte servieren Sie uns zur Feier des Tages eine Flasche Champagner und etwas Leckeres zum Essen. Ich möchte eine anständige Zeche machen, denn aller Anfang ist schwer. Ihr Mann ist ein guter Gast bei mir und möchte ich gern etwas zurück geben. Mir fehlten die Worte. Ich musste mich erst einmal sammeln. Mein erster Gedanke war, hoffentlich reisen meine Übernachtungsgäste nicht gleich an, denn die Aufmachung und schon alleine das Fahrzeug waren nicht zumutbar für unsere Landidylle.

Aufgeregt stellte ich klar, dass ich eine Übernachtungspension führe, weder Champagner noch Sekt im Haus habe und Speisen ebenfalls nicht gereicht werden. Mein Haus wird als Frühstückspension geführt und ist nur für Gäste, die ein Zimmer gebucht haben, geöffnet. Es tut mir leid, ihr guter Wille ist nett und danke ich für Ihren gut gemeinten Besuch. Leider muss ich sie bitten nun wieder zu gehen, denn meine Plätze sind bemessen und meine Übernachtungsgäste reisen gleich an. Herr Klankermeier hat das sehr bedauert, schade, hier kann man sich richtig wohl fühlen und ich wäre gern wieder vorbei gekommen, denn in dem Wald hier gehe ich öfters Joggen.

Wir verabschiedeten uns freundlich und er gab mir das Versprechen nicht mehr bei mir anzuhalten. Ich war entspannt und froh, dass keiner meiner anreisenden Gäste diesen unpassenden Besuch mitbekommen hat.

Manchmal noch sah ich das Auto vorbei rauschen. Ein kurzes Hupen jedoch konnte er nicht unterlassen, wenn er an meinem Haus vorbeikam. Es stimmte tatsächlich, dass er frische Luft in unserem Wald tankte um für die Nacht fit zu werden. Nach einigen Jahren fand er in diesem Wald seinen Tod, der nie aufgeklärt werden konnte, obwohl er stets von einem Leibwächter begleitet wurde. Es tat mir trotz allem sehr leid für ihn, denn ich lernte ihn als einen sehr höflichen Menschen kennen, wenn auch sein Gewerbe nicht unbedingt anerkennenswert schien.

NOCH EIN ERLEBNIS IN MEINEM LANDHAUS

Es war an einem Nachmittag, meine Annemarie kam aufgeregt zu mir in den Garten. Ich war gerade beim Rasen mähen. Frau Braun, da sitzt eine Frau in der Stube und möchte sie sprechen. Ich habe bereits einen Kaffee serviert. Aber die Frau ist nicht zur Tür hereingekommen. Nur der Herr Köhler ist angereist und noch auf seinem Zimmer. Ich weiß ganz bestimmt, dass niemand außer dem Herrn Köhler in das Haus gekommen ist. Ich ließ alles stehen und liegen und ging mit Annemarie zurück in das Landhaus. Tatsächlich eine gut gekleidete Dame saß an einem der Tische und trank ihren Kaffee. Freundlich begrüßte ich die Dame, stellte mich vor und fragt nach ihren Wünschen. Entschuldigung, meinte sie, ich muss ihnen etwas sagen. Ich habe das Zimmer 7 belegt unter dem Namen Köhler. Sie können mich auch ihres Hauses verweisen. Ich möchte nämlich meine Freizeit als Frau ausleben. Dazu suche ich mir immer kleine Häuser aus. Also meine Annemarie hatte recht. als sie mir mitteilte, dass Herr Köhler bereits angereist ist. Ich aber war etwas verwirrt, denn ich dachte an meinen Stammgast Köhler, der aber um die Nachmittagszeit nie angereist ist. Ich versuchte meine Gedanken zu sammeln. Etwas schüchtern fragte ich nach. Sie sind also der angereiste Gast namens Köhler? Ja, sind sie denn als Herr von meinem Zimmermädchen eingewiesen worden? Ja, meinte die Frau. Ich habe mich umgekleidet. Schauen sie mich doch einmal genau an, ob alles passt. Wissen sie ich würde gern mal als Frau durch ihr Dorf spazieren gehen, um zu sehen wie ich auf die Leute wirke. Wenn sie das allerdings nicht wünschen, dann werde ich wieder ihr Haus verlassen. Ich bin schon öfters von Hotels verwiesen worden. Aber ein Versuch ist es wert. Ich bin verheiratet und habe zwei erwachsene Töchter, bin in der Bankfachbranche tätig und meine Familie weiß nichts von meinen Neigungen. Die Kleidung habe ich immer in einem Koffer verschlossen bei mir. Die Frau war mir nicht unsympathisch. Ihr Erscheinungsbild wirkte echt und natürlich auf mich. Plötzlich durchfuhr mich, während sie noch von sich erzählte eine Idee. Meine Gäste, die ja überwiegend aus Herren im Geschäftsreiseverkehr bestehen, haben sich öfters mal bei mir beklagt, dass in meinem Haus selten Frauen übernachten. Das können sie heute Abend haben, dachte ich bei mir. Also erwiderte ich diesem Herrn oder dieser Frau freundlich, dass ich bereit bin ihn aufzunehmen. Jeder ist für sein Leben selbst verantwortlich und wenn es ihr Wunsch ist, ein menschliches Doppelleben zu führen, so werde ich das akzeptieren. Herr Köhler bedankte sich für diese Aussage, trank seinen Kaffee aus und wollte seinen Spaziergang antreten.

Eine Frage habe ich noch. Ich würde gern mal auf einen Ball gehen und dazu fehlt mir die passende Kleidung. Hätten sie wohl etwas für mich in ihrem Fundus? Ich überlegte, ja Ballkleider habe ich jede Menge, die ich eigentlich nicht mehr trage, könnte sein, dass da etwas für sie dabei ist. Wenn Sie von Ihrem Spaziergang zurück kommen könnte ich Ihnen etwas zeigen. Das wäre toll meinte er, sie und verließ das Landhaus aufrecht gehend mit Stöckelschuhen.

Zuvor fragte er noch, ob noch andere Gäste heute anreisen. Ich konnte ihm sagen, dass alle Zimmer belegt sind von männlichen Geschäftsreiseverkehr die aber nicht vor 17 Uhr anreisen werden.

Meine Annemarie war außer Rand und Band über diesen merkwürdigen Besuch und war froh Feierabend machen zu können. In der Zwischenzeit ging ich zurück in unser Wohnhaus und suchte einige von mir abgelegte Ballkleider heraus und hängte sie bei Herrn Köhler auf sein Zimmer. Irgendwie tat er, sie mir Leid und wollte ich ihm eine Freude machen. Ich habe seine Rückkehr nicht mitbekommen als plötzlich aus Zimmer 7 ein Rufen nach mir drang. Ich ging nach oben und Frau Köhler stand in einem meiner Kleider vor mir. Na, was sagen sie, dieses würde ich gern nehmen. Was möchten sie dafür haben? Ich antwortete, das passt ihnen gut und wenn es ihnen gefällt, dann schenke ich es ihnen gern. Ich habe dieses Kleid Jahre nicht mehr getragen. Meine Großzügigkeit erstaunte ihn und er bedankte sich herzlich. Er war überglücklich sich auch einmal auf einem Ballabend ausprobieren zu können.

Ich stand in meiner Küche, als der erste angemeldete Übernachtungsgast eintrat. Freudig begrüßte ich ihn und sagte: Heute kann ich ihnen allen einen lang ersehnten Wunsch erfüllen. Wir haben einen weiblichen Gast im Haus. Inzwischen reisten die anderen an und meine Aussage machte schnell die Runde. Sie stürmten meine Küche, wie sieht sie denn aus, wie alt ist sie, was macht sie beruflich usw. Ich lachte, sagte ihnen, dass sie gerade durch das Dorf spaziert und am Abend wird sie sicherlich mit in der Stube sitzen. So war es dann auch, die Gaststube war voll besetzt. Ich merkte, jeder der Gäste wartete gespannt auf die angekündigte Dame. Die Frau Köhler trat selbstbewusst an einen der Tische und fragte, ob sie daran mit Platz nehmen darf. Ich zog mich zurück in die Küche. Sollen sie alle mal selbst die neue Bekanntschaft machen. Die Bestellungen an Getränken und Brotzeiten habe ich wie immer serviert und mich danach von den Gästen verabschiedet. Einer von ihnen lief mir nach und sagte zu mir. Das ist nicht mein Geschmack. Schade, die Frau ist mir viel zu stattlich. Aber der Herr ... scheint sehr angetan von ihr zu sein, sie führen ein angeregtes Gespräch miteinander. Ja – meinte ich, die Geschmäcker sind eben verschieden und hüpfte durch den Garten zu meiner Familie.

Gespannt kam ich früh am Morgen in mein Landhaus, deckte die Frühstückstische wie immer ein und bewirtete die ersten Gäste. Es war auffallend ruhig unter den Gästen an diesem Morgen, als plötzlich ein eleganter Herr im dunklen Anzug mit Krawatte sich einen Platz aussucht. Ich wusste sofort, das kann nur die Frau Köhler von gestern sein. Heimlich schmunzelten wir uns beide an. Ich servierte sein Frühstück, welches er genüsslich einnahm. Anschließend beglich er seine Rechnung und verabschiedete sich höflich mit großem Dank. Einer der Gäste fragte nach Rechnungsregulierung bei mir nach, ob denn die Dame von gestern noch schläft, er habe sie beim Frühstück vermisst. Unerwartet rutschte mir da heraus. Sie haben gerade mit der Dame von gestern Abend zusammen gefrühstückt, der Herr im dunklen Anzug war die Dame von gestern. Diese Aussage war zu viel für meinen Gast und er zückte eilig den Geldbeutel und verschwand auf Nimmerwiedersehen.

Beim nächsten Besuch der Gäste in meinem Haus klärte ich den Sachverhalt auf und einer der Gäste meinte, habe ich doch recht gesehen. Der Herr ... ist noch spät nachts mit der Frau beisammen gesessen und beide sind zusammen aufs Zimmer gegangen. Wir fanden das alle sehr amüsant. Nach Wochen rief der Herr Köhler noch einmal für eine Zimmerbestellung bei mir an. Ich aber erklärte ihm, dass mein Haus dafür zu klein ist, und er möge sich eine andere Bleibe suchen. Er hat meine Entscheidung sehr bedauert, aber angenommen.

DIE KINDER MACHEN MIR FREUDE

1981 legte Charles sein Abitur ab mit der Abschlussnote 2.0. Darüber war die ganze Familie glücklich und stolz. Der Bub hatte sich seine schulischen Leistungen selbst erarbeitet, obwohl er nebenbei viel Unsinn im Kopf hatte. Eine Schulliebe blieb uns auch nicht verborgen, die über Jahre anhielt. Wenn das Mädchen zu uns zu Besuch kam, war unsere Oma immer sehr besorgt, denn der Bub ging mit seiner Eva gleich auf sein Zimmer und zog die Türe zu. Wurde es spät und die Schlafenszeit rückte näher, da klopfte Oma an die Tür und meinte, jetzt wird es Zeit, dass das Mädchen nach Hause geht. Erst wenn Charles seine Eva verabschiedet hatte, konnte Oma und auch ich einschlafen.

Für Charles stand fest, er wird Architektur studieren. Zuerst musste allerdings die Bundeswehrzeit absolviert werden. Sein Wunsch war zu den Gebirgsjägern zu kommen. Da kann ich Skifahren, jubelte er. Die Musterung erfüllte seinen Wunschtraum. Zur Vereidigung fuhren wir alle gemeinsam nach Bad Reichenhall. Es war ein erhebendes Ereignis den jungen Mann in Uniform marschierend zu sehen. Oma Marie hatte Tränen in den Augen und auch ich war dem Wasser nahe. Vater voller Stolz.

Zu dieser Zeit besuchte Anja schon das Gymnasium. Ein Mädchen-Gymnasium in Weidach, das war ihr Wunsch, den wir gern erfüllten. Sie war eine gute, ehrgeizige Schülerin und wollte natürlich ihrem Bruder nicht nachstehen.

Es wurde stiller in unserem Haus und der Platz von Charles am Tisch blieb leer. Daran mussten wir uns alle erst einmal gewöhnen. Auch Anja hat ihren Bruder vermisst, wenn er sich auch oft mit ihr neckte und manchmal Tränen flossen. Die größte Freude bereitete es ihm, wenn er Anja im Kleiderschrank eingesperrt hat und das Weite suchte. Wir mussten das arme Kind dann retten und trösten. Die neun Jahre Altersunterschied zwischen den beiden ließen sie als zwei Einzelkinder aufwachsen.

Oma war der Meinung, dass die Bundeswehrzeit dem Jungen gut tun wird. Sie hatte die Hoffnung, da lernt er Zucht und Ordnung. Das blieb allerdings ein Wunschtraum. Sie war diejenige, die täglich sein Zimmer aufräumte, weil er gern alles kunterbunt herumliegen ließ. An den Wochenenden, die Charles dann mit prall gefüllten Bundeswehrsäcken mit Schmutzwäsche zu uns zu Besuch kam, war die Unordnung gleich wieder im Haus. Wir nahmen das allerdings gern in Kauf, ist ja unser Bub wieder mal daheim. Es wurde viel erzählt und wir Frauen hatten zu tun, damit für seine Abreise alles wieder sauber in den Säcken verstaut war. Wir verwöhnten ihn mit heimischer Kost, die er sehr vermisste. Und der Abschied bis zum nächsten Wiedersehen fiel uns allen immer wieder schwer.

DIE GANZEN JAHRE BLIEB MEIN ALTER SCHULFREUND MIT MIR IN VERBINDUNG

Hans stieg im Laufe der Jahre in eine höhere Beamtenlaufbahn auf und blieb am hiesigen Bahnhof stationiert. Er zeigte großes Interesse an meinem Leben, meiner Familie und meiner Freizeitgestaltung. Sein Wohnsitz war immer noch unverändert. Er, hat auch geheiratet und 3 Söhne bekommen. Als wir noch in der Ringstraße wohnten, bin ich manchmal mit Charles, im Kinderwagen liegend, zu ihm zum Bahnhofsbüro geschoben, um voller Stolz meinen Jungen vorzustellen. Zu dieser Zeit war er selbst noch nicht Vater geworden. Als Hobbyfotograf wurde mein Junge dann von ihm fotografiert und die Bilder habe ich im Kinderzimmer verewigt. In seiner Freizeit organisierte er gern Städtereisen für eine kleine von ihm ausgesuchte Reisegruppe.

Hans lud mich einmal in ein griechisches Restaurant am Bahnhof ein, um mir eine dieser Reisen vorzustellen. Wir trafen uns zu einem Mittagessen. Ich war sehr angetan von seinem ausgearbeiteten Programm. Diese Reise sollte nach Paris führen. Er meinte, das wäre doch einmal etwas für Dich. Du kannst nicht immer nur arbeiten. Es gibt so viel zu sehen auf der Welt. Ihm war auch zu Ohren gekommen, dass mein Mann nicht sehr häuslich ist. Das bedauerte er sehr und er ermutigte mich an dieser Fahrt teilzunehmen.

Die Reise war ein Erlebnis für mich. Die Stadtführung war bis ins Detail bestens von ihm organisiert. Ich war so begeistert, dass ich ihm zusagte, in Zukunft bei jeder von ihm geplanten Reise mit dabei zu sein. Ich habe dank Hans einige Städte wie Rom, Florenz, Istanbul,

Kopenhagen und Amsterdam kennen gelernt. Viele Reisen mehr hätte ich noch erleben können, aber meine Freizeit war bemessen. Auf manchen Fahrten habe ich auch Tochter Anja dabei gehabt und in Istanbul waren sogar meine Schwester mit ihrer Tochter und meine Anja dabei.

Ich bin Hans heute noch dankbar für seine Hartnäckigkeit mich dazu zu überreden, denn alleine hätte ich nicht den Mut gehabt diese Orte zu besuchen Georg war an solchen Unternehmungen leider nie interessiert. Gemeinsam nahmen wir einmal an einer Busreise nach Budapest teil. Lauter nette Leute waren unsere Busbegleiter, darunter auch Freund Roland mit seiner Ehefrau. Leider erweckte diese Fahrt bei meinem Mann kein weiteres Interesse an solchen Unternehmungen. Großzügig sagte er stets zu mir, fahr nur, wenn es dir Spaß macht. Hans hat sogar einmal ein Treffen mit unseren Ehepartnern organisiert. Wir verabredeten uns zu einem Konzert in Marienbad. Der Abend war nett, aber mein Mann zeigte keine große Freude an diesen Verabredungen. Ich verspürte jedes Mal, dass er froh war, wieder seinen eigenen Unternehmungen nachkommen zu können im Alleingang und spontan. Hans hat es gut gemeint. Er versuchte dadurch mehr Gemeinsamkeiten für uns zu erreichen. Leider hat das nicht funktioniert.

Eine Amalfi -Küstenreise habe ich versäumt. Er schlug mir vor diese für mich persönlich einschließlich Unterkunft zu organisieren. Mit Tochter Anja habe ich dann in den Schulferien unseren Urlaub dazu benutzt. Wir waren begeistert von der einmaligen Küste. Jeder Tag war von Hans für uns geplant was wir anschauen wollten, und welche Orte wir uns unbedingt ansehen müssen. Wir schlenderten durch Pompeji mit all seinen Sehenswürdigkeiten und Anja sagte sogar einmal zu mir, wir laufen hier als ginge der Hans vor uns her als Stadtführer. Schön waren die wundervollen Eindrücke, die wir mit nach Hause nehmen konnten. Ein Tagesausflug nach Capri stand auch auf dem Programm.

ICH ERLAUBE MIR MEHR AN MICH ZU DENKEN

Jeder Fasching im Jahr war eine Last für mich. Georg zog durch alle Kneipen und ich wolle nicht mehr mithalten. Er wurde von den Frauen umschwärmt und seine Großzügigkeit wurde ausgenutzt. Nahm ich an einer Veranstaltung mit teil, wurde mein Mann gleich eingenommen von Freunden an der Bar und den Damen zum Tanzen und Schmusen. Ich fühlte mich überflüssig in dieser Gesellschaft. Ich wollte und konnte dieses Treiben nicht mehr mit ansehen. So entschloss ich mich in dieser Hochburgzeit mir eine Skiwoche in Hochsölden zu gönnen. Es fiel mir nicht leicht allein in die Berge zu fahren. Die Faschingstage allerdings waren ideal aus geschäftlichen Gründen. Im Landhaus wurde kaum gebucht, jeder machte in dieser Zeit Urlaub und konnte ich das Haus beruhigt geschlossen halten. Meine Büroarbeiten habe ich gut organisiert und auch in der Firma war Rosenmontag und Faschingsdienstag geschlossen.

So reiste ich mit meinem Golf, diesmal allein, die lang ersehnten Berge an. Ich hatte kein schlechtes Gewissen, denn der Ehemann hatte ja andere Interessen. Inzwischen hat Georg auch eine jährliche Herbstwanderwoche mit seinen Freunden eingeführt Anja konnte mich nicht begleiten, denn es gab in dieser Woche keine Ferien. Ich wollte meine Skikünste verbessern und einen Skikurs für Fortgeschrittene machen.

Ein sonniger Tag, eine wunderschöne Anreise lag hinter mir, wie gehabt mit dem Sessellift und dem Gepäck nach oben. Wunderbar wie damals mit Vetter Werner. Frau Gurschler war erfreut über meine Buchung in ihrem Hotel. Ich bezog mein Zimmer, kleidete mich um und betrat den Speisesaal zum Abendessen. Der Ober erkannte mich wieder und führte mich an einen Tisch, an dem ein junges Pärchen saß und bereits speiste. Es war ungewohnt für mich allein Platz zu nehmen. Ich stellte mich vor und musste feststellen, dass die beiden mich nicht verstanden. Sie waren Franzosen und sehr verliebt und zeigten an mir keinerlei Interesse. Mich störte das Geschmuse bei Tisch und ich dachte, hier kann ich nicht eine Woche lang sitzen. Ich schaute mich in dem Speisesaal um und entdeckte schräg gegenüber zwei Männer und eine Frau, die lustig miteinander plauderten. Ich stellte fest, ein vierter Platz wäre an dem Tisch noch frei.

Nach dem Essen fragte ich den Ober, ob ich nicht für den kommenden Abend den Tisch wechseln könnte. Dort drüben ist doch noch ein Platz frei. Könnte ich da nicht sitzen? Der Ober ging zu den Leuten, fragte nach und eh ich mich versah, lachten alle drei zu mir herüber und winkten mich an ihren Tisch. Ich fasste Mut, lief hinüber, stellte mich vor und fragte, ob es recht wäre, wenn ich hier morgen Abend mit speisen könnte.

Alle drei nahmen mich freudig auf. Ich habe erfahren, dass die beiden Männer enge Freunde sind und aus dem Siegerland kommen und die Frau, namens Ilse aus

Rendsburg auch allein reisend und zum ersten Mal hier in Hochsölden ihren Urlaub verbringt. Ich fühlte mich gleich wohl und wir kamen in ein vergnügliches Gespräch. Sie luden mich ein noch in die Hotel Kellerbar mit zu gehen. Dort spielt Musik und es wird eifrig getanzt. Darauf antwortete ich, dass ich das Haus kenne und schon einmal hier schöne Tage verbrachte. Etwas komisch war es für mich die Bar ohne Begleitung zu betreten und ich war etwas zögerlich. Schließlich hat man mich überredet und ich dachte mir, Ilse ist ja auch allein unterwegs, warum dann nicht. Wir verbrachten einen lustigen Abend, lernten noch viele Hotelgäste dazu kennen. Ich konnte mein Tanzbein schwingen und fiel todmüde zu später Stunde in mein Bett.

Am Morgen war ich die Erste am Frühstückstisch. Ich konnte nicht warten, bis die anderen aus ihren Federn krochen, und schnallte meine Skier an und fuhr den Berg hinauf. Mittags begegneten wir uns rein zufällig auf der Piste und verbrachten den Nachmittag gemeinsam mit Skilaufen. Ich stellte fest, dass alle drei keine besonderen Skiläufer waren. Die Männer waren zwar schnell, aber es fehlte am Stil. Von meinen Männern war ich besseres Fahrvermögen gewöhnt. Ilse war eine ganz vorsichtige Skiläuferin und mussten wir viel auf sie warten. Aber sie war lustig und es machte ihr nichts aus, wenn wir sie anspornen wollten. Ich entschloss mich einen Skikurs am nächsten Tag zu buchen. Da sagte mir Heinz, wie einer von den beiden hieß. Heute Abend kommt Rudi mit seiner Frau und der hat immer einen Privatskilehrer. Da kannst du sicher mitfahren. Der Rudi schaut immer abends tief ins Glas und morgens steht der Alois wartend vor der Tür. Manchmal fährt er sogar wieder weg und der Rudi zahlt nur. Na, da war ich auf den Rudi sehr gespannt. Der Ober hatte schon für uns einen neuen Tisch organisiert, denn sie alle, außer Ilse, waren Stammgäste des Hauses und man wusste, dass alle zusammen sitzen möchten.

Ich betrat zur Essenszeit den Speisesaal und Rudi mit Gattin hatte schon Platz genommen. Der erste Eindruck war für mich sehr angenehm und sie nahmen mich auch freudig in der Runde auf. Das Ehepaar kam aus Köln, war etwas älter als ich und wie ich heraus hören konnte nicht unvermögend. Hanni etwas pummelig war keine Skifahrerin, sie sonnte sich tagsüber gern im Liegestuhl. Rudi bot mir gleich an mit ihm und Alois morgen früh auf die Piste zu gehen. Das nahm ich natürlich gern an. Sicher kann man da mehr lernen als in einer Gruppe. Rudi fuhr flott, aber auch an seinem Stil musste noch gearbeitet werden. Ich verfolgte die Anweisungen von Alois, der übrigens sehr sympathisch war, aber streng, sehr gewissenhaft. Mein Ziel war es täglich möglichst viel zu lernen. Ich wollte es meinen Männern zuhause beweisen, dass ich es kann.

Die Woche verging, fröhlich, lustig und unbeschwert, man schloss Freundschaft und verabredete sich für das nächste Jahr zu gleicher Zeit. Ich bedankte mich bei Rudi für seine Großzügigkeit bei Alois mitfahren zu können. Er sagte, das war mir ein Vergnügen bis zum nächsten Mal.

Eine wunderbare Überraschung in dieser Skiwoche bereitete mir Charles. Er besuchte die Mutter in Hochsölden. Stolz konnte ich meinen neuen Freunden meinen Sohn vorstellen und sie waren von dem jungen Mann sehr angetan. Er kam mal schnell unverhofft von Bad Reichenhall zu mir angereist. Seine Skikleidung war ein Tarnanzug von den Gebirgsjägern. Das erregte auf der Piste natürlich

Aufsehen. Zwei Tage sind wir gemeinsam zusammen Ski gelaufen, und wir alle hatten Mühe dem flotten Skiläufer zu folgen. Skilehrer Alois und Charles waren unsere Vorläufer. Allen hat es Spaß gemacht und mein Sohn konnte bei dieser Gelegenheit Mutters neuen Bekanntenkreis kennenlernen. Für mich stand fest, diese Skiwoche mit diesen netten Leuten gönne ich mir ab jetzt jedes Jahr in der Faschingszeit. Charles bestärkte mich in meinem Vorhaben. Mutter, das machst du, da hast du nette Leute um dich.

Von da an trafen wir uns jedes Jahr zu dieser Skiwoche.Anja habe ich einige Male vom Unterricht befreit und mitgenommen. Sie belegte einen Skikurs und lernte fleißig dazu, denn bisher kannte sie die Abfahrten nur von unseren heimischen Hügeln. Zu dieser Zeit war Anja wie ich als Kind etwas pummelig. Meine Skifreunde nahmen sie gern auf, mussten sie allerdings stets ermuntern in unserem zusammen gewürfelten Kreis sich fröhlich einzubringen. Sie war ein stilles Mädchen und ging gern nach dem Skilaufen auf ihr Zimmer. Skifreundin Ilse mochte Anja sehr gern. Sie hatte selbst Kinder die sehr unterschiedlich waren in ihren Eigenschaften und hatte Verständnis für ihre Zurückhaltung. Ilse wollte unser Zuhause einmal kennen lernen und beschloss uns im nächsten Sommer zu besuchen. Ich war voller Freude. Wir verbrachten mit ihr schöne, unterhaltsame Tage. Georg nahm sie freundlich auf und auch Oma war gut gelaunt über die Abwechslung in unserem Haus. Es entstand eine enge Verbindung zwischen uns Frauen. So wurde ein Gegenbesuch nach Rendsburg, verbunden mit einem Ostseesommerurlaub mit der ganzen Familie unternommen. Unsere Männer haben sich gut verstanden und ich lernte Ilses Familie und ihr Zuhause kennen.

DIE STUDIENZEIT VON CHARLES BEGANN

Charles hat nach der Bundeswehrzeit sein Architekturstudium an der TU in München aufgenommen. Für
mich als Mutter war dieser Neubeginn ebenso eine große Herausforderung. Wir mussten uns um eine Unterkunft bemühen. Die Stadt München war uns fremd bis
auf die wenigen Einkaufstadtbummel, die wir uns hin
und wieder geleistet hatten. Es stellte sich heraus, dass
das nicht so einfach war. Bezahlbare Räumlichkeiten
zu finden war Glückssache. Eine Ehefrau eines Weidacher Handwerkers hatte in München eine Schwester, die
Wohnungen vermietete. Sie bot sich an für uns nachzufragen, und hatten wir das Glück ein möbliertes Zimmer zu erhalten. Charles, ein bescheidenes Kind, war
mit dieser Unterkunft für den Anfang zufrieden und wir
beide machten uns auf den Weg, um dem Zimmer eine
persönliche Note zu geben. Der Abschied von meinem
Jungen fiel mir sehr schwer. Ich musste ihn nun unver-
sorgt zurück lassen und meine Heimfahrt schmerzte.
Jetzt muss er sich allein versorgen. Hoffentlich kocht
er sich auch ein warmes Essen. Wird das Taschengeld
was wir ihm ermöglichen ausreichen? Viele Fragen und
Sorgen schwirrten durch meinen Kopf. Der Junge hat
es gemeistert. Er war begeistert von dem neuen Leben,
gab mir aber zu verstehen, dass er nicht lange bei dieser
Frau wohnen möchte. Das ist eine Beißzange, die täglich
nach dem Rechten schaut. Ich werde mir baldmöglichst
eine neue Bleibe suchen. Mach dir mal keine Sorgen, das
schaffe ich auch allein.

Anja verändert sich

Alles ging seinen gewohnten Gang. Oma und ich bemerkten, dass Anja schlanker wurde. Darüber waren wir anfangs erfreut, denn sie hatte ziemliche Speckpolster auf ihren Hüften. Als Mutter freue ich mich, wenn das Kind zu ihrer baldigen Konfirmation figürlich schmaler wird. Das Kind wurde immer stiller, verbrachte ihr Freizeit viel lesend in ihrem Zimmer und abends beim Fernsehen mit Oma. Dass sie bei Tisch ihren Teller nicht mehr so reichlich bestückte war uns angenehm. Wir waren der Meinung sie möchte zu ihrer Konfirmation auch so schlank sein wie ihre Freundinnen. Sie verstand es sich so zu kleiden, dass wir alle die rapide Abnahme nicht mit bekamen. Nur ihr Gesicht wurde für uns augenscheinlich schmaler. Sie hatte ihre eigenen Vorstellungen wie sie sich zu ihrer Konfirmation kleiden möchte. Ein Kostüm oder Kleid wollte sie nicht tragen. Es sollte ein schwarzer Rock mit weißer Bluse sein. Für diese Jahreszeit fand ich das zu dünn gekleidet und wir einigten uns, dass ich ihr eine schwarze Wolljacke stricke mit Puffärmeln und bestückt mit Perlen. Die Jacke ist mir gelungen und Anja sah wunderhübsch darin aus. Ihr sehr schlanker Körper wurde dadurch etwas kaschiert.

Nach dem Konfirmandengottesdienst in der Michelskirche feierten wir diesen Tag mit einem Menü in einem Gasthof. Meine Skifreundin Ilse war angereist und blieb ein paar Tage bei uns zu Besuch. Unter den Gästen waren Schwester Renate und Familie, mein Cousin Günter mit Frau sowie die Patentante von Anja mit ihren Töchtern. Leider wurde an diesem Tag Tante Hilde plötzlich unpässlich und konnte an den Feierlichkeiten nicht mehr mit teilnehmen. Charles hat uns beglückt und seine Eva mitgebracht. Das Wetter meinte es gut mit uns und konnten wir im Garten noch gemütlich bei Kaffee und Kuchen beisammen sitzen und viele Fotos machen. Für Anja war es ein schöner Tag und das Mädchen sah zufrieden und glücklich aus. Vater war wie immer zu diesen besonderen Anlässen der Familie sehr zugetan.

Ein paar Wochen später, ich wollte das Badezimmer betreten, da stand ich vor verschlossener Tür. Das war ungewöhnlich, denn unsere Türen waren nie verschlossen. Ich klopfte und fragte nach, weshalb heute abgeschlossen ist. Mir wurde zögerlich die Türe geöffnet und eine weinende Anja stand vor mir. Ja, sagte ich, was ist denn los? Dabei erschrak ich vor ihrem schlanken Körper, den ich lange nicht so frei zu Gesicht bekommen hatte. Anja fuhr sich durch die Haare und hatte ein ganzes Büschel in der Hand. Mutti mir gehen die Haare aus. Ja, um Gottes Willen wie ist das möglich? Jetzt sehe ich erst, wie dünn du geworden bist. Was hast du denn gemacht, hast du etwas eingenommen um abzuspecken. Sie verneinte und sagte, das ist von allein gekommen. Lange haben wir diskutiert und beschlossen – wir müssen zum Arzt. Deinem Körper fehlt etwas. Hast du Kummer fragte ich nach. Sie weinte unaufhörlich und sprach sich einfach nicht aus. Nach langem Zögern erzählte sie mir, dass eine Klassenkameradin ihren Vater immer abends in eine Wohnung gehen sieht. Sie würde sich schämen. Ich war fassungslos und versuchte zu trösten. Gemeinsam wollten wir der Sache nachgehen und aufklären. Aber erst einmal gehen wir zum Arzt, denn mit dem Haarausfall müssen wir schnell handeln. Man sah auf ihrem Kopf schon einen ganz breiten Scheitel.

Unser Hausarzt stellte Magersucht fest. Das war mir völlig unbekannt zu dieser Zeit. Was ist zu tun fragte ich nach. Die Ursache muss abgeklärt werden. Am besten sie gehen mit dem Kind zu einem Psychologen. Irgend eine Ursache muss der Anlass sein. Das ist schwer zu behandeln. Anja und auch ich waren der Meinung, das schaffen wir beide allein. Ab jetzt wird wieder gut gegessen, auf frische Luft und Vitamine geachtet und dann werden wir beide das sicherlich in den Griff bekommen. Jeden Morgen lagen die Haare auf ihrem Kopfkissen und sie fürchtete sich in die Schule zu gehen. Ich ging zu ihrem Klassenlehrer und bat um Verständnis, wenn Anja im Augenblick nicht konzentriert am Unterricht teilnimmt. Er möge sie nicht darauf ansprechen, wir sind in Behandlung und hoffen auf baldige Besserung.

Meine Mutter kam mit dieser Diagnose überhaupt nicht zurecht. Sie sagte immer nur, das Kind soll halt essen wie es sich gehört. In meinem Landhaus hatte ich einige Gäste, die in der Arzneimittelbranche tätig waren. Einem dieser Herren vertraute ich mich mit meiner Sorge an. Von diesem Herrn wurde ich fachgerecht aufgeklärt und er empfahl mir eine Ärztin in Sulzbach Rosenberg, die sich mit Magersucht, denn es ist eine sehr ernst zu nehmende Krankheit, befasst und auch Erfolge erzielt hat.

Kurz entschlossen fuhr ich mit Anja in diese empfohlene Praxis. Die Ärztin war uns beiden gleich sympathisch, ein mütterlicher Typ und sehr vertrauenerweckend. Sie führte mit Anja ein ausführliches Gespräch, versuchte ihre Nöte zu erreichen, machte ein Blutbild und empfahl uns eine Kur. Diese Kur besteht aus 10 Spritzen, abgestimmt nach dem Blutbild der Tochter, die die einzelnen Organe ansprechen. Die Spitzen werden von einem Labor tiefgekühlt zugestellt und wir müssten dann mehrmals bei ihr vorbeikommen.

Ich war sehr unentschlossen, ob ich dieser Behandlungsart zustimmen soll. Von der Krankenkasse wird das nicht übernommen. Die Kosten dafür sind nicht unerheblich, aber sie habe damit gute Erfolge erzielen können.

Verunsichert fuhren wir beide erst einmal wieder nach Hause. Immer wieder fragte ich mich, ob dieser Weg der richtige ist. Ich konnte mich nicht entscheiden. Hatte Angst vor Folgen bezüglich dieser Behandlung. Der Haarausfall wurde immer schlimmer und haben wir beide uns nun doch entschlossen dieser Kur zuzustimmen.

Die Ärztin war erfreut uns wieder zu sehen. Sie sprach uns ermutigend zu und versicherte immer wieder, sie werden sehen alles wird gut. Nach der Behandlung nehmen sie ihre Tochter und fahren mit ihr in ein Land, wo es warm ist und die Sonne scheint. Dort nehmen sie die Kopfbedeckung ab und laufen am Strand entlang. Sie werden sehen, bald wachsen die Haar wieder.

Gesagt, getan. Wir wollten vertrauen und waren voller Hoffnung. Meine Schwester Renate, die an unserem Leid immer Anteil nahm und uns stets tröstend unterstützte, erklärte sich bereit mit uns zu reisen. Wir buchten mit unseren Töchtern in den Sommerferien eine Reise nach Griechenland. Dort verlebten wir zwei unbeschwerte Wochen. Anja lebte auf und jeden Abend saßen wir an ihrem Bett und begutachteten den zu erwartenden Haarwuchs. Kurz vor unserer Abreise, juhu da sahen wir den ersten Flaum auf der Kopfhaut. Von da an ging es bergauf mit meiner Anja. Die Traurigkeit war verflogen – sie fand wieder Freude an der Schule und nahm fleißig am Sportunterricht teil.

Es war ein langer Weg, den wir beide durchstehen mussten um wieder in das Gleichgewicht zu kommen. Beobachtend saß ich bei Tisch, denn es könnte ja, wie angekündigt, in diesem Fall ein Rückschlag kommen. Mir wurde geraten überall Schälchen mit Obst, Süßigkeiten und Gebäck verteilt auf den Tischen aufzustellen. Ich bemerkte freudig, dass daran unbewusst geknabbert wurde. Anja war stark, sie wollte selbst dieses Kapitel besiegen und wieder ihr Normalgewicht erreichen. Nicht allen magersüchtigen Mädchen gelang dies in so kurzer Zeit. Dafür bin ich sehr dankbar, denn ich hatte keinerlei Erfahrung mit dem Umgang bei so einer Diagnose. Das war Neuland für mich und habe ich mich immer wieder eingelesen wie man damit umzugehen hat. Bei uns beiden hat es toll funktioniert. Dank des guten Beistandes der uns empfohlenen Ärztin. Ein wunderbares Gedicht hat sie meinem Kind mit auf den Weg gegeben mit dem Schlusssatz „Etwas in mir will weinen und neu beginnen". Ich bin sicher Anja hat den Sinn dieses Gedichtes aufgenommen und für ihr weiteres Leben gespeichert. Es war unser großes Glück in unserer Not dieser Ärztin zu begegnen.

Georg hat nur am Rande unsere Krankengeschichte mitbekommen. Er sah alles nicht so tragisch und meinte nur, sie solle halt wieder essen. Das kann doch nicht so schwer sein. Es hatte keinen Sinn ihn näher aufzuklären, seine Gedanken waren nicht dabei. Doch ich hätte mir als Mutter sehr gern von meinem Mann Beistand gewünscht, den ich mir leider außerhalb der Familie in Gesprächen suchen musste. Unser Verhältnis zueinander wurde mehr und mehr gestört. Jeder ging seiner Arbeit nach und die Freizeit wurde getrennt verbracht. Mit dem Unterschied, dass mein Mann stets wusste was ich tat und wo ich bin, während ich von seinem Verbleib nach Feierabend keinerlei Ahnung hatte und es mich auch immer weniger interessierte. Der damaligen Andeutung von Tochter Anja ging ich einmal nach und musste tatsächlich erkennen, dass mein Mann fremd geht. Das tut weh, sehr weh. Ich war ihm eine gute Frau, war immer bereit seine Liebeswünsche zu erfüllen, auch wenn er sich alkoholisiert zu mir legte. Er war es doch der mich damals entdeckte und verehrte und heiraten wollte. Wie kann das alles sein. Diese Mädchen können mir nicht das Wasser reichen dachte ich innerlich. Es verletzte meinen Stolz und ich ließ es ihm zu dieser Zeit merken. Einige seiner Freunde wollten ihn sogar öfters bei mir verpetzen. Das fand ich unmöglich und ich fragte mich immer wieder, wie kann mein Mann solche Freunde haben. Aber sie hingen alle wie die Kletten an ihm, denn wo er auftrat gab es Freibier und Spaß. Diese unschöne Anmache seiner Freunde bei mir musste und wollte ich mit meinem Mann klären, wir stritten nur, es hatte einfach keinen Sinn ihn zu überzeugen, dass er nur ausgenutzt wird bis hin zu Werkstattgefälligkeiten.

Die Fronten verhärteten sich. Im Interesse der Familie versuche ich ausgeglichen und fröhlich zu sein. Bei Tisch versuchten wir vor Oma und Anja unsere Unstimmigkeiten zu verbergen. Ablenkung schenkte mir die Arbeit in meinem Landhaus und vergessen war, wo jetzt mein Mann und mit wem den Abend verbringt. Die Verantwortung der Familie gegenüber ließ es einfach nicht zu an eine Trennung zu denken. Ich war noch immer überzeugt, wenn der Alkohol und die Verführung nicht wären, dann hätten wir einen guten Mann und Vater. Er war immer stolz auf uns, das spürte ich, wenn wir in der Familie beisammen saßen und unsere schönen Urlaube gemeinsam verbrachten. Ich nahm mir vor mich mit Besuchen bei Charles in München abzulenken, die Skifreundin Ilse mehr zu besuchen und Reiseangebote von den Skifreunden mehr in Anspruch zu nehmen, wenn es mit meiner Arbeit zu vereinbaren ist. Nur so kann ich ausgeglichen die Ehe weiter leben. Oft wurde ich gefragt von Bekannten, warum ich mich nicht trenne, aber zu dieser Zeit war das einfach kein Thema für mich. Immer wieder gedachte ich den Worten am Altar in guten wie in schlechten Zeiten. Von schlechten Zeiten konnte keine Rede sein. Wir hatten gemeinsam ein gutes Auskommen und das wollte ich auf keinen Fall gefährden im Interesse der Kinder, die eine gute Ausbildung erhalten sollen. Das war mir sehr wichtig, dafür lebte ich.

DER STEUERBERATER WURDE GEWECHSELT

Eines Tages teilte mir Georg mit, dass er beabsichtigt einen anderen Steuerberater für unsere Bilanzen zu beauftragen. Ich war damit nicht einverstanden, denn wir wurden von Geschäftsbeginn an von einer namhaften Kanzlei gut beraten. Ich hatte großes Vertrauen. Steuerprüfungen vom Finanzamt verliefen stets ohne Probleme und mit den gemeinsamen Finanzberatungen sind wir immer gut gefahren. Ich fragte, warum ein Wechsel. Er aber wollte einem Freund, der sich gerade als Steuerberater nach seinem Studium einen Namen machen wollte, mit unserem Geschäft einen Start geben. Die Gutmütigkeit meines Mannes hat wieder einmal sein Ziel erreicht.

Chef war mein Mann und er ließ sich davon nicht abbringen. So war ich gezwungen mit dem jungen, noch unerfahrenen Steuerberater meine Unterlagen durchzugehen. Er war der Ehemann einer Apothekerin, die ihre Apotheke neben dem Stadtkrug hatte. Die Männer lernten sich an der Bar des Lokals kennen und an der Theke wurde diese Vereinbarung getroffen. Georg hat sich bisher nie um Finanzen und Bilanzen gekümmert. Er fand diese Angelegenheit bei mir in besten Händen. Der neue Steuerberater allerdings war der Meinung, dass die Finanzführung vom Chef des Hauses überblickt werden sollte. Er machte mir Vorschläge, wie einiges finanziell umzustellen wäre. Ich war hartnäckig und gab zu verstehen, dass wir bisher alles gut im Griff hatten, und ich sehe keine Notwendigkeit neue Wege zu gehen. Mit dieser Aussage machte ich mich unbeliebt bei dem neuen Steuerberater und er wendete sich mit seinen Vorstellungen nur noch an Georg. Der war an diesen Gesprächen wenig interessiert und sagte nur immer, ja dann mach mal, wenn du es für richtig hältst.

Es war im Jahr 1985, Opa Karl Braun war nicht mehr unter uns. Nach langer Pflegezeit in einem Altenheim, wo ich ihn sehr oft besucht habe, wurde er im Familiengrab beigesetzt.

Beim Einkauf in der Stadt werde ich angesprochen, na ihr habt ja das Haus in der Ringstraße an den M... verkauft. Ich war überrascht, denn davon hatte ich keine Ahnung. Zuhause habe ich meinen Mann angesprochen und musste erfahren, dass der Verkauf vor 4 Wochen statt gefunden hat. Ich war entsetzt und empört. Fragte mich, wie ist das möglich. Mit den Eltern haben wir gemeinsam beim Notar einen Übergabevertrag unterzeichnet. Wie kann das Haus ohne mein Wissen veräußert werden.

Fest stand, dass einmal Herr M... nach Ableben des Vaters ein Vorkaufsrecht hat bei Veräußerung. Aber ein so schneller Verkauf, davon war nie die Rede in unserem Haus. Wir hatten gute Mieteinnahmen, von denen wir vieles finanziell bestreiten konnten. Herr M... zahlte uns Pacht für die Hinterhofbebauung. Das alles fällt durch den Verkauf jetzt über Nacht weg. Fassungslos saß ich da. Das habe ich dem Wirken des neuen Steuerberaters zu verdanken. Zorn kam auf. Ich wollte den Verkaufspreis wissen und wie die Geldanlage erfolgte. Spärliche Aussagen wurden mir gegeben. Es hat alles seine Richtigkeit und das Geld ist auf einem Sparbuch angelegt. Damit musste ich mich zufrieden geben.

Ich war froh mein Landhaus zu haben. Dort konnte ich mich abreagieren und war dankbar, dass ich mir dieses Haus geschaffen hatte.

Über den Verkauf des Elternhauses wurde kein Wort mehr verloren. Ich konnte meine Gegenargumente nicht anbringen. Sofort wurde ich unterbrochen und mir wurde gesagt, dass der Steuerberater richtig gehandelt hat. Ich zwang mich zur Ruhe und dachte, das Leben geht auch ohne diesem Haus weiter.

Der Haussegen hing schief und Georg und der Steuerberater verbrachten vergnügliche Zeiten mit einer Traube von „Freunden" an den verschiedenen Bars. Mein Mann war der einzige Kunde aus dem Bekanntenkreis, der dem Jungsteuerberater sein Vertrauen schenkte. Keiner der Geschäftsleute hat ihm zu liebe seinen Berater gewechselt.

Er musste sein umtriebiges Leben zum Leidwesen seiner fleißigen Apothekerfrau, mit der er zwei liebenswerte Kinder hatte, nach einer Scheidung mit dem frühzeitigen Tod büßen. Für mich stand fest, unsere Zukunft und das Wohl der Kinder sind nur gewährleistet bei Zusammenhalt. Das war auch im Sinne meiner Mutter. Sie war es, die immer versucht hat uns miteinander zu versöhnen.

Ein Neuanfang wäre schon allein nicht möglich für mich, denn Mutter, meine Stütze in all den Aufregungen hätte ich nie im Stich lassen können. Ihre Witwenrente war immer noch in Frage gestellt trotz aller Bemühungen und Anträgen bei den Sozialgerichten. Eine hoffnungsvolle Vorladung zum Sozialgericht in Nürnberg hat noch immer auf das Ergebnis warten lassen. Dort konnte ich noch einmal genau die Sachlage schildern, betreffend den Satz „Auf Leben und Tod abgefunden". Hartnäckig sträubte ich mich gegen diesen Satz mit der Begründung, dass Mutter auf Grund des ihr vom Vater zugesprochenen Selbstkosteneinkauf Unterhalt ihres Mannes erhalten hat. Die Formulierung war vielleicht etwas unglücklich festgehalten. Diese Zuwendung ist nach dem Tod plötzlich weggefallen und dadurch wurde der Gewinn erheblich gemindert. Wir sahen diese Vereinbarung zum Zeitpunkt der Scheidung als Unterhalt an. Die Sitzung wurde geschlossen und es bedeutete wieder, wie schon so oft, warten auf die Entscheidung der Richter.

1985 Das Jahr des 50. Geburtstages von Georg

Wie wird mein Mann diesen Geburtstag begehen? Dieser Gedanke beschäftigte mich, denn unsere Stimmung war im Keller. Wir haben nicht über das eventuelle Fest gesprochen. Der Geburtstagstermin fiel auf einen Werktag. Wir haben am Morgen gratuliert, ein schön gedeckter Frühstückstisch wurde vorbereitet und danach ging jeder von uns seinen Pflichten nach. Am Abend warteten wir vergebens auf das Geburtstagskind. Enttäuschung kam nicht auf, denn wir hatten das schon voraus gesehen.

Ein paar Tage nach dem Geburtstag, rief meine Schwester an und erzählte, dass sie eine Einladung zu einem Stadlfest von Georg für das kommende Wochenende erhalten haben. Ich war überrascht, denn mir war von einer nachträglichen Feier nichts bekannt. So ließ ich den Tag auf mich zu kommen. Samstag, ein warmer sonniger Sommertag, wir saßen, Oma, Anja und ich nach dem Mittagessen in unserem Garten. Georg hatte schon früh am Morgen das Haus verlassen und wir hatten keine Ahnung ob und wann er wieder kommt. Plötzlich klingelte es und mein Cousin Günter mit Frau und Cousin Werner stiegen aus dem Auto.

Hallo Margot, wir haben gedacht wir reisen Euch erst einmal an, denn zu der angegebenen Adresse für das Fest finden wir nicht alleine hin. Auch meine Schwester mit Familie reiste uns an. Für mich war die Situation peinlich, weil ich keine Auskunft geben konnte. Darüber war die Verwandtschaft natürlich erstaunt und sie konnten es nicht glauben, dass ich nicht unterrichtet bin. Sie alle wussten, dass der Haussegen bei uns schief hängt, aber damit haben sie nicht gerechnet. Mir wurde die Einladung gereicht, die ich zu diesem Zeitpunkt zum ersten Mal zu Gesicht bekam. Darauf stand auch mein Name, was mich doch sehr wunderte.

Ich kochte für uns alle erst einmal Kaffee und wir setzten uns gemütlich zusammen, denn der Abend lag noch in weiter Ferne. Ich weigerte mich uneingeladen von meinem Mann auf das Fest zu gehen. Das wurde allerdings nicht angenommen. Du musst mitgehen und Anja und Oma auch. Charles, der in München studierte, war zu dieser Zeit auf Reisen.

Man ließ mir keine Ruhe, das kannst du nicht machen. Das ist der Tag deines Mannes, da gehörst du dazu und der Rest der Familie auch. Ich fragte Anja. Was möchtest du, sie druckste herum, wusste keine Antwort dazu. Renate zeigte mir die Einladung. Das Fest findet in Lückenrieth statt. Da wusste ich Bescheid. Dort hatte ein Freund meines Mannes einen Bauernhof mit Stadl für Feste umgebaut. Ich habe schon öfters davon gehört wie schön es dort ist, und auch Georg war schon einige Male auf den dort abgehaltenen Abenden wie mir Bekannte erzählten.

Die Bedrängnis meiner Familie wurde immer größer und kurz entschlossen sagte ich zu Anja mach dich hübsch wir gehen mit. Wir ziehen uns zünftig an, passend zu einer Stadlfeier. Ich lief in den Keller, suchte nach einem Plakatkarton, setzte mich an den Gartentisch und schrieb in fetten Lettern: *„Ich bin des Girgls Frau und bin mit Freud' dabei"*

Dieses Schild, ziemlich groß, habe ich mit einer grünen Girlande eingerahmt, auf ein zusammen gezimmertes

Holzkreuz befestigt, zum Tragen geeignet wie auf einem Trachtenumzug.

So, sagte ich zu meinen Leuten, wenn ihr so mit mir einziehen wollt zu diesem Girgl-Fest, dann fahre ich mit Euch zu dem Fest. Alle lachten herzlich, ja das ist eine tolle Idee – das machst du. Oma wusste nicht was sie dazu sagen sollte. Ich glaube sie war froh, dass die Diskussion endlich ein Ende gefunden hat und meinte, na dann viel Spaß euch allen, ich bleibe daheim.

Mit gemischten Gefühlen stieg ich mit Anja in unser Auto und wir waren die Vorläufer nach Lückenrieth. Unzählige geparkte Autos standen bei unserer Ankunft herum. Ich sprang aus dem Auto, lief zu meiner Schwester und sagte, wir stellen uns für einen Einzug in dem Hof gemeinsam auf. Anja und ich mit dem Schild voraus und ihr alle hinter mir her. Nur so schaffe ich es mich in die mir teilweise unbekannte Gesellschaft einzubringen. Gesagt, getan, etwas abseits des Geschehens stellten wir uns auf. Wir hörten die Blaskapelle spielen und sahen lustiges Treiben mit vielen Leuten im Hof. Jetzt oder nie, dachte ich, auf geht's, alle mir nach.

Forschen Schrittes, neben mir Tochter Anja zogen wir los in Richtung Gehöft. Unser Einzug erregte großes Aufsehen. Alte Freunde und Bekannte jubelten uns zu und wir wurden mit großem Beifall begrüßt. Georg sah ich nicht unter der Menge. Ich steuerte den Eingang zum Stadl an, marschierte flotten Schrittes hinein, erblickte die zünftigen Musiker auf der Tenne, zu der eine Holztreppe hinaufführte, und stieg ohne mich umzusehen diese Treppe hinauf. Anja, du bleibst an meiner Seite, flüsterte ich ihr zu. Wir beide stellten uns neben die

Musikkapelle, die flott weiter spielte. Oben angekommen, verstummte die Musik und ein Tusch erklang. Da standen wir beide nun und schauten hinab zu den verblüfften Gästen. Auch meine Verwandtschaft blieb unten wartend stehen und war gespannt, was die Margot wohl jetzt dort oben vor hat.

Nach dem Tusch plötzlich Stille im Saal. Völlig unvorbereitet hielt ich eine Ansprache mit den einleitenden Sätzen: Hallo alle miteinander, ich bin Girgls Frau und habe Lust mit Euch zu feiern wie ihr alle auf dem Schild schon lesen konntet. Meine Tochter hab` ich auch mitgebracht, das wäre ja gelacht. Keiner kennt das Kind, das muss sich ändern ganz geschwind. Wir wollen heute lustig sein und fröhlich schwingen unser Tanzbein... Großer Beifall, alte Freunde, die es gut mit uns meinten umarmten uns, und zeigten Freude uns hier heute dabei zu haben. Andere wiederum mir fremde Gäste schauten etwas erstaunt um sich. Ich fand auch Georgs Schwestern unter den Gästen, die keine Ahnung hatten, dass bei uns der Haussegen schief hängt.

Das Büfett wurde geöffnet, ein Schlaraffenland bot sich meinen Augen. Ein Partyservice hat dafür gesorgt, dass es an nichts fehlte. Ich war gut gelaunt und habe mit allen, die ich kannte, schöne Gespräche geführt. Jeder beglückwünschte mich zu der hübschen Tochter, die ihnen allen nicht bekannt war. Wir kennen ja nur euren Charles wie er noch Kind war. Schade usw. usw. Die Musik spielte wieder auf und da war ich in meinem Element. Georg forderte mich zum Tanz auf und sagte, das hast du gut gemacht. Ich genoss die Nacht in vollen Zügen. An Tänzern mangelte es mir nicht. An diesem Abend soll keiner glauben, dem Girgl seine Frau kann nicht feiern.

Unser Gastspiel endete zu vorgerückter Stunde und Anja und ich machten uns wieder auf den Heimweg. Auch Anja meinte zu mir, es war doch gut, dass wir hingegangen sind. Aber Vater übertreibt halt immer. Ja – sagte ich, da kann man viele Freunde haben, wenn man so großzügig ist. Freunde erkennt man eigentlich, wenn man in Not ist, das sind die wahren Freunde.

Ich war froh – der Tag war geschafft und meine Verwandtschaft hat sich gut amüsiert und einen vergnüglichen Abend auf dem Land erleben können. Von allen Seiten bekam ich zu hören, dein Girgl, ja das ist eben ein besonderer Mensch, der versteht es die Leute in Schwung zu bringen. Es tut uns leid, dass das mit euch nicht so klappen will. Er sollte es nicht so übertreiben, dann wäre alles gut für euch. Oma war zufrieden, als wir am nächsten Morgen davon berichteten, dass dieses Fest für uns alle harmonischen Ausklang fand.

Der Alltag nahm wieder seinen Verlauf ohne Veränderung. Die Rechnungen des Festes flatterten auf meinen Schreibtisch und ich beruhigte mich mit dem Gedanken, man wird ja nur einmal 50 Jahre. Dieses Fest musste ich meinem Mann zugestehen, wenn es auch ohne mein Wissen ausgerichtet wurde. Er ist eben der Boss.

Für mich stand fest, auch ich werde meine 50. einmal feiern. Allerdings fernab, vielleicht in den Bergen mit Familie und einigen lieben Freunden. Bis dahin habe ich ja noch viel Zeit.

CHARLES UND SEIN STUDIUM

Charles ist während seiner Studienzeit noch mehrmals umgezogen. Dabei war ich ihm immer gern behilflich. Mit Freude bin ich an Wochenenden nach München gedüst. Wir haben nette Verabredungen mit seinen Studienkollegen gehabt, denen er mich gern vorstellte. Ich wurde in zünftige Münchner Kneipen geführt und lernte kennen wie man als Student so lebt und seine Freizeit verbringt. Auch Vater haben wir einmal dazu bewegen können, dass er seinen Sohn in München besucht. Zu dieser Zeit wohnte er in einer WG zusammen mit seiner Freundin Eva und noch zwei weiteren Mitbewohnern im Olympiapark.

Für mich war das immer eine schöne Abwechslung und München wurde mir immer vertrauter. Ich hatte das Gefühl, dass mich seine Freunde gern sahen. Einige Studienkollegen brachte Charles manchmal mit zu uns nach Hause. Das waren ziemlich turbulente Tage für uns, denn wir wollten dem Besuch ja das Beste geben.

Von seinem Architekturstudium war Charles überzeugt und mit vollem Eifer dabei. Schelmisch ließ er öfters verlauten. Ich werde mal berühmt und mit 40 höre ich dann auf zu arbeiten. Er war überhaupt ein lustiger junger Mann und in seiner Nähe steckte die Fröhlichkeit einfach an. Das tat mir gut und ich zehrte nach Abschied bis zu unserem Wiedersehen davon.

Es kam die Zeit des Auslandsstudiums. London war angesagt. Vater hatte ihm zu Studienbeginn schon ein Auto zur Verfügung gestellt und ist er damit voll gepackt nach London gedüst. Wir freuten uns über diesen Erfolg, wenn der Abschied auch schmerzte. Jetzt sah man sich nicht mehr so oft. Viel Post ging hin und her und manchmal auch ein Paket aus der Heimat mit heimischen deftigen Brotzeitwürsten, damit der Junge nicht verhungert. Zu dieser Zeit war es nicht wie heute üblich mit dem Computer zu kommunizieren. So kam Freude auf, wenn im Briefkasten wieder eine Nachricht zu finden war.

Ich setzte vollstes Vertrauen in Charles, dass er sein Ziel erreicht und keine Zeit verbummelt. Er war sehr genügsam, immer wenn man fragte, ob er mit dem Geld auskommt, da lachte er und sagte ja, ja alles o. k.

Einmal hat mich ein Geschäftsmann von Weidach angesprochen. Kann es sein, dass ihr Sohn mit dem Bauchladen auf der Sportmesse herum läuft. Ganz erstaunt darüber sagte ich, das ist mir nicht bekannt. Als ich Charles darauf ansprach, meinte er, ja klar muss doch schauen wie ich zu Geld komme. Das Geschäft läuft gut, ich kann nicht klagen. Nun wusste ich wie er sich seine Extrawünsche erfüllt.Es machte ihm Spaß sein eigenes Geld dazu zu verdienen.

In der Zeit des England-Aufenthaltes kam eines Tages ein Anruf. Mutter, du musst mich besuchen. Ich habe eine antike Architektenplankommode erworben. Die geht nicht in das Auto. Da müsstest du mit einem Auto aus der Firma anreisen mit Gepäckträger. Bei der Gelegenheit kannst Du gleich London anschauen und meine WG-Wohngemeinschaft kennen lernen. Dieses Angebot fand ich interessant. Wir verabredeten einen Ferientermin, damit Anja mich begleiten kann.

Unsere Nachbarn standen bei Abreise zusammen mit unserer Oma auf der Straße und bewunderten unseren

Mut die Reise zu zweit allein mit Auto anzutreten. Unser Gepäck kam wetterfest auf das Autodach, denn auf dem Rückweg musste die Ladefläche für die Kommode frei bleiben. Wir genossen die Fahrt bis Calais. Diese Reiseroute war uns beiden bisher nicht bekannt. Gespannt warteten wir, wie es mit der Fähre nun weiter geht hinüber nach Dover. Erfahrung hatten wir ja schon auf unserer Reise nach Elba mit dem Auto an Bord zu gehen. Auf Elba verbrachte ich mit Anja und meiner Schwester mit Familie einmal einen schönen Sommerurlaub. Beunruhigt hat mich der zu erwartende Linksverkehr in England. Die Überfahrt verlief reibungslos. Als wir mit unserem Auto die Fähre verlassen wollten, ja was sahen wir da, Charles stand fröhlich winkend auf einem Felsen am Hafen von Dover. Große Wiedersehensfreude bei uns dreien. Er übernahm die Fahrt nach London und ich war erstaunt, wie er den Linksverkehr meisterte. Ich hätte mir das nicht zugetraut auf den sehr befahrenen Straßen.

Charles hatte uns in seiner Nähe eine kleine Pension für unsere Übernachtungen ausgesucht. Zuerst fuhren wir seine Unterkunft an. Er bewohnte zusammen mit einigen Studenten ein kleines Häuschen in dem Stadtviertel Hitherfield mit einem kleinen Garten. Wir wurden fröhlich aufgenommen und alle waren bemüht uns zu bewirten. Wir blieben eine ganze Woche und Charles führte uns zu den Sehenswürdigkeiten von London. Wir besuchten unter anderem das Wachsfiguren-Kabinett und sogar zwei Karten für das Musical Cats hat er für uns organisiert. Ich war überwältigt von all den Sehenswürdigkeiten und wie liebevoll Charles alles für uns durchdacht und vorbereitet hatte. Für mich waren es erlebnisreiche wunderschöne Tage. Für Anja war London ebenfalls eine interessante Neuentdeckung in ihrem jungen Leben.

In der kleinen Pension erlebten wir gleich am ersten Morgen eine Überraschung. Der Frühstücksraum war nur mit jungen Frauen bestückt. Sie sahen alle sehr müde und abgespannt aus. Manche saßen mit geschlossenen Augen und wehleidig vor ihrem Frühstück. Wir blickten uns verwundert um und waren von dem Anblick sehr geschockt. Der Ober und auch einige der Frauen studierten uns beide mit ihren Blicken sehr aufmerksam. Eilig nahmen wir unser Frühstück ein und gingen zurück auf unser Zimmer um uns für unseren Besichtigungstag fertig zu machen. Ein Zimmermädchen, welches gerade bei uns aufräumte fragten wir nach den Gästen. Da erfuhren wir, dass die Frauen alle ihre Schwangerschaften hier in einer Klinik abbrechen lassen und bis zu einer Nachuntersuchung noch ein paar Tage in dieser Pension verweilen müssen Jetzt wurde uns klar, weshalb wir so betrachtet wurden.

Anja war zu jung, um hier einen Abbruch zu machen, und ich wohl schon zu alt. Eine peinliche Situation für uns beide. Als wir von dieser Begegnung in unserer Unterkunft Charles davon erzählten, lachte er. Mutter, das tut mir leid, davon habe er bei der Reservierung nichts gewusst. Er bot an für uns eine andere Bleibe zu suchen. Wir aber fanden dieses Erlebnis schon so amüsant, dass wir ihm keine Mühe machen wollten. Wir werden diese Begegnung schon überleben. Unsere Angst, dass hier kranke Leute herum sitzen hat sich ja nicht bestätigt. Wir standen die nächsten Tage etwas früher auf und konnten allein genüsslich unser Frühstück einnehmen.

Der Abschied fiel uns schwer. Die Jungs packten unser Auto voll mit der Kommode. Für mich ein ungewöhnliches

Möbelstück und ich fragte mich insgeheim wo dieses alt-modische Teil schon ziemlich abgenutzt, mal seinen Platz finden soll. Vielleicht verstehe ich davon nichts, vielleicht ist es eine wertvolle Antiquität? Wenn der Junge seine Freude daran hat, dann kutschiere ich sie ihm nach Hause.

Meine Vermutung mit der Antiquität sollte sich an der Grenze nach Frankreich gleich bewahrheiten. Wir wurden angehalten dieses Teil zu verzollen. Na bravo, jetzt soll ich auch noch für das Ungeheuer bezahlen. Ich war un-gehalten über diese Aufforderung. Erklärte dem Zöllner, mein Sohn studiert in London und zieht um und dieses Teil wird entsorgt. Das hat keinen Wert für eine Zollge-bühr. Noch einmal warf der Beamte auf diese Kommode einen Blick und winkte uns dann schmunzelnd zur Wei-terfahrt zu. Anja und ich lachten entspannt, da haben wir aber Glück gehabt. Der Weiterfahrt in Richtung Hei-mat stand nichts mehr im Wege. Zuhause angekommen, habe ich erst einmal diesem Möbel den nötigen Glanz verpasst und gut abgedeckt in der Garage untergestellt.

DAS GESCHÄFTSLEBEN UND FAMILIENLEBEN GEHT WEITER SEINEN GEWOHNTEN GANG

Der Metallbaubetrieb machte gute Umsätze, die Bilanzen waren erfreulich, unsere Investitionsschulden schmäler-ten sich von Jahr zu Jahr. Unser Betrieb war anerkannt und bürgte für Qualität und termingerechte Lieferung. Auch im Landhaus ging alles seinen erfreulichen Gang. Eine Betriebsprüfung mit anerkennendem Ergebnis lag hinter mir. Wir hatten den Steuerberater wieder gewechselt und ich fühlte mich geborgen in der altbewährten Betreuung.

Unsere Kinder machten uns Freude. Charles strebte seinem Studium Abschluss entgegen und Anja besuchte mit guten Ergebnissen die letzten Schuljahre bis zu ihrem Abitur. Wir alle waren gesund und voller Schaffenskraft. All diese erfreulichen Ergebnisse erlaubten es mir ein paar Herbsttage frei zu nehmen. Die Skifreunde wünschten sich schon seit Langem, dass ich an ihren Herbstwandertagen einmal mit dabei sein könnte. Das Angebot klang verlockend. Vorab Treff zum Oktoberfest und anschließend Weiterfahrt in das Zillertal nach Mayrhofen für eine Woche. Auch meine Freundin Ilse aus Rendsburg würde, wenn ich zusage mit dem Zug München anreisen und mit uns die Tage dort verbringen. Ich entschloss mich zuzustimmen und wir vereinbarten den Treffpunkt in München. Große Wiedersehensfreude kam auf und nach einem zünftigen Wiesenbesuch ging es am späten Abend weiter nach Mayrhofen. Die Freunde hatten auch für mich in einer kleinen Pension, die sie seit Jahren aufsuchen, ein Zimmer bestellt. Ein gemütliches Haus mit einer netten Wirtin, in meinem Alter, begrüßte uns freudig. Die Pension lag direkt an der Ziller und das Geplätscher des Flusses wiegte mich in den Schlaf. Der Gatte der Wirtin war Chef der Seilbahn, die hinauf zum Penken führte. Für den nächsten Morgen war schon volles Programm geplant mit herrlichen Wanderungen. Ich war begeistert von dem Tal und hatte in meinen Skifreunden die besten Fremdenführer. Ich merkte, hier waren sie zu Hause, sie kannten jeden Gipfel, jede Hütte, einfach alle Sehenswürdigkeiten. Nach drei Tagen musste ich mich leider verabschieden. Eine ganze Woche konnte ich mir zeitlich nicht erlauben. Schweren Herzens verabschiedete ich mich von dem wunderschönen Tal mit dem mächtigen Bergpanorama. Der Wirtin und den Skifreunden sagte ich zu, dass ich nächstes Jahr wieder mit dabei sein werde.

Bei einem meiner weiteren Kurzbesuche im Zillertal entdeckte ich auf einer Wanderung auf dem Penken eine wunderschön gelegene Hütte. Von da aus genoss man einen herrlichen Alpenpanoramablick, der mich überwältigte. Vor der Hütte war ein kleiner Teich, in dem man sich erfrischen konnte. Ich genoss den Anblick und kam zu dem Entschluss, hier möchte ich meinen 50. Geburtstag feiern. Die Freunde waren von meiner Idee begeistert und wollten sich gleich für mich erkundigen, ob man diese Hütte mieten kann. Abends in unserer Pension fragten wir die Wirtin. Sie sagte uns, dass diese Hütte dem Alpenverein gehört, und Mitglieder können die Hütte mieten. Meine Freunde wollten sich nach meiner Abreise näher darum kümmern und in den Alpenverein eintreten.

Einige Wochen nach meinem Ausflug in das Zillertal kam Post von Skifreund Kurt, der mir darin mitteilte, er hätte alles geregelt und die Hütte ist zu meinem gewünschten Termin noch zu haben. Ich brauchte Bedenkzeit. Zu dem angedachten Geburtstag in den Bergen hatte ich ja noch ein ganzes Jahr Zeit. Erst einmal ist für mich der Studienabschluss unseres Sohnes wichtig. Als dann im März 1989 die erfreuliche Nachricht eines gut bestandenen Abschlusses uns erreichte, gab ich grünes Licht für den geplanten Hüttenzauber. Vater und Mutter und die ganze Familie waren voller Stolz, unser Sohn konnte sich Dipl. Ing. nennen. Einer Anstellung in einem

Architekturbüro stand nichts mehr im Wege. Frohen Mutes machte ich mir nun Vorbereitungsgedanken über meine Gästeliste. Schnell merkte ich, dass nicht alle Freunde und die ganze Familie in der Hütte Platz haben werden und der rustikale Stil auch nicht für alle geeignet ist.

Bei unseren Wanderungen kamen wir damals an einem nahegelegenen Berghotel gleich neben der Bergstation immer vorbei. In dieses Haus müsste ich meine Gäste einquartieren und die Jugend kann mit mir und meinen Skifreunden in der Hütte wohnen. Damit sich der Aufwand lohnt und genügend Zeit für die viele Vorleistung zu diesem Fest gegeben ist, plante ich meine zwei Wochen Sommerurlaub für diesen Geburtstag ein. Für die Gäste ein idealer Termin, der 13. August der Geburtstag und der 15. August ein Feiertag mit Brückentag zum Wochenende. Ideal für eine ungewöhnliche Einladung. Für Kinder Ferienzeit und für die Studenten Semesterferien und für unseren Sohn gleich eine Auszeit für seinen weiteren Lebensweg.

Meine Schwester mit Familie habe ich zuerst telefonisch von meiner Idee unterrichtet. Sie waren begeistert und sagten, wir sind dabei. Auch meine beiden Cousins mit ihren Frauen und zwei befreundete Ehepaare von Georg, die ich sehr mochte, stimmten zu. Traurig war ich, dass mein liebster Freund Roland mit Frau mir keine Zusage gaben. Ritschi die Ehefrau war der Meinung, dass der Weg bis in das Zillertal für eine Geburtstagsfeier wohl zu entfernt von mir ausgesucht wurde. Das bedauerte ich sehr, denn ich hätte gern die engsten Freunde meines Mannes zu diesem Fest dabei gehabt, damit auch er sich wohl fühlt. Meine Schulfreundin Hanne war leider nicht erreichbar, sie arbeitete in der Türkei als Animateurin zu dieser Zeit. Aber ihre zwei ältesten Töchter würden gern kommen. Meine Freundin Bärbel war Geschäftsfrau und konnte meine Einladung nicht annehmen. Sie hatte in ihrer Ehe sehr wenig Freiraum. Gern hätte ich meine beiden liebsten Schulzeit Begleiterinnen unter meinen Gästen gewusst. Wir hielten sofern es unsere Zeit erlaubte stets Kontakt unsere ganzen Ehejahre über und tauschten unsere Höhen und Tiefen aus. Schade, mit den Beiden hat es leider nicht geklappt

Nach dem Versenden meiner offiziellen Einladung, liebevoll in Gedichtform gehalten mit einem Foto von der Hütte, kamen sehr viele Zusagen auf mich zu. Alle wollten gleich die vier Tage als Kurzurlaub in den Bergen nutzen und so durfte ich in dem von mir vorgeschlagenen Berghotel die Zimmer für die Nächte reservieren.

Per Telefon besprach ich nun mit meinen Skifreunden Kurt und Heinz wie wir gemeinsam diese Tage gestalten werden. Sie versprachen mir ebenfalls zwei Wochen Urlaub einzuplanen, um mich fleißig zu unterstützen. Sie freuten sich schon auf diese Aufgabe. Gepäck und alles, was an Essen und Trinken benötigt wird, kann nur mit der Seilbahn transportiert werden. Mit dem Auto kann man den Berg nicht befahren. Georg war an meinen Vorbereitungen wenig interessiert. Das störte mich nicht sehr, denn ich war es gewohnt für alle Urlaubsreisen allein die Packerei zu übernehmen. Georg sprang dann stets nur ins Auto am Abreisetag und fragte, haben wir alles? Meine Skifreundin Ilse reiste mir schon einige Tage vor unserem Start an und ging mir fleißig mit zur Hand. Diesmal ließen wir das Haus allein zurück, denn Oma und der Hund, unser Schlappersack ging natürlich mit auf Reisen.

Alles war bereit, das Auto voll gepackt mit vielen selbstgebackenen Kuchen, Tischdekoration für den Hüttenzauber, Bettwäsche für alle, Geschirr und vieles mehr. Alles sollte auf der Höh` perfekt vorbereitet sein bis zur Anreise der Gäste.

Kurz vor der geplanten Abfahrt teilte mir Georg mit, dass er nicht dabei sein wird. Er kann einen Freund nicht versetzen, der am gleichen Tag wie ich seinen 50. Geburtstag feiert. Ich fasse es nicht. Vermutete einen Scherz. Auch Freundin Ilse meinte, das ist nicht sein Ernst, der macht mal wieder Spaß. Dein Ehemann wird dich nicht versetzen, um in einer Bierkneipe einem Freund die Ehre zu geben. Ich fragte nach, das kannst Du doch nicht machen, wir haben zwei Wochen Betriebsurlaub in dieser Zeit und ich habe meinen Geburtstag für unseren gemeinsamen Sommerurlaub geplant. Es wird Dir gefallen und Du kannst Dich wunderbar erholen. Unsere Verwandtschaft hat komplett zugesagt. Oma kommt mit uns und der Hund. Georg blieb standfest, er wollte uns nicht begleiten und sagte nur, ihr werdet auch ohne mich Spaß haben.

Ich schluckte die Enttäuschung herunter. Keiner sollte merken, wie ich leide, und alle sollten die geplanten Tage fröhlich genießen. Dank Ilse und den vielen Vorbereitungen, die noch zu treffen waren, gelang es mir den Tagen fröhlich entgegen zu sehen.

Ein Zurück gab es nicht mehr, die Skifreunde haben vorab alles bestens organisiert, die Einladungen waren freudig entgegengenommen und so starteten wir mit zwei

Autos, eines davon von Ilse kutschiert, den Bergen entgegen. Oma, Anja und der Hund saßen bei mir im Auto und Ilse fuhr mit allen Gepäckstücken beladen hinter uns her. Mein Herz ging auf, als ich die Berge sah, Kurt und Heinz standen wie verabredet schon wartend auf uns an der Seilbahnstation. Beide waren enttäuscht, dass ich meinen Mann nicht dabei hatte. Die viele Arbeit, die jetzt auf uns alle zukam, ließ uns keine Zeit darüber zu diskutieren. Das gesamte Gepäck musste nun per Bergbahn nach oben transportiert werden. Dafür war für uns eine eigene Gondel bereit gestellt von dem Ehemann unserer Pensionswirtin die mir schon eine liebe Freundin geworden war. Natürlich waren auch die beiden für den 13. 8. geladen an unserem Fest teilzunehmen.

Zu Fuß transportierten wir von der Seilbahn bis zur Hütte unser Gepäck. Kurt und Heinz schleppten schwer beladen die Getränkekisten. Bis zur Hütte, die versteckt hinter Büschen und Bäumen lag, waren es immerhin 500 m leicht bergauf steigend. Einen ganzen lieben Tag haben wir alle gemeinsam unsere Sachen getragen. Die Getränke wurden in dem kleinen See vor dem Haus zur Kühlung versenkt. Es gab keinen Kühlschrank. Die Schlaflager wurden aufgeteilt und geputzt und dekoriert. Das erste Erwachen am Morgen war traumhaft, der Himmel blau und das Bergpanorama in der Morgenröte. Ein Paradies und ich konnte es kaum erwarten meine Geburtstagsgäste zu begrüßen. Ich war überzeugt, sie werden begeistert sein. Die Morgentoilette wurde an einem Brunnen an dem kleinen See gemacht. Das Quellwasser zum Kochen wurde auch von dort geholt. Bis zu meinem Geburtstag verbrachten wir im engsten Kreis, wir nannten uns den Arbeitskreis. Wunderschöne Tage mit Wanderungen und gemütlichem Beisammensein rund um die Hütte. Oma hatten wir in der Bergpension einquartiert und sie kam an jedem Morgen schon zum Frühstück zu uns mit Stock angelaufen. Unser Leo hatte Freude und Auslauf und am Abend lag er schlummernd auf einer Decke vor dem Kachelofen.

Der große Tag kam immer näher. Es war vereinbart, dass alle anreisenden Gäste am Vortag des Geburtstages sich im Tal um 10 Uhr morgens an der Seilbahn treffen. Wir werden zu dieser Zeit unten sein und sie auf der angrenzenden Kaffeeterrasse begrüßen. Hurra, es funktionierte. Herrliches Wetter und ein Auto nach dem anderen fuhr vor. Freudige Begrüßung mit einem Umtrunk bevor es bergauf ging mit der Seilbahn. Die Zimmerbelegung folgte und ich zeigte ihnen den Weg, wenn sie sich frisch gemacht haben zu unserer Hütte.

Kurt hatte für mich als Geburtstagsgeschenk einen Edelstahlschwenkgrill angefertigt. Er war Schweißer in einem großen Werk im Siegerland. Der Grillteller war ein riesiges Teil auf dem viel Platz für das Fleisch und die Würste war. Ilse und ich bereiteten in der Hütte die Salate vor, denn alle sollten zünftig bewirtet werden, wenn sie den Weg zu uns finden.

So fand schon am Vortag ein lustiges Treiben statt. Die Gäste entspannten sich in Liegestühlen vor der Hütte, genossen die Ruhe und den Ausblick und wir versorgten sie mit gutem Grillfleisch und Kaffee und Kuchen. Ich war überglücklich, dass sich meine Mutter so wohl fühlte in dem Kreis der Familie und den Freunden. Leo, unser Schlappersack, schwänzelte von einem zum anderen und genoss ebenfalls die Freiheit.

Am Abend wanderten wir alle wieder zurück in die Pension und wir, der Arbeitskreis und die Jugend belegten die bescheidenen Hüttenbetten.

Mein 50. Geburtstag im Jahr 1989

Nun war er da. Ich war die erste, die aufstand. Ich trat vor die Hütte, blauer Himmel, Sonnenschein. Ich dachte, das müsste jetzt Georg erleben. Ein Traum, wie kann man so etwas ausschlagen, nur um einem Saufkameraden die Ehre zu geben. Reges Treiben fand in der Hütte statt als ich wieder eintrat. Ich wurde umarmt, geküsst und mir wurde ein Ständchen gesungen. Wie jeden Morgen war an der Quelle reges Treiben bei der Morgentoilette, danach wurde gefrühstückt und mit einem Glas Sekt in der Hand wurde auf die Übernachtungsgäste aus der Pension gewartet. Die erste die den Berg herauf kam, ja das war meine Mutter. So nach und nach trudelte dann die ganze Mannschaft ein und ein fröhliches Treiben begann.

Für den Abend habe ich ein Menü in der Pension für uns alle bestellt und mit einer Zillertaler Musik wurde der Abend umrahmt. Nach den Schlemmereien wurde nach der zünftigen Musik ausgiebig und ausgelassen getanzt bis in den frühen Morgen. Die Wirtsleute waren von uns begeistert und gaben immer wieder zu verstehen, dass sie noch nie ein so schönes Fest in ihrem Haus hatten.

Eine besondere Überraschung ereilte uns am 15. August am frühen Morgen. Maria Himmelfahrt wird seit Jahren mit den Zillertaler Schützen auf dem Berg

217

vor unserer Hütte ein Festgottesdienst abgehalten. So wurden wir mit lauter Musik aus dem Schlaf gerissen. Wir alle eilten an unsere Hüttenfenster und waren total überrascht. Eine ganze Kompanie der Schützenjäger in ihrer Tracht mit geschultertem Gewehr hatte sich aufgereiht, ein Pfarrer hielt einen Gottesdienst und viele Dorfbewohner nahmen an der Andacht teil. Zum Abschluss wurde geböllert und der Klang erschallte bis ins Tal. Ein wunderbares Erlebnis für uns alle, ein herrliches Geburtstagsgeschenk noch nachträglich für mich. Der Hüttenwirt und seine Frau traten bei uns ein und schenkten aus unserem Küchenfenster für jeden der Musikanten ein Schnapserl aus. Die Flasche war gleich leer und Kurt holte für all die Leute noch aus unserem Fundus einige Flaschen, so dass ein fröhliches Treiben statt fand. Nach einem Zusatzmusikstück für uns spendable Hüttenbewohner marschierte die Truppe wieder bergab und Ruhe kehrte ein.

Wir saßen gemütlich beisammen und plauderten noch lange über die für uns unverhoffte schöne Morgenüberraschung.

Dieser Geburtstag wird mir ein Leben lang in Erinnerung bleiben. Auch meine Gäste, darunter auch zwei Freundesehepaare meines Mannes waren von dieser Einladung sehr angetan und noch viele Jahre danach waren diese Tage immer wieder Gesprächsstoff bei unseren weiteren Zusammenkünften. Jeder fand, es war mal eine besondere Idee. Für mich, meine Kinder und deren Freunde, sowie für meine Mutter, den Skifreunden, die mir zur Bewältigung der Festtage eine große Stütze waren, blieben im Anschluss noch ein paar sonnige Tage, die wir in vollen Zügen genossen.

Vergnügt ging es etwas wehleidig wieder heimwärts. Jeder in seine Richtung, nur Ilse kam mit uns zurück, denn sie musste ja das zweite Auto wieder kutschieren.

Nun war auch ich schon 50 Jahre geworden. Ich konnte es nicht glauben. Fühlte mich rund um gesund und wohl und voller Tatendrang. Der herrliche Trubel in diesen Tagen ließen mich meine Enttäuschung über das Fehlen meines Mannes vergessen. Ich bedauerte, dass er diese harmonischen schönen Tage nicht mit erleben wollte.

EINE BESONDERE ÜBERRASCHUNG NACH UNSERER RÜCKKEHR

Georg hat uns freudig empfangen und wir haben ihm erzählt wie herrlich schön alles gewesen ist und wir nicht verstehen konnten, dass er nicht einmal nachgereist ist, wenn er schon den Freundesgeburtstag besuchen wollte. Ich schwebte noch auf Wolke sieben nach diesem Urlaub und wollte nicht nachtragend sein. Es hätte keinen Sinn gemacht sich streitend in den Alltag zu stürzen. Denn es gab viel zu tun bis alles wieder seinen geordneten Gang fand. Als erstes öffnete ich die viele Post, die ungeöffnet auf dem Esstisch lag. Ich erblickte unter den vielen Umschlägen einen Brief vom Oberlandesgericht Nürnberg. Mehrmals drehte ich diesen Brief unruhig in meiner Hand. Er war an meine Mutter adressiert. Zusammen mit Mutter öffneten wir den Umschlag und ich traute meinen Augen nicht. Die Rente war genehmigt und eine Nachzahlung der verlorenen Einspruchsjahre bewilligt.

Vor Freude schrie ich laut auf. Mutter, Mutter hier kommt noch ein Geburtstagsgeschenk. Wir umarmten uns und weinten vor Freude. Mutter konnte es nicht fassen. Nein, was für ein Glück, nun falle ich Euch Kindern nicht mehr zur Last. Das waren ihre ersten Worte. Die Nachzahlung nicht unerheblich könnt ihr alle gleich haben. Die brauche ich nicht mehr in diesem Leben. Ich habe Euch und bin glücklich.

Wir mussten uns alle erst einmal beruhigen. Ich konnte es nicht glauben. Nach 29 Jahren stetem Kampf, den ich unerbittlich immer wieder aufgenommen habe, nun dieser Erfolg. Ich freute mich für meine Mutter, dass sie nun endlich ihr eigenes Geld hat, und nicht mehr das Gefühl haben muss uns auf der Tasche zu liegen.

Mit Mutter zusammen habe ich für sie die Nachzahlungssumme mit gutem Zinsertrag gleich angelegt. Die monatliche Rente kam auf ein laufendes Konto und konnte sie nach ihren Wünschen damit haushalten. Entspannt sahen wir beiden Frauen der Zukunft entgegen.

Im gleichen Jahr 1989 noch ein bewegendes Ereignis. Der „Mauerfall". Deutschland wieder vereint. Die Grenzen geöffnet für West und Ost. Ein erhebendes Gefühl. Leider war unsere Verwandtschaft bis auf eine weitläufige alte Tante, die in Dresden lebte, schon zu dieser Zeit verstorben. Wie gern hätten wir unseren Verwandten gewünscht diese Nachricht noch erleben zu können. Jochim aus meiner Heimat hatte zusammen mit seiner Familie noch kurz zuvor die Ausreisegenehmigung erhalten und Hagen wurde sein neues Zuhause.

Eine neue Aufregung belastet mal wieder unser Familienleben

Ich sortierte die Geschäftspost, die während der Urlaubszeit sich angehäuft hatte. Da fiel mir eine Rechnung eines Schreinerbetriebes auf, die ich nicht zuordnen konnte zu unseren laufenden Aufträgen. Ich fragte Georg nach der Kommission, barsch wurde mir geantwortet, zahl sie einfach, es hat schon seine Richtigkeit. Ich erlaubte mir bei dem Schreinerbetrieb, dessen Meister ich gut kannte, nachzufragen, wo diese Arbeiten ausgeführt wurden. Er aber wollte mir nicht Auskunft geben. Da musst Du den Braun schon selbst fragen, ich mische mich da nicht ein. Diese Aussage machte mich stutzig, ich horchte in unserem Bekanntenkreis herum und lang hat es gedauert bis einer seiner Freunde mir gestand, dass mein Mann vor längerer Zeit einer Frau einen Wohnungsumzug getätigt hat. Er teilte mir die neue Adresse mit. Zu dieser Adresse erlaubte ich mir, an einem Abend als Georg wieder nicht nach Hause kam, zu fahren. Als ich an die Haustür trat, um das Namensschild zu finden, ging oberhalb ein Fenster auf, ein Mann schaut zu mir herunter und sagte zu mir: Es wird Zeit Frau Braun, dass sie einmal hier vorbeikommen und nach dem Rechten schauen. Ich war erstaunt, Peinlichkeit kam auf und am liebsten wäre ich wieder zu meinem Auto zurückgelaufen.

Doch ich fasste Mut und klingelte an dem mir gesagten Namensschild. Ich musste in den ersten Stock laufen, eine junge Frau öffnete mir die Tür. Ich stellte mich vor und sagte, ich möchte meinen Mann sprechen. Die Frau war wohl sehr erschrocken über mein Auftreten und ließ mich eintreten. Was sah ich – mein Mann saß gemütlich auf dem Sofa mit einem Glas in der Hand. Ich sah mich um und fand eine neue Einrichtung ganz nach unser beider Geschmack.

Zorn und Wut überfielen mich und ich schrie diese Frau an und sagte zu ihr, alles, was hier herumsteht, das will ich ihnen nur sagen, das habe ich zur Hälfte mit finanziert und du mein lieber Mann brauchst gar nicht mehr nach Hause kommen. Ich drehte mich um und rannte die Treppe herunter. Zitternd zuhause angekommen, legte ich mich in mein Bett und versuchte zu schlafen, was natürlich nicht funktionierte.

Plötzlich ging die Türe zum Schlafzimmer auf, die Schränke wurden polternd aufgerissen und Georg räumte aus. Packte alles in Koffer und war so schnell wie er gekommen wieder verschwunden, ohne ein Wort.

So das war es nun endgültig, schoss es mir durch den Kopf. Habe ich etwas Falsches gemacht, hätte ich an der Wohnung nicht klingeln sollen? Morgens musste ich die Situation mit Mutter besprechen, denn sie bemerkte ja die nächtliche Unruhe im Haus. Sie sagte nur, das musste ja mal so kommen. Man kann dir keinen Vorwurf machen.

Meinen Mann habe ich erst einmal für zwei Tage nicht im Geschäft getroffen. Ich überspielte vor dem Personal die Situation, was mich viel Kraft kostete. Auch Anja, die im März des kommenden Jahres ihren Schulabschluss hatte, versuchte ich zu schonen und sagt nur, Vater beruhigt sich schon wieder.

Weihnachten nahte, Betriebsurlaub bis zum 6. Januar wie jedes Jahr und Georg fand nicht nach Hause. Ich war der festen Überzeugung, dass er bei der Freundin eingezogen ist, denn mittlerweile hatte ich erfahren, dass er schon lange mit dieser Frau ein Verhältnis pflegt.

Meine Gedanken kreisen rückwärts. Jetzt ergeht es mir wie meiner Mutter damals. Vieles wiederholt sich im Leben. Ich muss das Beste daraus machen.

Mit Anja verbrachte ich dann wenigstens Silvester in einem schönen Hotel im Bayerischen Wald und wir beide ließen uns verwöhnen. Ich brauchte zu meiner Beruhigung wieder einmal eine Abwechslung vom Alltag. Nach Neujahr bekam ich einen Anruf von Georgs Schwester Anneliese. Sie teilte mir mit, dass Georg bei ihr wohnt, und wir sollen uns doch wieder vertragen. Ja, wenn das so einfach wäre. Georg würde gern wieder ins Haus zurückkommen, es tut im Leid. Sie soll mir ausrichten, dass er gern ein Versöhnungsgespräch mit mir hätte, jedoch in einem Lokal im Bayerischen Wald.

Ich sagte zu und wir trafen uns zu diesem gewünschten Gespräch. Abschließend meinte Georg es sei nach allem was vorgefallen für ihn nicht so einfach wieder in unser Haus zurück zu kommen. Wie wäre es, wenn wir für ein paar Tage verreisen?

Er schlug vor doch mal nach Madrid zu fliegen und die Stadt zu besichtigen. Nachdem er mir Besserung versprochen hat, nahm ich den Vorschlag an und wir gingen auf Reisen.

Es war nicht einfach für mich, denn ich fühlte mich nach diesem Fehltritt, der nicht nur aus einer alkoholisierten Laune heraus geschah, als Ehefrau sehr entwürdigt.

In Madrid angekommen belegten wir ein Zimmer in einem feudalen Hotel in der Innenstadt von wo aus wir per Stadtplan alle Sehenswürdigkeiten zu Fuß oder per Taxi in Augenschein nahmen. So richtig war ich mit meinen Gedanken, wenn ich zurückdenke, nicht dabei. Immer wieder kreiste mir diese Frau im Kopf herum. Was hat sie, was ich nicht habe? Wir beide versuchten die Tage harmonisch zu verbringen. Ein Stierkampf in der Arena von Madrid stand auch auf dem Programm. Sowie ein Ausflug zu der Prachtanlage des General Franco Mausoleum. Tief beeindruckt von der Stadt Madrid mit ihren Kirchen, Museen und dem königlichen Schloss flogen wir versöhnt wieder in Richtung Heimat.

Wir versuchten einen Neuanfang und ich wollte wieder Vertrauen finden für unsere gemeinsame Zukunft.

Der Alltag lief an, keiner sprach mehr über das Geschehene, jeder bemühte sich zu vergessen und zu verzeihen.

Das Jahr 1990 bereitete uns eine Freude, denn Anja legte mit Bravour ihr Abitur ab. Die Abschlussnote mit 1.2 beglückte die ganze Familie. Wir genossen mit unserer Tochter die Abschlussfeier. Zu ihrer Abschlussfeier trug sie ein Kleid aus meinem Fundus, in dem sie sehr hübsch aussah. Sie stöberte gern in meinen Kleiderschränken und es war ihr persönlicher Wunsch dieses Kleid zu tragen. Jetzt stand ihrem Geografie-Studium an der TU in München nichts mehr im Wege. Dieses Studienfach hat sie sich selbst auserwählt. Als Mutter fragte ich nach, was man nach Abschluss damit anfangen kann. Sie sagte mir, das sei sehr vielseitig, man kann in die Wirtschaft gehen, oder Stadtplanung oder an der Uni bleiben. So akzeptierten wir ihren Studiengang und wir alle waren überzeugt, auch diesen Weg wird sie mit Ehrgeiz angehen.

DAS FINANZAMT MACHT MIR SORGEN

Unser Steuerberater rief mich eines Tages an, dass die hohen Abschreibungen, die unserer Metallbaufirma zugute kommen nach 12 Jahren nicht mehr anerkannt werden können und bei Weiterführung des Landhauses müsste dieses in Privatbesitz übergehen.

Aufgrund der hohen Umbaukosten war jedoch nicht abzusehen, wie lang es dauert bis ich mit meiner Pension in eine Gewinnzone kommen werde. Es blieb uns nichts anderes übrig und wir nahmen diese Umschreibung vor.

Für unsere beiden Geschäfte war diese Regelung nicht mehr lukrativ. Ich merkte, dass ich noch einige Jahre benötige, um schuldenfrei zu werden. Das belastete meinen Ehrgeiz und ich trug mich mit dem Gedanken einer Veränderung. Mein Einsatz stand nicht im Verhältnis zu den erwirtschafteten Erträgen. Der Umsatz konnte aufgrund der Größenordnung des Hauses nicht gesteigert werden.

Außerdem war meine Mutter nicht mehr belastbar während meiner Abwesenheit den Reservierungswünschen der Gäste nach zu kommen und meine Annemarie ließ verlauten, dass sie bald heiraten wird und schwanger ist. Mit einer neuen Kraft, die wieder eingearbeitet werden muss – dazu fehlte mir die Zeit.

Nach langen Überlegungen kam ich zu dem Entschluss, ich muss versuchen das Haus zu vermieten. Ein glücklicher Zufall kam mir sehr gelegen. Eine Sportfirma war auf der Suche nach geräumigen Büroflächen und die Räumlichkeiten meines Landhauses waren dafür geeignet. Meine Mietpreisvorstellung wurde auf Anhieb akzeptiert und der Mietvertrag konnte abgeschlossen werden.

Schweren Herzens trennte ich mich von meinen langjährigen Gästen, die es alle sehr bedauerten nun nicht
mehr in meinem Haus übernachten zu können, und auf
meine Bewirtung verzichten müssen, die sie über die
Jahre sehr schätzten.

Wehmütig verkaufte ich die Zimmereinrichtungen
an ein Weidacher Hotel. Die jungen Hotelbesitzer waren begeistert von den wie neu erhaltenen Möbelstücken
nach all den Jahren. Mein Landhaus wurde vom Mieter
neu eingerichtet und viele Mitarbeiter fanden dort ihren
Wirkungskreis. Für mich hieß es Abschied nehmen von
einer schönen, wenn auch arbeitsreichen Zeit.

Für viele Jahre hatte ich einen liebenswürdigen Mieter, der pünktlich seinen Zahlungsverpflichtungen nach-
kam. Nach einiger Zeit merkte ich, dass diese Veränderung mir wieder mehr Freiraum gab und auch finanziell
lukrativ ist. Das war ein Trost denn an diesem Haus und
seiner Entstehung hing viel Herzblut über die Jahre.

In der Stadt wurde wieder getratscht

Mein lieber Mann sorgte wieder einmal für Unruhe in
der Familie. Ich glaubte die Tiefen unserer Ehe überstanden zu haben, da wurde ich eines anderen belehrt.
Mein Mann hat wieder eine Freundin, mit der er sich
eifrig in der Öffentlichkeit zeigte. Ja sogar im Schwimm-
bad wurde er gesehen tagsüber bei Sektlaune. Ein be-
freundeter Architekt, schon im Ruhestand, hatte eine
Kabine im Freibad, die mein Mann ebenfalls nutzte

mit dieser Frau und sich während der Geschäftszeit dort amüsierte.

Das ging wie ein Lauffeuer durch die Gesellschaft. Nur ich wieder hatte davon keine Ahnung. Bis ich eines Tages einmal beim Friseur darauf angesprochen wurde. Ich fiel aus allen Wolken. Konnte es nicht glauben. Mir wurde sogar der Name genannt und diesmal kannte ich diese Frau persönlich, weil ich in dem Geschäft, wo sie tätig war, Kunde war. Wie peinlich für mich.

Ich war entsetzt, wenn es eine jüngere, hübschere Frau gewesen wäre, dann hätte ich noch Verständnis zeigen können. Aber diese Frau konnte mir nicht das Wasser reichen. Das war meine Meinung und vieler meiner Bekannten. Alles war so verletzend, dass ich dieses Mal das Ehebett nicht mehr teilen konnte. Mein Stolz war zutiefst verletzt und Georg war von heut auf morgen nicht mehr mein Ehemann. Ich dachte an Scheidung. War auch beim Rechtsanwalt. Man klärte mich bei einer Gütergemeinschaft über die finanziellen Folgen auf. Mir wurde gesagt, dass im Fall einer Scheidung und bei Forderung einer Auszahlung das Geschäft in große Schwierigkeiten kommt und ob der Ehemann dann noch weiter Interesse an der Fortführung des Geschäftes zeigt, das ist die Frage. Man gab mir zu verstehen, dass ich die Seele des Geschäfts bin und ohne meine Mitarbeit und meiner kaufmännischen Organisation die Zukunft der Firma ungewiss sein würde.

Mit diesem Gedankenaustausch ging ich nach Hause und mein erster Schritt war mir ein eigenes Schlafzimmer einzurichten. Das Haus bot reichliche Auswegräumlichkeiten. Mit Mutter besprach ich die Unterhaltung beim Rechtsanwalt. Ihre Antwort war: Kind das geht alles vorüber, der Krug geht so lange zum Brunnen bis er bricht. Georg ist kein schlechter Mann, leider hat er an Vergnüglichkeiten zu viel Interesse. Er schätzt den Ernst einer Familie zu wenig. Mach das Beste daraus und versuche deinen eigenen Weg zu finden. Verreise weiter mit deinen Skifreunden, fahre zu den Kindern nach München und kümmere dich weiter um das Wohl der Firma. Du bist ja jetzt freier, das Landhaus ist gut vermietet und ich bin immer für dich da, wenn du deine Freiräume genießen möchtest. Georg werde ich weiter versorgen. Wir beide kommen ja gut miteinander aus. Alles andere hat keinen Sinn. Du siehst, wie es mir damals ergangen ist mit meiner gewünschten Scheidung.

Ja, meine Mutter machte mir immer wieder Mut weiter fest zu halten, an dem, was wir uns über viele Jahre aufgebaut haben. Ihr hattet schöne Zeiten miteinander. Die Kinder brauchen ihren Vater, auch wenn er wenig Interesse zeigt. Steh über den Dingen und gestalte dein Leben wie du es für richtig hältst. Ich zwang mich los zu lassen und in meinem Ehemann nur noch einen vertrauten Partner zu sehen. Es kränkte mich diesmal besonders, dass sich mein Mann einer verheirateten Frau und Mutter zugewendet hat. Ich musste mich sehr zusammennehmen unsere Ehe diesmal aufrecht zu erhalten. Das Geschwätz der Leute war diesmal besonders groß und keiner verstand, dass ich immer wieder bereit war am Eheleben fest zu halten.

KINDER SORGEN FÜR ZERSTREUUNG

Anja schrieb sich für ihr Geografiestudium an der Uni in München ein. Wir beide gingen auf Wohnungssuche und fanden ein passendes Appartement in der Schleissheimer-Straße. Bei Ikea wurde eingekauft und beide schraubten wir voller Eifer an den Regalen und sonstigen Möbelstücken herum. Diese Aufgabe tat mir gut und meine trüben Gedanken traten in den Hintergrund. Es ist uns gelungen und nach vollbrachter Arbeit kutschierte ich wieder zufrieden nach Haue. Nun waren beide Kinder in München. Zuhause wurde es ruhig. Für mich eine große Umstellung. Ich widmete mich meinen Aufgaben im Geschäft und Heim. Die Gärten waren mein großes Hobby, die Arbeit machte mir Freude und entspannte meine Gedanken. Mit Mutter zusammen genossen wir die Abende, meistens in ihrer gemütlichen Stube beim Fernsehen. Ich wollt nicht mehr darüber nachdenken wie und wo mein Mann seine Freizeit verbrachte. Lust, Freunde zu besuchen, verspürte ich wenig. Manchmal düste ich zu meiner Schulfreundin nach Neustadt zu einer Plauderstunde. Auch sie hatte wenig Freude an ihrem Eheleben. Da bemerkte ich, dass es mir gut geht, denn ihr Mann erlaubte ihr keine Freiräume, obwohl er selbst sich amüsierte. Ich dagegen hatte alle Freiheit der Welt. Mein Mann zeigte wenig oder gar kein Interesse an meinen Unternehmungen.

An vielen Wochenenden schwang ich mich in mein Auto und düste München entgegen. Meiner Tochter tat das anfangs gut, die Eingewöhnung in der Fremde brauchte seine Zeit. Wir schlenderten durch die Stadt, besuchten den englischen Garten, kehrten ein, wo es uns gefiel, machten kleine Radtouren an der Isar entlang, oder fuhren die Berge an.

Mit Charles zusammen besuchten wir das Oktoberfest in lustiger Runde mit seinen Studienkollegen und Arbeitskollegen. Meine Kinder gaben mir immer wieder neuen Halt. Sie bemühten sich Mutter abzulenken von ihrem Alltagstrott. Diese Ausflüge gaben mir Kraft wieder nach Hause zu fahren.

Charles hat nach seinem erfolgreichen Architekturstudium eine Anstellung in einem Münchner Architektenbüro angenommen. Die Arbeit machte ihm Freude und sein Ziel war es in München alsbald sich ein Eigenheim zu schaffen sobald es ihm seine Finanzen zuließen. Seine gut bezahlte Anstellung erleichterten meinen Geldbeutel, denn der monatliche Unterhalt wurde von Charles nun nicht mehr in Anspruch genommen.

Zu dieser Zeit war für Charles eine Frau von besonderem Interesse. Auch sie war Architektin und in Anstellung in München. Bei einem Besuch in München lernt ich Karo kennen, ohne zu ahnen, dass diese Frau einmal meine Schwiegertochter werden würde. Eine kluge Frau, die wie ich gleich bemerkte, nach großen Zielen strebt. Auch Anja hat Karo zwischenzeitlich kennengelernt. Die beiden Geschwister trafen sich des Öfteren mal zu einem Gesprächsaustausch. Wir beide rätselten nun, ob Charles und Karo an eine gemeinsame Zukunft denken. Wir wollten es abwarten, was die Zeit so bringen wird. Interessant ist es schon, dass beide den gleichen Beruf haben, da kann man sich austauschen und Ideen gemeinsam entwickeln. Anja war der Meinung, das könnte auch Unstimmigkeiten hervor rufen. Jeder ist seines Glückes Schmied. Innerlich dachte ich, na wo war dann mein Schmied?

MARGOT ERLAUBTE SICH EINEN KURZTRIP

Meine Skifreunde riefen mich eines Tages an, ob ich nicht mit ihnen auf die Insel Gran Canaria mitfliegen möchte. Ich sagte spontan zu und konnte diese traumhafte Insel erleben. Ein herrliches Hotel direkt am Dünenstrand der Insel erwartete mich und ich genoss die Sonne und das Meer. Mit einem Mietwagen durchforsteten wir die wunderschöne Insel mit all seinen Sehenswürdigkeiten. Machten einen Tagesausflug per Schiff zur Insel Fuerteventura und bestiegen den Vulkan. Ein wunderbares Erlebnis und in der lustigen Gesellschaft vergaß ich meine Traurigkeit um mein Eheleben.

Ich fühle mich frei, konnte mir im bescheidenen Rahmen einiges leisten, was wollte ich mehr. Eigentlich geht es mir besser als meinem Mann, der seine Freizeit in Wirtshäusern und mit irgend welchen Frauen verbringt. Ich fing an ihn zu bedauern, dass ihm so ein stilloses leichtfertiges Leben gefällt. Ich beschloss mir weiter die Welt anzuschauen, sofern es meine Zeit und mein Geldbeutel erlaubt.

DIE ZEIT LÄUFT WEITER

Ich war glücklich, dass es den Kindern gut ging und sie beide ihren Weg zielstrebig verfolgen. Meine Sorgen hielt ich von ihnen fern. Ich war froh, dass sie beide in München fernab von zuhause waren und nur kurz an manchen Wochenenden uns mit ihrem Besuch überraschen. An diesen Tagen kam meistens auch meine Schwester mit Familie angereist, so dass die Unstimmigkeiten im Verborgenen blieben. Vater hat sich dann Zeit genommen und an unseren Zusammenkünften mit teilgenommen. Ich merkte, es interessierte ihn doch, wie sich seine Kinder entwickeln und bei Tisch gab es rege Unterhaltung.

Meinen Auszug aus dem gemeinsamen Schlafzimmer erklärte ich ihnen, dass Vater so stark schnarcht, und andere Schlafrituale hat als ich. Das Haus bietet genügend Platz, um ungestört zu schlafen. Viele Eheleute schlafen aus diesem Grund getrennt.

Eine sehr enge Freundschaft pflegte mein Mann zu dieser Zeit mit dem Chef eines Auto Hauses. Sofern ein neues Fahrzeug angeschafft werden musste, kam nur ein Opel infrage. So fuhr Georg den neuen Opel Senator dem Freund zuliebe. Aber nur für kurze Zeit, denn er selbst als BMW und Mercedes Fahrer war wohl nicht so angetan von diesem Auto.

Dieser Freund war mir nicht sehr angenehm. Er war auch täglich in den Gaststätten unterwegs und pflegte verschiedene Verhältnisse mit Frauen zum Leidwesen seiner Ehefrau. An dieser Ehefrau nahm ich mir ein Beispiel. Sie ließ ihren Mann gewähren und lebte ihr Leben. Sie war Ärztin und ich kannte sie durch die Krankenhausaufenthalte meiner Mutter. Allerdings konnte ich mich nicht mit ihr vergleichen, denn sie war finanziell nicht abhängig von ihrem Ehemann. Ich tröstete mich immer wieder, dass ich nicht allein bin auf der Welt mit den Ausschweifungen des Ehemannes. Auch meine liebste Freundin Hannelore, die in München lebte und ihrem Mann drei Töchter schenkte, musste die gleiche Erfahrung wie ich machen. Der Ehemann zog aus zu einer Geliebten und sie lebten seit vielen Jahren getrennt, jedoch ohne Scheidung. Also weiter durchhalten und das Beste daraus machen, wenn es auch sehr schmerzlich ist eine Ehe so zu verletzen.

DER PLÖTZLICHE SCHICKSALSSCHLAG

Es geschah am 5. Dezember 1991 um 15 Uhr. Ich saß im Büro bei meiner Arbeit als plötzlich die Tür aufging, und zwei Polizeibeamte eintraten und nach mir fragten. Sie müssen mir eine schreckliche Nachricht überbringen. Mein Mann ist verunglückt. Er ist bei dem Auto Geschäftshaus sechs Meter vom Dach gestürzt und schwer verletzt. Ich zitterte am ganzen Körper, wie ist das möglich. Was macht mein Mann auf dem Dach des -Hauses bei seinem Freund? Mir wurde mitgeteilt, dass er auf dem Dach tätig war. Er wollte dort eine Fahnenstange befestigen. Dabei übersah er eine Dachluke, die mit Laub bedeckt war, und brach ein und fiel in die Werkhalle hinunter. Der Rettungswagen ist schon vor Ort und die Ärzte versorgen ihren Mann. Ich folgte dem Polizeiauto zu der Unfallstelle. Dort angekommen war mein Mann schon im Rettungswagen und ich bekam keinen Zutritt. Ich weiß nicht mehr wie lange ich weinend an dem Auto stand. Die Ärzte liefen hin und her, keiner war ansprechbar. Bis endlich das Fahrzeug sich mit Sirene in Bewegung setzte in Richtung Krankenhaus. Ich mit meinem Auto hinterher. Am ganzen Körper schlotternd rannte ich den Männern in die Notaufnahme hinterher. Da lag er mein Mann, keiner konnte mir genaue Auskunft geben. Ich wartete Stunden bis endlich ein Ergebnis feststand. Ihr Mann hat Glück im Unglück. Er hätte tot sein können bei diesem Sturz von dieser Höhe. Er hat den Sturz den Umständen entsprechend gut überstanden. Mehrere Brüche an der linken Schulter und dem Arm und einige Rippenbrüche. Kopf und Beine sind o.k. Er muss operiert werden und dann wird man sehen. Tausend Gedanken durchfuhren meinen Kopf. Wird er jemals wieder arbeitsfähig sein, wie lange wird die Heilung dauern usw. usw. Man schickte mich nach Hause, ich konnte mit Georg noch kurz sprechen und dann fuhr man ihn in den OP. Man wird mich anrufen, wenn die Operation vorüber ist.

Ich fuhr zurück in die Firma, wo meine Bürokraft schon auf mich wartete. Auch sie war von der Nachricht sehr betroffen. Ich ging in die Werkstatt und teilte allen Mitarbeitern die Unfallnachricht mit. Der erste Geselle fragte gleich, ja und was soll jetzt werden? Ich konnte darauf keine Antwort geben. Jetzt müssen wir zusammen halten und so gut es geht alle Aufträge weiter abwickeln.

Erst sehr spät kam ich nach Hause und erzählte Mutter von dem Unglück. Schweigend saßen wir beisammen. Wie geht es nun weiter? Georg ist ja schon einmal für Wochen ausgefallen mit seiner damaligen Herzmuskelentzündung und ich habe es geschafft. Aber diesmal wird es länger dauern, das stand fest. Wir können nur abwarten und hoffen. Am frühen Morgen bekam ich die Nachricht vom behandelnden Arzt, dass die OP gut verlaufen ist. Allerdings muss sich der Patient auf einen längeren Krankenhausaufenthalt einstellen. Die Schulter und der Arm wurden geschient und darf nicht bewegt werden. Die inneren Organe haben keinen Schaden genommen und das ist in diesem Fall ein großer Vorteil.

Gleich am nächsten Morgen bin ich ins Krankenhaus gefahren. Georg war ansprechbar und erzählte mir, wie es zu dem Unfall kam. Schon lange hatte sein Freund gebeten doch eine Fahnenstange auf seinem Werkdach anzubringen. Spontan habe er mal schnell sich die Sache anschauen wollen und dabei ist er unverhofft auf eine Dachluke getreten, die durchbrach. Der Freund war an diesem Tag nicht anwesend. Er sei eigenmächtig nach oben gestiegen. Nach der Verabschiedung begegnete mir der Arzt und er erklärte mir, dass mein Mann ziemlich Alkohol im Blut hatte, das sei nicht von Vorteil, falls wir eine Unfallversicherung haben. In diesem Moment der Aussage fiel mir ein, dass ich die teure Unfallversicherung schon vor einigen Jahren gekündigt hatte. Ich fand sie überflüssig, denn mein Mann ist schon lange nicht mehr auf Baugerüste geklettert, er hat arbeiten lassen nach seinen Anweisungen. Der Unfall machte sofort die Runde in unserer Stadt. Der Braun ist vom Dach gefallen und liegt im Krankenhaus. Sein Freund kam zu mir ins Büro und machte Vorwürfe, weil Georg ohne sein Wissen auf das Dach gestiegen ist. Es war Nikolaustag und am Abend waren sie verabredet. Unser Versicherungsmann auch ein Freund meines Mannes stand eines Tages vor meinem Schreibtisch und gab mir zu verstehen, dass die Kündigung der Unfallversicherung ein Fehler war. Jedoch in diesem Fall mit den Promillen hätte es ein Problem gegeben. Von allen Seiten wurde ich bestürmt in meiner Not und Sorge um die Weiterführung des Betriebes. Jeden Morgen vor Geschäftsöffnung lief ich in das Krankenhaus, versorgte meinen Mann, half ihm beim Essen und Waschen. Er war von Schmerzen geplagt bei jeder Bewegung. Nach Geschäftsschluss wieder ins Krankenhaus und spät am Abend erst kam ich erschöpft nach Hause. Die Kinder riefen täglich an und erkundigten sich nach ihrem Vater. Wochen, Monate vergingen. Georg kam nach Hause mit einem hoch gestützten Armverband. Er benötigte Hilfe beim Ankleiden, waschen und essen. Oma und ich standen ihm zur Verfügung. Wo waren seine Freunde und Freundinnen? Jetzt ist die Ehefrau plötzlich wieder gefragt. Aber diese Gedanken wollte ich sofort verdrängen. Er muss gesund werden, der Betrieb muss weiter laufen. Der Arm war nicht mehr einsatzfähig. Eine Fallhand blieb zurück. Nerven waren geschädigt und eine weitere OP stand an. Diesmal in Erlangen – es sollte das Handgelenk versteift werden, doch zuerst muss die geschädigte Schulter und der Arm voll ausgeheilt werden.

Der Chef fehlte im Betrieb. Das bekam auch die Handwerkskammer mit. Eines Tages bekam ich zur Auflage einen Meister einzustellen. Über so lange Zeit kann der Betrieb nicht ohne Meister weitergeführt werden. Ich versuchte zu erklären, dass ich gute Mitarbeiter habe und für Angebotsausarbeitung für Neuaufträge eine Unterstützung von unserer Zulieferfirma habe. Das wurde nicht anerkannt. Unser Betrieb bildet Lehrlinge aus und da ist ein Meister erforderlich. So gab ich ein Inserat auf und nach mehreren Bewerbungsvorstellungen entschloss ich mich für einen der Herren. Nach geraumer Zeit gab es Unfrieden beim Stammpersonal. Eines Tages stand unser Werkstattleiter, einer unserer besten Mitarbeiter, vor meinem Schreibtisch und sagte: Frau Braun so geht das nicht weiter. Der neue Mann bringt alles durcheinander. Er will neue Maschinen, kritisiert unsere Arbeitsabläufe, läuft nur durch die Halle und schafft an ohne mitzuarbeiten. Entweder der geht oder wir gehen. Das verschlug mir die Sprache. Ich fragte, ja was sollen wir tun? Es wird ein Meister gesetzmäßig verlangt. Seine Antwort war, ja das ist ihr Problem, wann kommt denn der Chef wieder?

Ich fuhr nach Erlangen, um die Weiterführung der Werkstatt mit ihm zu besprechen. Als ich von meinem Mann einen Rat einholen wollte, ja da lachte er und sagte, sperr den Laden zu. Ich geh da sowieso nicht mehr rein. Meine Antwort – das kann ja wohl nicht dein Ernst sein. Doch das ist mein voller Ernst. Daneben lag ein Patient, der unserem Gespräch zugehört hatte und erklärte mir in ruhigem Ton. Ihr Mann hat beschlossen ein anderes Leben zu führen. Wir haben uns ausgiebig unterhalten. Meditation bringt ihn auf den richtigen Weg. Na – das war eine Aussage in meinen Nöten um die Firma. Ich erklärte, dass wir viel zu jung sind einen Betrieb aufzugeben. Wir haben noch in unsere Altersversorgung einzuzahlen. Verantwortung für Mitarbeiter und nicht zuletzt für die Familie. Das alles nützte nichts. Georg blieb bei der Aussage aufhören zu wollen. Es gibt noch ein anderes Leben und an dem werde ich arbeiten. Ich habe beschlossen in den Betrieb nicht mehr zurück zu gehen.

Fassungslos fuhr ich nach Hause. Wie stellt er sich das vor, wir sind noch zu jung, um aufzugeben. Ich eilte zu unserem Steuerberater und wollte seine Meinung hören. Er konnte mir zu diesem Zeitpunkt auch keinen Rat geben. Wenn ihr Mann seinen Arm als Handwerker nicht mehr einsetzen kann, dann wird er, wie ich ihn kenne, aufgeben. Lassen sie sich Zeit und versuchen sie einen Nachfolger oder Käufer zu finden. Mit unserem Hund Leo lief ich nach Feierabend durch den Wald und grübelte und rechnete. Wie viele Jahre müssen wir noch in die Altersversorgung einzahlen, was haben wir für derzeitige Verpflichtungen, wie lange wird das bei einem Verkauf erzielte Geld für uns ausreichen? Fragen über Fragen durchströmten mich und in die Zukunft konnte keiner von uns blicken.

Bei jedem Besuch in Erlangen wurde mir klar, dass Georg seine Meinung nicht ändern wird. Er fragte mich sogar, ob ich denn schon Interessenten gefunden hätte. Mein Arm wird nicht mehr einsetzbar und meine Hand bleibt steif und schmerzt. Ich muss mich um meinen Körper kümmern. Mir wurde eine Reha vorgeschlagen, die ich antreten werde.

Wochenlang suchte ich erst einmal nach einem Nachfolger zur Miete. Es gab einige Übernahmegespräche, die mich nicht befriedigten. Was ist, wenn die Pacht oder Miete nicht rechtzeitig gezahlt wird. Nein, wenn wir unser Geschäftsleben beenden, dann nur mit einem Verkauf. Mein Entschluss stand endgültig fest.

In dieser schweren Phase einen Betrieb aufrecht zu erhalten und einen passenden Käufer zu finden hatte ich keinerlei Unterstützung von außen. Wo sind all die Freunde meines Mannes, es waren viele Geschäftsleute darunter, die mir hätten beistehen können. Nein, es wurde nur gefragt wie geht es deinem Mann und wann kommt er wieder. Es sprach sich in der Stadt inzwischen auch herum, dass ich einen Käufer suche. Georg berührte das alles nicht, er lebte ganz für die Gesundung seines Körpers und widmete sich dem Yoga.

Aus meiner Sicht fanden sich nicht die richtigen Interessenten für die Weiterführung unseres Betriebes. Es scheiterte an vielen Details, so zum Beispiel mit der kompletten Übernahme unseres Personals und vor allem den in der Ausbildung stehenden Lehrlingen. Es war mir wichtig, dass unsere treuen Mitarbeiter nicht unter dem Verkauf leiden müssen. Nur mit ihnen konnten wir uns einen Namen in unserer Branche erarbeiten.

Jede Nacht grübelte ich, wie wir eine gute Lösung für alle Beteiligten finden könnten. Eines Morgens stand ich auf mit dem Blitzgedanken doch einmal den Nachbar zu fragen, ob er an unserem Grundstück mit Halle als Käufer Interesse hat. Der Nachbar hatte angrenzend an unser Grundstück einen Autozubehörbetrieb.

Es war mir peinlich den Nachbar direkt darauf anzusprechen. Mein Mann erst 56 Jahre und das Geschäftsleben aufgeben. Was wird der Herr B. denken. Sind sie pleite, weshalb die plötzliche Aufgabe eines namhaften Handwerksbetriebes? Nach ein paar Tagen der Überlegung fasste ich Mut und bat telefonisch um einen Gesprächstermin. Freundlich wurde ich begrüßt und mir Platz angeboten. Kurz entschlossen kam ich zum Punkt und berichtete über meine Verkaufsabsichten auf Grund der gegebenen Umstände. Vorab aber möchte ich ihnen als Nachbar diese Mitteilung machen. Herr B. war sehr überrascht über diese Nachricht und sagte zu mir. Sie schickt der Himmel, schon lange suche ich vergebens nach einem geeigneten Grundstück, denn ich trage mich mit dem Gedanken meinen Betrieb zu erweitern. Mir verschlug es die Sprache, damit hatte ich nicht gerechnet so schnell einen Interessenten zu finden. Ein langer Austausch folgte. Er bedauerte unsere Lage sehr, gab mir jedoch zu verstehen, wenn ein Chef keine Lust mehr verspürt, dann sollte er aufgeben. Noch zur gleichen Stunde fragte er mich nach meinen Preisvorstellungen. Lange zuvor hatte ich mir darüber Gedanken gemacht und auch mit unserem Steuerberater Berechnungen durchgeführt. Ich nannte meine Summe für Grundstück und Halle und Bürogebäude mit forscher Stimme und aufgeregt erwartete ich seine Reaktion. Herr B. stand auf, reichte mir die Hand und sagte sie können einschlagen, wenn sie wollen. Mir ist das Nachbargrundstück diesen Preis wert. Wau – damit hatte ich nicht so schnell gerechnet. Ich schlug ein ohne Rücksprache mit Georg. Er wollte es schließlich so.

Herr B. war interessiert, dass er baldmöglichst über das Grundstück verfügen kann. So wurde ein Notartermin vereinbart und besprochen, wann die Übergabe erfolgen kann. Es gab viel zu tun, denn die Halle sollte leer übergeben werden. Ein Ausverkauf des Warenlagers der Maschinen, der Fahrzeuge etc. musste nun organisiert werden. Alles ohne unseren Chef, denn er hielt Wort, er betrat sein Lebenswerk nicht mehr. Macht ihr das nur alleine, ihr schafft das schon. Mit unserem ersten Mitarbeiter der Werkstatt besprach ich die Details.

In den Bilanzen suchte ich den Buchwert der Maschinen und Fahrzeuge heraus. Mit unserem Herrn Bauer besprachen wir die Verkaufspreise. Das riesige Warenlager musste ausgezeichnet werden und die vielen Werkzeuge bis hin zu den Schraubenziehern. Alles wurde in der Halle wie in einer Verkaufsausstellung sortiert präsentiert. Viele Tage und Nächte nahm diese Sortierung in Anspruch. Dann veröffentlichten wir in der Zeitung eine Betriebsauflösungsverkaufsmeldung.

Wir wurden gleich am nächsten Tag überrannt mit Kunden aus der ganzen Umgebung. Fahrzeuge und Maschinen wie Werkzeuge fanden großen Anklang. Harte Preisverhandlungen folgten. Jeder wollte unsere Preise herunter drücken. Ich muss sagen, unser Herr Bauer verstand es, den Wert der Dinge den Interessenten zu übermitteln. Dafür bin ich ihm sehr dankbar, denn ich als Kauffrau hatte wenig Aussagekraft betreffend der Werkstattartikel. Aus einer Konkursmasse hatten wir erst vor kurzer Zeit eine Kantmaschine günstig kaufen können. Diese fehlte uns dringend in unserem Betrieb, denn die Kantarbeiten von Blechen mussten wir bisher außer Haus vergeben.

Dieses Prachtstück fand großes Interesse. Herr Bauer allein wusste von dem realen Wert der Maschine und er handelte einen Preis mit einem Interessenten aus, der weitaus höher lag als unser Anschaffungspreis vor zwei Jahren. Das erfreute uns beide und spornte uns an weiter gute Ziele zu erreichen.

Ich war damit beschäftigt die Rechnungen für die Käufer zu schreiben und zu kassieren. Ein Teil unserer Mitarbeiter wickelten noch Restaufträge für die Kundschaft ab. Ich bemühte mich für unsere Mitarbeiter übergangslos einen neuen Arbeitsplatz zu finden. Besonders für die Lehrlinge setzte ich mich ein. Sie sollten auf keinen Fall eine Lehrunterbrechung durch unsere Geschäftsaufgabe haben. Das alles erforderte viel Kraft und Ausdauer in Gesprächen mit Handwerksbetrieben in unserem Umfeld.

Nur unseren Altgesellen, der schon in die Jahre gekommen ist, konnte ich nicht vermitteln. Das bedrückte mich sehr, denn er war es, der mir voll zur Seite stand. Eines Morgens teilte er mir mit, dass ich mir um ihn keine Sorgen machen muss. Er hat beschlossen in den Vorruhestand zu gehen. Eine neue Stelle wird er nach all den Jahren in unserem Betrieb nicht mehr antreten. Darüber war ich sehr froh und entspannt, denn für die übrigen Mitarbeiter auch für meine Bürokraft hatte ich in der Zwischenzeit neue Wirkungskreise schaffen können.

Es kam der Tag im Jahr 1993 wo sich unsere Werkstatt-Tore für immer verschlossen. Die Schlüssel wurden dem Käufer wehmütig von mir übergeben. Das Personal hatte neue Anstellungen aufgenommen und abgespannt und mit Zukunftsängsten setzte ich meine Heimfahrt an. Zuhause angekommen richtete ich mir mit all den vielen Unterlagen und Akten, die für eine Geschäftsaufgabe noch zu bearbeiten sind, ein kleines Büro ein. Die Möbel und Büromaschinen hatte ich mir noch von meinen Mitarbeitern anfahren lassen und sie waren mir bei der Aufstellung behilflich.

Georg war im Krankenstand zu dieser Zeit zuhause und wurde von uns umsorgt. Er zeigte keinerlei Wehmut nun nicht mehr Besitzer seiner Werkstatt zu sein. Er war zu sehr mit Gesundung und Beweglichkeit seines Körpers beschäftigt. Seine Behinderung machte ihm sehr zu schaffen. Er musste sich einer Untersuchung unterziehen, ob ihm eine Fahrerlaubnis wieder erteilt werden kann. Er bekam zur Auflage nur ein Fahrzeug mit Automatik und einem am Lenkrad befestigten Drehknopf wieder selbst zu fahren. Das alles hat ihn sehr beschäftigt und ich glaube auch verletzt. Er fühlte sich aufgrund der Behinderungseintragungen wohl bevormundet. Wir sprachen ihm immer wieder gut zu und wollten ihm Mut machen, dass sich sein körperlicher Zustand mit Sicherheit im Laufe der Zeit verbessern wird. Die herabhängende, nicht einsetzbare Hand wird sicher nach der Versteifung des Handgelenkes wieder besser einsetzbar werden.

Für Ablenkung ist immer gesorgt

Im Jahr 1992 berichtete mir unser Charles, dass er in München in einem Rückgebäude eine kleine Wohnungseinheit erworben hat. Vorderhaus mit Rückgebäude dieses Objektes werden für Eigentümer saniert und das fand er interessant sich dort einzukaufen.

Zusammen mit einem Studienkollegen, der Charles handwerklich in der Umbauphase beistand, erfolgte in eigener Architektenregie die Renovierung. Beide legten selbst Hand an und es entstand eine wunderhübsche ca. 65 qm große Wohnung auf drei Ebenen mit einer kleinen Terrasse. Ich war natürlich neugierig und beschloss eines Tages den Baufortschritt anzusehen. Es gab noch viel zu tun. Tagsüber lag die Baustelle brach, denn beide gingen ja ihrer Arbeit als Architekten nach. Sie werkelten abends bis in die Nacht und an den Wochenenden. Bei meinem ersten Besuch fand ich Berge von Bauschutt und Abfall vor, der in allen Räumlichkeiten sich breit machte.

Sofort krempelte ich meine Ärmel hoch und entrümpelte, damit Platz wurde für die nachfolgenden Arbeiten. Juhu, da kam Freude auf. Endlich mal wieder richtig zupacken können. Mal sehen, was der Junge am Abend dazu sagt. Große Überraschung war angesagt, als Charles auf seine Baustelle kam. Ja – Mutter wie hast du das alles geschafft. Ich schmunzelte, ja im Aufräumen habe ich über die Jahre viel Erfahrung machen können. Schade, dass ich nicht bleiben kann. Praktisch arbeiten, wo man den Erfolg sehen kann, ja das macht mir Freude. Die ganze Bauzeit über blieben wir telefonisch in Verbindung, denn ich war an den Baufortschritten sehr interessiert.

Eines Tages bekam ich den Auftrag in unserem heimischen Marmorwerk mal nach Schieferplatten Ausschau zu halten. Er möchte gern eine Freitreppe zur zweiten Ebene verlegen.

Ich kam seinem Wunsch nach, wurde fündig mit preisgünstigem Schieferbruchplatten und fuhr damit schwer beladen in einem unserer Werkstattautos nach München. Diese Platten, mit ziemlichem Gewicht, habe ich dann in das Haus geschleppt, wo sie verlegt werden sollten, damit am Abend, wenn der Bauherr kommt, alles schon seinen Platz gefunden hat. Die Freude war groß, Mutter hat die richtigen Steine ausgesucht, und so wurde ich zum Dank von meinem Sohn zu einem Abendessen in die Institution des berühmten Schlachthofs von München eingeladen.

Nach einigen Wochen entstand eine wunderhübsche Kleinwohnung, die von Mutters handgenähten Gardinen und einer Tagesdecke über ein vom Architekten angefertigten Bett, geschmückt wurde. Stolz war ich auf meinen Sohn. In so kurzer Zeit sich aus eigener Kraft ein Eigenheim zu schaffen.

Meinen Skifreunden berichtete ich natürlich von dieser Leistung meines Sohnes neben seinem Beruf. Kurt, der selbst Handwerker war und Charles sehr mochte, nachdem er ihn während einer Skiwoche in Hochsölden und zu meinem Hüttenzauber kennengelernt hat, wollte ihm eine Freude machen. Bei seiner Durchreise überbrachte er einen handgefertigten Edelstahlschwenkgrill für die Dachterrasse, die wir mit einem Grillabend gleich eingeweiht haben.

Nach geraumer Zeit erfuhr ich von Charles, dass Karo eine Architektenstelle in Berlin angenommen hat. Das tat mir für Charles leid, nun hat er ein schönes Zuhause und seine Freundin, oder wie man es nennen mag, zieht von München weg. Charles besuchte natürlich Karo in Berlin und er kam nach einigen Wochenendreisen nach Berlin zu dem Entschluss sich beruflich auch nach dort zu orientieren. Karo machte ihm die Stadt schmackhaft. Sie war der Meinung dort kann man mehr als Architekt bewirken. Beide gewannen viele interessante neue Eindrücke und schließlich hat Charles ebenfalls in einem namhaften Büro eine Stelle angenommen. Ich fragte ihn, was wird jetzt mit der Wohnung. Mutter, die behalte ich, vielleicht komme ich mal wieder zurück oder vermiete sie.

Vor uns lag plötzlich der Ruhestand

Das musste ich erst einmal begreifen. Für Georg kein Problem. Er hatte sich sein Tagesprogramm schon vor längerer Zeit gestaltet. Für ihn war um 5 Uhr morgens die Nacht vorbei, er ging in den Hobbyraum und machte seine Yoga-Übungen mit begleitender Musik, hörte sich aufbauende Lebensweisheiten über Gesundheit und Lebensphilosophie auf Kassetten an.

Danach ausgiebige Morgentoilette, und um 7 Uhr setzte er sich zu Oma und mir mit den Worten *„Heute ist mein bester Tag"* an den Frühstückstisch. Danach zog er seine Wanderschuhe an und lief durch unsere heimischen Wälder bis fast zur Mittagszeit. Er wurde heimisch auf seine Weise. Über Vergangenes wurde nicht mehr gesprochen. Uns wurde gesagt, seid glücklich, wir sind gesund und haben unser Auskommen. Genießt jeden Tag, denn es ist schon später als du denkst.

Jeder der uns besuchte, bekam diese Worte zu hören. Ein völlig neuer Braun umgab uns alle plötzlich. Ich tat mich schwer mich daran zu gewöhnen, trotz dem Frieden, der wieder bei uns einzog. Mir fehlte das Geschäft, die regelmäßigen Einkünfte daraus, die Sicherheit allen Verpflichtungen weiter nach kommen zu können. Immer wieder kam ich in Versuchung darüber nachzudenken, ob wir ein langlebiges Auskommen haben werden ohne Rente. Denn unsere Altersversorgung war auf Lebensversicherungen aufgebaut, die aber noch einige Jahre zur Einzahlung fällig sind bis zur Ausschüttung. Die gut gemeinten Anregungen meines Mannes konnten mich nicht beruhigen, sie nervten mich sogar zu dieser Zeit.

Ich beschloss mir eine private Buchhaltung anzulegen, um über die Ausgaben weiter einen Überblick zu behalten. Ich hatte das Gefühl, es geht uns gut und wir werden unser Auskommen haben, wenn wir nicht übermütig werden. Georg geht ja nun nicht mehr zu den Stammtischen, wo das Geld locker saß. Das hat er wohl selbst begriffen, Alkohol war tabu für ihn geworden. Zuhause hat er ja nie Alkohol getrunken, nur in der Gesellschaft wurde er dazu verleitet. So war immer seine Aussage, wenn ich mich beschwerte über die nach Hause gebrachten Räusche. Heute sagt er über dieser Zeit. Den Alkohol brauchte ich, um die Langweiler zu ertragen und das dumme Geschwätz. Na, ja, wenn er es so meint, dann soll es so sein. Wir vermeiden über diese Zeiten zu sprechen, um jetzt endlich den Frieden zu bewahren.

EINE NEUE FREIZEITGESTALTUNG AUCH FÜR MICH

Architekt, Heiner der frühere Auftraggeber für unsere Metallarbeiten und Freund ermunterte Georg regelmäßig mit ihm ins Hallen- oder Freibad zu gehen. Die beiden Männer haben sich morgens früh um acht Uhr verabredet für ihre Schwimm- und Gymnastikübungen im Wasser. Sie hatten herausgefunden, dass morgens die Becken noch wenig besucht sind und nur wenige Frühschwimmer unterwegs sind.

Zu dieser Zeit wurde das Sybillenbad in Neualbenreuth, ein Heilbad, eröffnet und auch dorthin fuhren beide Männer regelmäßig einmal in der Woche.

Eines Tages sagte Georg zu mir wie gut diese Wasserbe-
wegungen seinem Körper tun und ich sollte doch auch
einmal mitgehen. Gern nahm ich sein Angebot an, denn
schwimmen im See oder im Meer, das bereitete mir stets
Freude. Aus zeitlichen Gründen konnte ich mir dieses
Vergnügen nur in unseren Urlauben gönnen. So packte
ich eines Tages auch meine Badesachen und ab ging es in
unser hiesiges Freibad. Bisher war mir dieses Bad völlig
unbekannt. Der Freund hatte eine großzügige Kabine
und konnten wir unsere Badesachen dort deponieren
und uns umkleiden. Von der gepflegten Anlage war ich
begeistert. Diese morgendliche Schwimmstunde wollte
ich mir nun auch regelmäßig gönnen. Ich entwickelte Ehrgeiz, merkte dass ich flott vorankomme und zog meine
Bahnen von da an jeden Morgen 1000 m Brust und Rücken im Wechsel in ca. 30 Minuten steckte ich mir zum
Ziel. Alle Schwimmerinnen und Schwimmer neben mir
wurden auf mich aufmerksam. Für einige war ich unbekannt, meinen Mann kannten sie, aber dass ich seine
Ehefrau war, das war vielen nicht bekannt. Wir kamen
ins Gespräch und ich fühlte mich in dem Morgenkreis
aufgenommen.

Georg benutzte für seine Übungen das kleinere Becken, die Temperatur des Wassers war dort um einige
Grade höher und tat seinen Gliedern wohl. Auch Freund
Heiner ging nur in das warme Becken. Nach ca. 45 Minuten verließen wir die Becken, plauderten noch eine kurze Zeit bei einem Kaffee auf der Terrasse und dann ging
es wieder frisch und munter heimwärts. Dieses Ritual
sprach sich schnell in unserer Stadt herum. Der Braun
geht täglich zum Schwimmen. So hat dies auch seine
letzte Liebschaft erreicht und als ich eines Tages an dem

Seniorenbecken vorbeilief, um zum Schwimmerbecken zu gelangen, bemerkte ich diese Frau beobachtend im Wasser. Sie planschte unsportlich in dem Becken und wartete, bis mein Mann in das Becken kam. Das ging so eine ganze Saison, bis sie merkte, dass ich erhaben über der Sache stand und sie sich stillschweigend verzog. Auch Georg fand dieses Verhalten nach der langen Zeit wohl sehr anmaßend. Wir haben über diese Situation nicht gesprochen. Ich tat so, als wenn ich das nicht bemerkte. Eines Tages hat sie ihre Neugier wohl gebändigt und aufgegeben zur gleichen Zeit wie wir im Bad zu sein. Mir war bekannt, dass viele der Leute auch im Bad unsere Unstimmigkeiten bis zu Georgs Unfall kannten, doch ich hatte das Gefühl, dass man zu mir stand, und das tat gut. Mein Selbstbewusstsein wurde dadurch gestärkt. Ich wollte mich nicht aufgrund der unliebsamen, vergangenen Jahre nicht hinter dem Berg weiter verstecken.

Meine, unsere Mutter muss gefeiert werden

Meine Mutter wird 80 Jahre. Ich habe mir fest vorgenommen diesen Tag meiner Mutter zu Ehren zu feiern. Ihr Leben war arbeitsreich und bescheiden und sie lebte immer nur für unser Wohlergehen. Jetzt habe ich Zeit und Muße Mutter einen schönen Tag zu gestalten. Darüber konnte ich allerdings nicht mit ihr sprechen und so habe ich insgeheim meine Einladungen verschickt an die gesamte Verwandtschaft und ehemalige Mitarbeiter meiner Mutter. Schwester Renate war begeistert. Endlich mal wieder ein Familienfest, wir freuen uns. Nachbarfrauen, mit denen meine Mutter über den Gartenzaun oftmals plauderten, habe ich ebenfalls eingeladen zu einem Sektfrühstück in unserem Haus, danach eine Wanderung in unseren geliebten Gasthof zum Mittagsmenü und Kaffeestunde. Charles, der ja bereits in Berlin lebte, versprach mit Karo zu kommen und natürlich Anja von München. Es fehlte nun noch eine Überraschung für das Geburtstagskind und die Gäste. Diese Idee kam mir an einem Wochenmarkttag in der Stadt Dort spielen Straßenmusiker für ein Trinkgeld verschiedentlich auf. An einem der Tage fesselte mich ein junger Mann mit russischer, sehr rhythmischer Volksmusik, gespielt auf Akkordeon. Ich warf mein Scherflein in sein aufgestelltes Körbchen nach dem Kunstgenuss und erlaubte mir die Frage, ob er auch privat an einer Geburtstagsfeier für mich spielen würde. Erfreut sagte er mir zu und wir vereinbarten den Termin.

Der Tag kam näher. Früh am Morgen habe ich ein wunderhübsch dekoriertes Büfett angerichtet, eine große 80 aus Stanniolpapier gebastelt und viele bunte Frühlingsblumen zierten den Tisch. Als meine Mutter hübsch gekleidet für diesen Tag, darauf legte sie immer großen Wert, die Treppe herunter kam, nahmen wir uns fest in den Arm. Ohne viele Worte wussten wir, was wir uns sagen wollten. Die Gäste trudelten ein, es war ein buntes Treiben, doch Georg kam aus seinem Schlafgemach nicht hervor. Ich wollte gerade nach ihm sehen, als plötzlich ein fürchterlicher lauter Schrei erschall. Alle Anwesenden waren erschrocken. Ich lief in das Schlafzimmer und sah Georg schreiend am Boden liegen. Ja, was ist denn passiert. Vor Schmerzen konnte er nicht sprechen. Ich bekam Angst, wenn wieder an der Schulter etwas gebrochen ist, nein nicht auszudenken. Ich rief seinen Arzt an, der auch sofort kam und ihn aufgrund des Verhaltens gleich ins Krankenhaus abtransportieren ließ.

Auf dem Tragebett zum Auto sagte Georg noch, feiert mal schön. Lasst Euch den Tag nicht verderben. Ich bin ausgerutscht bei meinen Übungen.

Nein und noch einmal nein. Das kann doch nicht sein. Seit langer Zeit steht uns ein entspannter Tag bevor und jetzt das. Fest abblasen kommt nicht in Frage. Wir werden den Tag feiern wie geplant. Alles ist organisiert und bestellt für 25 Personen. Die Gäste unterhielten sich und ich war froh darüber. Viele hatten sich lange nicht gesehen und Mutter wurde immer wieder beglückwünscht. Bis zu unserem Aufbruch bekam ich noch telefonisch vom Krankenhaus die Nachricht, dass die Verletzungen behoben werden können, aber ein Krankenhausaufenthalt ist notwendig. Diese Nachricht entspannt mich und ich hielt meine Ansprache zu diesem Tag wie geplant. Das Essen mundete und der Musiker war für alle eine tolle Überraschung. Er fühlte sich so wohl unter uns, dass er den ganzen Nachmittag noch zusammen mit uns verbrachte und zwischendurch immer wieder mit einem Musikstück für Stimmung sorgte.

Es gab noch eine Überraschung für uns alle. Charles hielt für seine geliebte Oma eine Ansprache und abschließend verkündete er: Oma du wirst bald Uroma werden. Alles jubelte und beglückwünschte die beiden. Oma musste sich setzen vor Aufregung und Freude zugleich. Sie fragte natürlich, wann ist denn Hochzeit. Da lachten die beiden und meinten das hat noch Zeit, der Nachwuchs kommt erst im September. Jetzt haben wir erst Februar. Ich jubelte, ich werde Oma und das mit 54 Jahren. Was wird Georg dazu sagen, wenn er erfährt Großvater zu werden. Ich war gespannt und wollte gleich am nächsten Morgen zu ihm ins Krankenhaus fahren. Vielleicht lässt diese Nachricht ihn schneller gesunden.

Der Freudentag war trotz der morgendlichen Aufregung gelungen, nach herzlicher Verabschiedung der geladenen Gäste zog Oma sich glücklich und zufrieden in ihr Zimmer zurück. Unser aller Wunsch war, dass wir noch lange unsere Mutter so rüstig um uns haben können, damit auch sie den Familienzuwachs noch genießen kann.

DIE HOCHZEIT WURDE GEPLANT

Eines Tages flatterte die Hochzeitseinladung mit dem Termin 4. Juni 1993 in unser Haus. Es war geplant am Tag davor anzureisen zum Empfang bei Karos Eltern in ihrem Haus in Bad B... Karo hatte noch zwei Geschwister mit Familie Onkel und Tanten, die wir alle kennenlernen sollten. Für uns waren Hotelzimmer zur Übernachtung bereits gebucht. Man wollte sich vor dem Trauungstag untereinander kennenlernen. Ich glaube die gegenseitige Begegnung war für alle Beteiligten sehr erfreulich. Es war eine gelungene Zusammenkunft. Ein herrlicher Sommertag und die Festlichkeit konnte im Garten der Schwiegereltern unseres Sohnes gefeiert werden. Für das Brautpaar wurde gepoltert und die beiden kehrten die Scherben, wie wir es einst taten, fleißig zusammen.

Von unserer Seite war Schwester Renate mit Familie geladen, unsere Mutter, Anja und unser Hund Leo (Schlabbersack) war auch dabei. Charles und Karo hatten Freunde geladen und ein unterhaltsamer fröhlicher Hochzeitsvorabend nahm seinen Lauf.

Alle Hochzeitsgäste übernachteten in einem wunderschönen Hotel. Nach einem gemeinsamen Frühstück konnten wir in einem begrünten Innenhof mit Bänken, Tischen und Stühlen auf das Brautpaar warten. Ein herrlicher Sommermorgen sorgte für gute Stimmung und Unterhaltung. Ich freute mich einen Studienkollegen von Charles unter den Gästen zu sehen, und wir führten angeregte Gespräche.

Das Hochzeitspaar trat Hand in Hand in den Innenhof. Hübsch anzusehen. Karo trug ein weißes Spitzenkleid und einen großen weit ausladenden Hut. Man konnte unter dem Kleid die Erhebung des heranwachsenden Nachwuchses leicht erkennen.

Gemeinsam marschierten wir zu Fuß zum Standesamt und anschließend fand die kirchliche Trauung in der protestantischen Klosterkirche statt. Ein Onkel von Karo, ein Pater, nahm die Trauung auf Wunsch von Karo vor. Für mich war das ein erhebender Moment die beiden glücklich strahlend zu sehen. Wir Mütter nahmen uns anschließend in den Arm und wünschten uns, dass unsere Kinder glücklich werden und einen gesunden Nachwuchs erhalten. Meine Mutter sehr berührt, ihr Herzbub ist nun Ehemann. Nach einem köstlichen Hochzeitsmenü und nicht zu vergessen das Auspacken der Geschenke trennten sich unsere Wege und jeder trat den weiten Weg der Heimreise an.

Charles bat um Berlin-Besuch

Charles fand es an der Zeit, dass wir nach Berlin reisen und sein neues Zuhause begutachten. Georg und Oma war diese Reise zu anstrengend und so sagte ich mit Anja zu kommen gern zu. Beide hatten sie eine großzügige Wohnung in Charlottenburg zur Miete eingerichtet. Es war Ende August, die Zwetschgen waren reif und wurden auf dem Markt angeboten. Ich habe einen Zwetschgendatschi gebacken und wir haben uns für ein Wochenende angemeldet, damit für uns in der Nähe ihrer Wohnung ein Hotelzimmer gebucht werden kann.

Anja und ich freuten uns auf diese Fahrt. Schon früh am Morgen düsten wir los mit dem Kuchenblech im Kofferraum. Telefonisch meldeten wir uns bei Karo so gegen 13 Uhr an.Karo war bereits zu dieser Zeit in ihren 6 Wochen vor der Geburt und nicht mehr in der Arbeit. Wir erreichten Potsdam schon sehr zeitig und nahmen uns die Zeit bei dieser Gelegenheit das Schloss mit seinem Schlossgarten zu besichtigen. Anja als Geografie-Studentin wies mir den Weg nach Stadtplan zu der Adresse ohne Umwege anzufahren. Pünktlich wie angekündigt fuhren wir vor der Haustür vor. Unter den vielen Namen des Klingelschildes fanden wir den Namen Braun und freudig drückte ich. Es rührte sich nichts. Ich hatte das Kuchenblech in meinem Arm, Anja einen Blumenstrauß und wir warteten ungeduldig. Immer wieder drückten wir die Klingel, bis einer zur Haustür herauskam und wir in den Hauseingang eintreten konnten. Wir stiegen die Treppen hinauf und klingelten noch einmal an der Wohnungstür. Wieder nichts. Ungläubig schauten wir uns an. Es ist doch heute Freitag und es ist doch 13 Uhr. Wir sind doch angemeldet? Noch einmal klingeln. Ich setzte mich auf eine Treppenstufe, denn das Blech wurde im Arm ziemlich schwer. Dann ging die Tür auf. Karo schaute uns an. Entschuldigung, ich habe geschlafen, mir geht es heute nicht gut. Wir begrüßten uns und ich bat Karo mir die Küche zu zeigen, damit ich das Kuchenblech abstellen kann. Anja überreichte den Blumenstrauß, der auf dem Tisch abgelegt wurde. Wir waren beide sehr verwundert. Freut sie sich nicht über unseren Besuch? Für uns war der Empfang etwas peinlich. Anja bat um eine Vase um die Blumen ins Wasser zu stellen. Das dauerte sehr lange bis Karo wieder zurück kam. Dann wurden wir in das Wohnzimmer gebeten und wir ließen uns nieder. Charles kommt nicht vor 17 Uhr aus dem Büro meinte sie. Ja, das macht doch nichts, wir können uns doch eine gemütliche Kaffeestunde inzwischen machen. Hast du Sahne, die ich bat zu kaufen zuhause. Die konnten wir im Auto nicht mitbringen bei der Wärme. Ach, die habe ich vergessen, kam zur Antwort. Wir fragten nach einem Geschäft in der Nähe, wo wir sie denn kaufen könnten, denn Zwetschgenkuchen ohne Sahne, da fehlt einfach etwas. Anja machte sich auf den Weg. Wir beide kochten Kaffee, schlugen die Sahne und deckten den Tisch. Karo nahm Platz als wenn sie der Gast gewesen wäre. Wir fanden das alles schon ziemlich komisch. Plötzlich ging die Tür auf und Charles stürmte freudig zu uns. Hurra. Mutter und Schwester sind da. Hm, herrlich der Kuchen und er verschlag gleich ein Stück nach dem anderen. Na, was sagt ihr zu unserem Heim. Ja – schön aber wo ist denn das Kinderzimmer. Das muss erst noch gerichtet werden. Aber in ca. 4 Wochen ist es doch so weit. Ja, ja bis dahin ist alles da. Was wollen wir denn heute unternehmen, wollt Ihr in die Stadt oder wollt Ihr essen gehen. Ich sagte, das überlassen wir ganz euch, ich glaube Karo geht es nicht so gut. Die Stadt sehen wir uns morgen an und das Schloss Charlottenburg wollen wir auch besichtigen. Anja hat schon einen Tagesplan für uns ausgearbeitet. So beschlossen wir auf Karos Rat ein Sushi-Restaurant zu besuchen. Für mich war das Neuland, so etwas hatte ich bisher noch nicht gegessen. Karo schwärmte mir vor, das musst du probieren, das esse ich gern. So fuhren wir mit Charles durch die Stadt, Karo fand den Weg nicht mehr, bis wir endlich am Ziel waren. Uns beiden wurde geraten was wir uns auf den Teller nehmen sollten. Köstlich meinte Karo, ich jedoch konnte es nicht verspeisen. Das war ganz und gar nicht mein Geschmack. Auch Anja war nicht recht angetan, aber ihr Hunger trieb es rein.

Wir beide fielen nach der langen Anreise und dem Aufenthalt todmüde in unser Hotelbett und schliefen wie Murmeltiere bis zum frühen Morgen. Charles hatte Termine. Karo wollten wir nicht belästigen und so genossen wir den Freiraum für unsere Besichtigungen.

Charles hat unsere Anspannung nicht so mit bekommen. Er war glücklich uns zu sehen, und sagte zum Abschied, ihr müsst wieder kommen.

Das war unsere erste Berlin-Reise zu der werdenden Jungfamilie, die uns die ganze Heimfahrt gedanklich beschäftigte.

JEDER VON UNS ERSEHNTE
DEN MONAT SEPTEMBER

Bis endlich am 29. September der Anruf von Charles kam. Hallo der Felix ist da. Mutter und Kind sind gesund. Ihr müsst kommen und das Kind anschauen. Neun Pfund wiegt er und Haare ganz viele und Pechschwarz. Man merkte an seiner Stimme wie stolz der junge Vater war. Natürlich sagte ich freudig zu. Wie lange ist denn Karo im Krankenhaus? Wann sind wir denn erwünscht? Charles meinte, wenn Karo nach Hause kommt. Karos Eltern und die Schwester wollen auch kommen. Mit Anja vereinbarte ich noch einmal den Reisetermin nach Berlin. Ich richtete mich nach ihr, wie es mit der Uni am besten passt. Gemeinsam nahmen wir noch einmal die Reise per Auto auf uns. Es war der Vortag, an dem Karo mit Felix entlassen werden sollte. Am frühen Vormittag kamen wir an. Charles hatte frei genommen und empfing uns und begleitete uns gleich in das Krankenhaus. Eine hübsche junge Mutter strahlte uns aus ihrem Bett an und davor, ja was sahen wir da – ein Wonneproppen schaute uns mit dunklen Augen an. Pausbäckig, schwarze Haare und dicke rote Bäckchen. Zum Verlieben, am liebsten hätte ich ihn aus seinem Bettchen in den Arm genommen. Karo nahm den Kleinen hoch und legt ihn zum Stillen an. Köstlich wie er schmatzte. Stunden hätte ich verweilen können, um den Kleinen immer wieder anzuschauen.

Zurück in die Wohnung ging ich in das Kinderzimmer. Ich erschrak, da ist ja noch nichts gerichtet für die Heimkunft. Ich sehe keine Wickelkommode, kein Bettchen und was sonst noch gebraucht wird. Charles sagte, ja, ja das macht Karo schon noch.

Zum Wickeln nehmen wir den Planschrank von England, den du mal geholt hast, und zum Schlafen wird er in einen Korb gelegt. Ich war sprachlos. Wie habe ich meine Kinder empfangen und umsorgt. Mir wurde direkt etwas Angst, ob die beiden in der Lage sind das kleine Wesen richtig zu versorgen. Inzwischen reisten Karos Eltern und ihre Schwester an. Jeder von uns stand vor dem Körbchen. Ich merkte, wie die Schwester sich umschaute und so wie wir erstaunt war über die spärliche Einrichtung für das Kind. Sie fragte Karo nach verschiedenen Dingen, die für ein Kleinkind notwendig sind. Kopfschüttelnd lief sie aus der Wohnung um Einkäufe zu tätigen. Ich wollte mich nicht einmischen und wartete ab wie sich alles entwickeln wird. Karo hatte ihre eigene Meinung zu der Versorgung des Kindes und mein Trost war, der Junge ist ja mit neun Pfund stabil und Mutter stillt. Auf unserer Heimreise wussten Anja und ich nicht, sollen wir lachen oder weinen. Am liebsten hätte ich den Kleinen mit nach Hause genommen.

Meine, unsere Sorge war unbegründet, denn regelmäßig schickte uns Charles Fotos und wir konnten sehen, dass das Kind zufrieden und glücklich ist.

Noch im gleichen Jahr kündigte Charles an uns zu besuchen. Marie und der Opa müssen den Kleinen kennenlernen. Die Freude war groß. Ich besorgte gleich ein Reisekinderbett, Kissen, Decken und alles was dazu gehört hatte ich ja noch von meinen Kindern. Das Kinderzimmer von Charles schmückte ich mit vielen Sachen, besorgte Windeln und vieles mehr. Der Bub soll sich wohl fühlen bei uns.

Leben kam wieder in unser Haus. Alle Nachbarn bestaunten den hübschen Kerl, der friedlich uns alle immer wieder anlächelnd sich in seinem Bettchen rekelte. Ich konnte es nicht erwarten ihn im Kinderwagen durch die Stadt zu schieben. Omaglück pur verspürte ich und hätte am liebsten all meine Hausfrauenpflichten vergessen.

Der Abschied von dem Jungfamilienbesuch fiel schwer und ich bedauerte die weite Entfernung, die ein spontanes Wiedersehen nicht möglich machte.

ZEIT VERGING

Eines Tages kam von Charles ein Anruf aus Berlin. Karo und ich arbeiten an einem Wettbewerb. Für Weidach ist ein Omnibusbahnhof als Architektenwettbewerb ausgeschrieben, an dem wir teilnehmen. Ich freute mich über diese Nachricht und hoffte innerlich, dass die beiden jungen, strebsamen Architekten einen Erfolg verzeichnen können. Die Abgabe war erfolgt und wartete ich mit den beiden mit großer Spannung auf das Ergebnis.

Eines Abends, ich saß vor dem Fernseher, klingelte das Telefon. Ich hob ab und der Oberbürgermeister von Weidach meldete sich. Frau Braun, ich müsste dringend ihren Sohn erreichen, wo kann ich ihn finden?. Ich teilte dem Oberbürgermeister mit, dass Charles in Berlin wohnt, und ich könnte die Adresse und Telefonnummer mitteilen. Darauf antwortete der Oberbürgermeister, Frau Braun ich kann ihnen vorab sagen, dass ihr Sohn den ersten Preis in dem Wettbewerb gewonnen hat, und

meine Glückwünsche möchte ich ihm persönlich überbringen. Ich glaube, ich habe für Sekunden keine Worte
gefunden, bis ich mich für diese überwältigende Nachricht bedanken konnte. Voller Freude lief ich zu Georg und
Oma Marie diese erfreuliche Nachricht zu überbringen.

Am nächsten Morgen rief Charles an und teilte uns den
Erfolg mit. Er wusste nicht, dass wir schon unterrichtet
waren. Man konnte die Luftsprünge der beiden von Berlin bis zu uns vernehmen. Charles sagte zu mir, man hofft
ja bei einer Abgabe immer auf ein erfolgreiches Ergebnis,
aber wenn es eintrifft, dann kann man es kaum glauben.

Meine Frage an meinen Sohn war, und wie geht es
jetzt weiter? Erst einmal müssen wir abwarten, ob wir
den Auftrag auch erhalten, meinte er. Das ist nicht immer der Fall. Auch an zweite und dritte Plätze kann der
Auftrag erteilt werden. Wir müssen abwarten.

Nach ein paar Wochen war entschieden, die beiden Jungarchitekten erhalten den Auftrag zur Ausführung des
neuen Busbahnhofes in unserer Stadt. Die Freude war
groß. Nun musste schnellstens gehandelt werden, denn
viele Besprechungstermine standen für die jungen Leute an. Beide kündigten ihre Stellen in Berlin, lösten den
Wohnsitz auf und zogen erst einmal bei uns ein, bis sie
eine passende Wohnung in Weidach für sich finden.

Damit begann ihre Selbstständigkeit und das in der
Heimatstadt unseres Sohnes. Wir alle waren überglücklich und waren natürlich bereit Unterstützung zu geben,
vor allem für unseren Enkel, damit die beiden entspannt
den neuen Aufgaben nachgehen können.

Der kleine Felix fühlte sich in dem neuen Zuhause
gleich wohl. Vieles hat die Oma angeschafft, damit es

dem Jungen an nichts fehlt. Zuerst ein großes Laufgitter, denn unser Leo war neugierig auf den neuen Mitbewohner. Er schwänzelte ständig um das krabbelnde Kind herum und wollte mit Schnuppern seine Zuneigung zeigen. Karo gefiel das nicht besonders und war froh, dass Kind und Hund durch ein Gitter getrennt waren. Lustig war es mit anzusehen, wie die beiden sich nun mit Abstand begutachteten.

Die Jungfamilie fand alsbald eine hübsche großzügige Wohnung in der Straße, wo wir früher unseren Metallbaubetrieb hatten. Felix blieb bei uns, nur wenn die Eltern freie Zeit zur Verfügung hatten, schlief der Kleine bei ihnen. Jeden Abend kamen die Eltern zu uns zu Besuch und unsere Oma deckte den Tisch, denn Zeit für geregelte Mahlzeiten blieb ihnen nur wenig.

Wir wurden ein gutes Team und Karo und Charles vertrauten uns gern ihren Sprössling an, denn sie merkten, dass wir alles nach ihrem Sinne für das Kind taten. Die Zeit verging, wir alle genossen die Tage mit dem Jungen und erfreuten uns über jeden seiner Fortschritte. Wir hatten das vollste Vertrauen der Eltern.

ANJA MELDET SICH

Meine Tochter kam mit meinen Besuchen etwas zu kurz. Die neue Aufgabe füllte mich so aus, dass ich keinerlei Reiselust verspürte. An einem freien Wochenende fuhr ich mal wieder Anja besuchen. Es war höchste Zeit, dass wir beide uns austauschten und uns ein gemütliches

Wochenende bereiteten. Bei dieser Zusammenkunft beklagte sich Anja bei mir über die Lautstärke in diesem Haus. Unterhalb befand sich eine Gaststätte mit Abendbetrieb, der sehr oft lautstark bis zu ihr in die Wohnung vordringt, dann die Ampel genau vor ihrem Fenster mit dem ständigen Autoverkehr. Ihre Konzentration ist dadurch stark gestört beim Lernen und sie möchte sich nach einer anderen Wohnung umsehen. Ich habe das verstanden, denn auch ich schlief unruhig, verwöhnt durch die Ruhe bei uns zu Hause.

Wir vereinbarten, dass Anja Ausschau halten soll, und sich bei mir meldet, wenn sie etwas Passendes zur Besichtigung gefunden hat.

Eines Tages rief sie bei mir an und sagte, Mutter ich habe einige Wohnungen zum Kauf ausfindig machen können. Die Mieten sind so hoch, da wo es mir gefallen würde, vielleicht ist da ein Kauf sinnvoller. Das musst du entscheiden, aber vielleicht kann man mit Zins- und Tilgung auch einen Kauf tätigen bei den Mietpreisen. Ich war mit dem Vorschlag einverstanden und sagte ihr, dass sie einige Besichtigungstermine für uns vereinbaren soll. Gespannt fuhr ich nach Verabredung nach München was mich erwarten wird. Unser Weg führte uns in das Vorstadtviertel, nahe des Schlachthofes und der Theresienwiese. Wir fuhren in eine begrünte ruhige Straße ein. Hier ist es Mutter, da würde es mir gefallen. Kann sogar zu Fuß in die Innenstadt laufen, alles zentral aber sehr ruhig ohne Straßendurchgangsverkehr. Ich stieg aus dem Auto und war sehr angetan von dem Jugendstilhaus. Es machte einen einladenden Eindruck. Wir traten durch die Haustüre in ein großzügiges Treppenhaus. Die Wohnung ist im dritten Stock, sagte Ania zu mir. Als wir fast oben ankamen stand eine Schlange von Leuten vor der Wohnungstüre. Der Makler war noch nicht da. Es kam eine sympathische Frau, die sich als Maklerin vorstellte und die Tür aufschloss und alle stürmten hinein. Der erste Eindruck gefiel mir. Ruhig durchliefen wir die Räumlichkeiten. Zwei großzügige Zimmer mit hohen Decken und Parkettfußböden, eine kleine Küche und ein nettes Bad. Von der Küche aus kam man auf einen kleinen Balkon mit dem Blick in einen begrünten Innenhof. Der Balkon erinnerte mich an Romeo und Julia, ich fand ihn sehr romantisch. Mein Gedanke war, ich kann mir wohnen hier sehr gemütlich vorstellen, ruhig und gepflegt. Alle Besucher sprachen durcheinander, jeder wollte Auskünfte über die Kosten und vieles mehr. Für mich war das fremd, denn ich war ja noch nie in der Situation eine Wohnung zu kaufen. Ich hörte aufmerksam alle Kaufgespräche der anderen an und ich kam zu dem Entschluss, dass alles passt. Ich würde kaufen. Im Stillen beobachtete ich meine Tochter wie sie die Räumlichkeiten empfindet. Nach geraumer Zeit fragte ich sie, kannst du dir vorstellen hier zu wohnen und das als dein Eigenheim zu sehen? Ein klares Ja kam aus ihrem Mund. Na dann schlage ich jetzt zu bevor uns einer die Wohnung wegschnappt. Bist du dir sicher? Ja, Mutter hier ist alles passend. Ich trat vor die Maklerin und sagte, wir nehmen die Wohnung und beschließen damit den Besichtigungstermin. Ich reichte ihr die Hand und der Kauf war perfekt. Alle anderen verließen daraufhin die Wohnung manche verblüfft über meine schnelle Entscheidung.

Nach der Erledigung der Formalitäten verabschiedeten wir uns von der Maklerin, die uns alle weiteren Termine zwecks Notar schriftlich bekannt geben wird.

Wir hüpften beide lachend die Treppen hinunter und genehmigten uns erst einmal einen Drink in einem nahe gelegenen Kaffee und stießen auf unsere Entscheidung an. Wir waren überzeugt, dass wir einen richtigen Entschluss gefasst haben in die Zukunft blickend Anja wird mit Sicherheit auch nach ihrem Diplom München weiter treu bleiben.

Etwas mulmig war es mir auf der Heimfahrt schon. Ich fing das Rechnen an, Bargeld für den Kauf ist nicht vorhanden. Es kann nur finanziert werden mit der freien Grundschuld des Landhauses und die reicht aus. Gleich am nächsten Morgen besuchte ich unsere Bank und die gab grünes Licht. Man erstellte mir einen Zins- und Tilgungsplan, der mit den Mieteinnahmen meines Landhauses finanziert werden kann. Wenn Anja in Stellung geht, hatten wir vorab besprochen, dann muss sie an mich eine angemessene Miete bezahlen. Jetzt bin ich in München Wohnungsbesitzer. Freude kam auf. In Gedanken beschäftigte ich mich schon mit der Einrichtung der Wohnung, denn Anja sollte ein gemütliches Eigenheim haben, wo sie sich wohlfühlen kann. Ich war überzeugt, dass wir alles richtig gemacht haben. Charles war etwas enttäuscht, dass wir ohne sein Wissen und ohne ihn als Architekt zu fragen, gehandelt haben. Nach Besichtigung war auch er von unserem Kauf überzeugt.

Der Umzug wurde organisiert. Die Ikea-Regale fanden Abnehmer, neue Schrankwände wurden aufgestellt. Durch die hohen Decken bot sich an ein großzügiges Hochbett aufzustellen. Dafür fand ich einen Schreiner in der Nachbarschaft, der in einem Hinterhof seine Werkstatt hatte. Ich zeigte ihm meine Skizze wie ich das Bett mir vorstelle mit einer großzügigen Treppe nach oben, alles stabil in Buchenholz. Der Schreiner war begeistert von meinem Entwurf und nach Fertigstellung hat er es mehrmals fotografiert, so fasziniert war er von seinem Werk. Eine kleine weiße Küchenzeile zierte die schmale Küche mit netten Wandregalen. Den Flur schmückte ein Erinnerungsstück von unserer Tante Gretel, die uns ihren antiken Vitrinenschrank bei einem unserer Besuche in Dresden schenkte. Lampen und selbst genähte Vorhänge schmückten die Räumlichkeiten. Es war so gemütlich, dass mir immer wieder schwer fiel die Wohnung zu verlassen. Aber zuhause erwartete mich ja mein liebes Enkelkind und gab mir Ablenkung.

TURBULENT GING ES WEITER

Trotz aller Termine wollte keiner von uns auf einen Skiurlaub verzichten. Charles und Karo mit Felix buchten in Davos für eine Woche. Charles meinte Anja und ich könnten doch auch mitfahren. Wir beide richteten uns ein und fuhren nach. Auf unserer Anreise fing es heftig an zu schneien. Der Scheibenwischer schaffte es kaum den Schnee wegzuschieben. Schneeketten hatten wir vorsichtshalber eingepackt, allerdings in der Hoffnung sie nicht einsetzen zu müssen. Beide hatten wir davon noch nie Gebrauch gemacht. Um Davos anzufahren, wussten wir, dass es sich nur um ein ca. 10 km langes Straßenstück handelt, wo es brenzlig werden könnte. Genau da passierte es. Wir kamen um die erste Kurve des Serpentinenteils, eine lange stehende Autoschlange vor uns. Na toll was jetzt. Stillstand so weit man sehen konnte. Es schneite unaufhörlich. Der Schneepflug kam nicht durch, weil die zum Teil quer stehenden Autos die Durchfahrt ausbremsten. Um jedes der Autos waren die Männer beschäftigt ihre Schneeketten anzubringen. Hilflos sahen wir uns an. Hier kommen wir heute nicht mehr weg und zurück geht auch nicht mehr. Was tun? Wir hatten das Glück neben einer kleinen Ausbuchtung zu stehen. Wir fragten den Vordermann, ob er uns, wenn er seine Ketten angebracht hat behilflich sein könnte. Wirsch gab er uns zur Antwort, dass er selbst nicht zurecht kommt damit. Auf geht's, sagte ich zu Anja. Wir müssen es versuchen. Aus dem Kofferraum holten wir die Schneeketten, packten aus, überlegten wie sie anzubringen sind und begannen an den Vorderreifen. Etwas anfahren, dann rollen sie sich um das Rad, so steht es geschrieben. Also probieren. Die Fußmatten haben wir unter die Räder geschoben, damit sie nicht abrutschen. Anja klagte, meine Finger sind schon ganz steif vor Kälte. Zieh Handschuhe an, erwiderte ich, wir müssen es schaffen oder sollen wir hier übernachten? Wir knieten im tiefen Schnee, wühlten und wühlten. Ich fuhr an und flupp die Kette rollte über das Rad, so jetzt einhaken und weiter mit den anderen. Es geht doch. Ich setzte mich hinter das Steuer, fuhr langsam an. Anja schau ob die Ketten halten Ja, rief sie, sie halten. Dann nichts wie rein, ich gebe jetzt Gas. Hurra, es hat geklappt, wir rauschten an den stehenden Autos vorbei. Man schaute uns verwundert nach. Ich schrie, wir sind doch zwei tolle Weiber – juhu und ich donnerte um die Kurven. Mit ziemlicher Verspätung kamen wir in unserem Hotel an und am nächsten Morgen haben wir erfahren, dass nichts mehr ging und die Leute die ganze Nacht nicht vom Fleck kamen. Charles war auf seine beiden Frauen unglaublich stolz.

Gemeinsam verbrachten wir entspannte Skitage auf den Davoser Pisten bei herrlichem Wetter und frischem Pulverschnee. Es beglückte mich mit meinen Kindern und dem kleinen Felix erholsame Tage freudig erleben zu können.

Im Jahr 1996 hatte Anja die Möglichkeit für einige Monate nach Köln an die Uni zu gehen. Sie war begeistert und wollte dieses Angebot wahrnehmen. Allerdings müsste sie sich selbst um eine Unterkunft bemühen. Ja, das sah ich als ein Problem. Doppelten Wohnsitz finanzieren. Wie soll man eine günstige Bleibe aus der Ferne organisieren. Da fiel mir mein Skifreund Rudi aus Köln ein. Vielleicht könnte der uns etwas vermittelt. Ich rief ihn an und bat um seine Hilfe. Seine Antwort, das wird schwierig, ich kann dir da wohl kaum helfen. Enttäuscht legte ich den Hörer auf. Eine Stunde später klingelte das Telefon und Rudi war wieder am Apparat. Margot, ich hab die Lösung. Ich kenne ja deine Tochter, sie ist ein anständiges, ordentliches Mädchen und sie kann die Zeit über in der Wohnung meiner Tochter wohnen. Sie benützt zur Zeit die Wohnung nicht. Du müsstest mir nur die Unkosten bezahlen. Die Wohnung ist komplett eingerichtet, alles ist da und ich vertraue deiner Tochter, dass sie alles pfleglich behandelt. Ich war baff, das ist ein Angebot. Dankend nahm ich diese Großzügigkeit an. Beide reisten wir nach Köln, die Wohnung lag in einem Außenbezirk, sehr gemütlich eingerichtet, mit einem hübschen Terrassenbalkon im Grünen. Rudi übergab uns die Schlüssel und wünschte Anja ein frohes Schaffen in Köln. Das sind Freunde, dachte ich mir, wie kann ich ihm nur danken. Gleich am nächsten Morgen hatte Anja ihren ersten Termin in der Uni und ich vertrieb mir die Zeit bis zu ihrer Rückkehr mit einem Spaziergang durch das adrette Wohnviertel. Plötzlich rief hinter mir eine Stimme, Margot, hallo Margot bist du es wirklich? Ich drehte mich um und erblickte eine ehemalige Nachbarin aus unserem Ort. Wir umarmten uns. Anni, was machst du denn hier, war meine Reaktion. Eine waschechte Oberpfälzerin in Köln? Ich wohne hier. Habe nach hier geheiratet. Wir tauschten uns aus und ich zeigte ihr wo Anja wohnt. Beide konnten wir diesen Wiedersehenszufall kaum glauben. Sie lud mich zu einem Kaffee in ihr wunderhübsches Haus ein und bat mich und Anja zum Abendessen, wenn ihr Mann zuhause ist. Freudig nahm ich im Namen von Anja diese Einladung an. Es wurde ein unterhaltsamer Abend und bei der Verabschiedung gab sie Anja zu verstehen, dass sie jederzeit willkommen ist, wenn sie sich hier einsam fühlt. Beruhigt konnte ich meine Heimreise am nächsten Tag antreten. Anja hat Nachbarschaftskontakt und kann jederzeit darauf zurückgreifen. Was für ein Glück.

MEIN, UNSER FELIX

Fast drei Jahre war nun unser kleiner Mann, der unser Familienleben bereicherte. Ich bastelte mit ihm je nach Jahreszeit, wir spielten Fußball vor dem Haus, er lernte Dreirad fahren, wir liefen im Sommer über unsere

Wiesen, besuchten die heimischen Kuhställe, zogen im Winter den kleinen Mann auf dem Schlitten durch den Schnee, rodelten den Hausberg hinunter und schnallten ihm die Skier an für die ersten Versuche am Hang. Georg brachte sich auch mit ein, er ermutigte Felix mit ihm Yoga zu machen, und er taufte seinen Großvater OM, der Name ist bis heute aktuell in der ganzen Familie. Eine wunderbare Zeit auch für Oma Marie, die mit ihm Karten spielte, und Mensch ärgere dich nicht. Abends, wenn die Eltern ihn abholen wollten, hat er oftmals gesagt, ihr könnt wieder gehen, ich bleibe hier. Er kam in den Kindergarten. Dazu haben wir ihn in die Stadt gefahren und mittags wieder abgeholt.

Wir feierten von nun an alle Geburtstage harmonisch in der Familie, auch meine Schwester mit Familie kam gern zu Besuch. Unbeschwerte Zeiten haben wir genossen. Alle waren gesund und munter und die Architekten bekamen nach der Fertigstellung des ZOB reichliche interessante Neuaufträge in der Oberpfalz. Sie verschafften sich als Architekten einen Namen in Stadt und Land. Vater, unser OM war insgeheim stolz auf seine Familie.

ANRUF VON ANJA

Wieder zurück in München von ihrem Kölner Aufenthalt bekam ich eines Tages einen Anruf. Mutter, ich muss mich auf meine Diplom-Arbeit vorbereiten. Ich habe mir vorgenommen über den sanften Tourismus – Chance oder

Utopie zu schreiben. Dazu muss ich Befragungen machen. Ich habe das Drei-Bäder-Eck ins Auge gefasst und möchte über Bad Birnbach berichten. Hättest du Zeit mir dabei behilflich zu sein und mir bei den Umfragen zu helfen? Könntest du mit mir für eine Woche nach Bad Birnbach kommen, diese Zeit werde ich dafür benötigen. Freudig sagte ich zu, schön zu wissen, dass man immer noch gebraucht wird. Das tut gut. Wir vereinbarten einen Termin, ich reiste nach München und von dort düsten wir beide nach Bad Birnbach und quartierten uns in einer bescheidenen Pension am Rande des Ortes ein. Nach dem Frühstück am ersten Morgen übergab mir Anja ein Formular, auf welchem die Fragen standen, die ich den Leuten auf der Straße stellen soll. Das war Neuland für mich und anfangs ging ich zögerlich auf die Leute zu. Ich merkte, dass sie interessiert mir zuhörten und auch freundlich auf meine Fragen Antwort gaben. Schon am Nachmittag des ersten Tages lief es routiniert und ich fand riesigen Spaß an der Befragung. Die Leute suchte ich unterschiedlich aus, mal Einheimische, mal Kurgäste und Urlauber. Erst am Abend trafen wir uns wieder, denn jeder ging seine eigenen Wege. Bei einem gemütlichen gemeinsamen Abendessen tauschten wir uns aus über unsere menschlichen Erfahrungen. Danach wertete Anja die Bögen auf unserem Zimmer aus, und erst spät in der Nacht wurde das Licht gelöscht.

Am frühen Morgen ging es dann weiter eine ganze Woche lang. Eine herrliche Zeit mit vielen neuen Eindrücken. Bei unseren Rundläufen in dem Ort, wo wir uns auch öfters mal begegneten, zeigte mir Anja ein erst kürzlich neu eröffnetes Gästehaus. Mutter, Vater hat doch bald seinen 60. Geburtstag, den könnten wir in Bad

Birnbach feiern und in diesem Haus übernachten? OM will ja keine Gäste mehr um sich haben und hier hat er alles, was er zu seinem Glück braucht. Er kann die schönen Thermen besuchen und wir können zusammen ausgedehnte Spaziergänge machen. Oma kann die Ruhe in den Bädergärten genießen. Ich glaube Vater könnte das gefallen. Zuhause angekommen schwärmte ich Georg von der Ortschaft vor und er nahm unseren Vorschlag an.

Es war ihm sogar sehr lieb, denn Gratulanten wollte er nicht mehr empfangen. Die Zeiten waren für ihn endgültig vorbei. Sein Zuhause war ihm heilig geworden und an den vielen Familienereignissen um ihn herum nahm er jetzt immer gern teil.

Mit Oma Marie und natürlich unserem Leo (Schlabbersack) verbrachten wir dann im engsten Familienkreis ein paar schöne Tage und keiner wusste, wo wir zu finden waren an seinem Ehrentag. Anja berichtete ihm von unseren Befragungstagen für ihre Diplomarbeit und er zeigte großes Interesse an ihrer Arbeit.

JETZT FOLGTEN FREUDIGE EREIGNISSE AM LAUFENDEN BAND

Der Höhepunkt war natürlich das mit Bravour bestandene Geografiestudium unserer Tochter Anja. Freudig überreichte sie uns ihr Zeugnis der Technischen Universität München mit der Note „Sehr gut". Wir begleiteten unsere Tochter zu diesem ehrenvollen Tag, der uns alle sehr beglückte. Ihre Diplom-Arbeit, an der ich ein klein wenig mitwirken durfte, erhielt den renommierten Förderpreis, der mit 6000 DM dotiert wurde. Ihr Professor wünschte sich sehr, dass Anja weiter an der Uni bleibt und eine Doktorarbeit schreibt. Sie bekam von DAAD ein Stipendium zur wissenschaftlichen Aus- und Fortbildung im Ausland an der Universität Cork in Irland. Mit Freuden nahm Anja diese Auszeichnung an und die Reise nach Irland wurde geplant.

Als junge Geografin hat sie die Reise in Gedanken in Augenschein genommen. Sie kam zu dem Ergebnis, ohne Auto geht das nicht. Wenn ich schon in Irland bin, dann möchte ich auch Land und Leute kennenlernen. Das viele Gepäck vom Computer angefangen, das alles geht nicht in mein Auto. Ich brauche ja einen Hausstand über Monate gesehen. Mutter, wie soll ich das alles unterbringen? Wir beide überlegten. Wir gehen mal zum Autohaus R., und schauen nach einem Mietwagen und erkundigen uns wie hoch die Kosten sind. Herr R., wir standen zu unseren Geschäftszeiten mit ihm in guter Verbindung, berichteten wir von unseren Vorstellungen. Da führte er uns zu einem feuerroten Kleintransporter, er nannte ihn „Fiorini" die Marke Fiat. Wie wäre es mit diesem Fahrzeug. Ja – der würde passen. Wunderbar. Anja legte sich gleich der Länge nach in das Fahrzeug. Herrlich, da kann man sogar drin schlafen. Das Auto ist top in Schuss und kann ich euch empfehlen. Sein Vorschlag war, das Auto zu kaufen, und wenn Anja zurück kommt, würde er es wieder zu unserem Kaufpreis mit einem kleinen Abschlag für die gefahrenen Kilometer abnehmen. Da ich meistens von schnellen Entschlüssen bin, haben wir einen Kauf- und Wiederverkaufsvertrag ausgehandelt den ich akzeptieren konnte.

Herr R. versprach uns das Fahrzeug für unsere Reise nochmals komplett zu überholen und war überzeugt, dass Anja damit zufrieden sein wird. Wir schenkten ihm unser Vertrauen. Eines Tages war es dann so weit. Herr R. brachte persönlich das feuerrote Auto zu uns nach hause und wir alle umkreisten begutachtend diesen Kleintransporter. Vater fand das Auto zweckmäßig und war einverstanden mit unserer Wahl.

Jetzt ging es ans Packen, denn die Reise sollte am 9.7.97 los gehen. Anja wünschte sich, dass Mutter sie begleitet auf der langen Anreise bis nach Irland. Den Termin hat Anja so gelegt, dass wir zwei Wochen für uns haben, um die Insel zu erkunden. Außerdem muss sie sich gleich nach Ankunft um eine Unterkunft bemühen, das hatte sie selbst zu organisieren.

Vollgepackt mit allem, was zu einem Hausstand gehört. Computer und vieles mehr. Sogar ihr Zelt mit Liegematten, mit dem sie in ihrer Studentenzeit schon Urlaube verbracht hat, wurde eingeladen. Ich bin gern mit Anja verreist. Mit ihr unterwegs zu sein, war für mich ein Jugendtraum. Ich habe spontane Entscheidungen auf unseren Reisen nicht kennen gelernt. Alles war immer perfekt organisiert. Diese Reise könnte zu einem kleinen Abenteuer für mich werden. Beide wussten wir nicht, wie weit wir den ersten Tag kommen werden, und wo und wie wir übernachten. Anja lachte und sagte, wir haben ja das Zelt dabei und es ist Sommer. Das Auto lief wie am Schnürchen, alles perfekt und wir kamen gut voran. Wir erreichten Paris, wollten den Hexenkessel umfahren, was nicht möglich war. Alle Autobahnen führten direkt in die Innenstadt. Wir durchfuhren Tunnel, umkreisten den Eiffelturm und waren der Meinung immer wieder im Kreis durch die Stadt zu fahren. Der Verkehr lief vierspurig, ein Auto am anderen, einordnen, wenn man die Richtung nicht kennt, unmöglich. Wir waren beide der Verzweiflung nahe. Nach etlichen Versuchen gelang es uns die Stadt zu verlassen. Aufatmend führte uns der Weg weiter über Versailles, Renne nach Chateagiron. Es wurde bereits Abend und Anja entdeckte einen Zeltplatz, der ausgewiesen war. Wir waren von der gepflegten Anlage begeistert und entschlossen uns dort zu übernachten. Das Wetter war herrlich und beide stellten wir unser Zelt auf. Meine erste Zeltübernachtung, wunderbar, romantisch, ich war begeistert. Wir genossen die laue Sommernacht, ein kleiner See mit Park grenzte an das Gelände, wo wir unsere Brotzeit machten. Beide kuschelten wir uns auf die Matten im Zelt und schliefen wie die Murmeltiere bis zum frühen Morgen. Nach dem Frühstück und alles wieder eingepackt in unseren Fiorini, ging es weiter. Unser Ziel Roscoff zum Hafen. Eine wunderschöne Fahrt entlang der Küste, durch kleine Ortschaften mit vielen Sehenswürdigkeiten. In Roscoff angekommen, besichtigten wir als erstes den Hafen und buchten die Überfahrt nach Cork mit einer Zweibettkabine. Um 21 Uhr war die Überfahrt geplant und die Zeit bis dahin verbrachten wir mit einem Stadtbummel durch Roscoff und studierten Land und Leute. Erst am nächsten Morgen um 11 Uhr erreichten wir unser Reiseziel Cork im Süden von Irland. Die Einfahrt in den Hafen war überwältigend. Ich war froh unser Auto unbeschadet vom Schiff wieder auf festem Boden zu wissen. Aber jetzt heißt es für mich im Linksverkehr zu fahren. Anja neben mir mit Stadtplan von Cork, Auto an Auto, eigentlich war der Fahranfang nicht schwer, denn man kam kaum vorwärts und brauchte nur den voran fahrenden Autos folgen. Aber was sah ich, Kreisverkehr. Das war neu für mich. In Deutschland habe ich noch keinen Kreisverkehr umfahren und das noch im Linksverkehr. Hurra, es ging, Konzentration, wir konnten sogar beide lachen über unsere Fahrkünste. In der Innenstadt kein Parkplatz frei bis wir endlich in einem Parkhaus fündig wurden. Jetzt schlenderten wir befreit von dem Stress erst einmal genüsslich durch die Stadt. Als erstes wollte Anja natürlich das Uni-Gelände finden. Sie hatte ein paar Vorschläge schriftlich bekommen, wo sie evtl. wohnen könnte. Diese liefen wir an, doch ohne Erfolg. Stundenlang haben wir die Stadt zu Fuß durchlaufen bis wir gegen Abend wieder unser Auto schnappten und hinaus aufs Land nach Kinsale kutschiert sind. Ein liebliches Touristenstädtchen mit hübschen Restaurants, wo wir uns hungrig niederließen. Für die Nacht suchten wir uns eine Bleibe in einem B & B. Todmüde fielen wir in unsere Betten.

Bei der nächsten Vorsprache an der Uni für die Zimmervermittlung erhielten wir eine Adresse von einer Wohngemeinschaft und in einer Woche wäre dort etwas frei. Wir besichtigten die Räumlichkeiten und waren angetan von der Lage und Zimmer. Ein freundlicher Student öffnete uns die Tür, alle anderen waren in den Semesterferien. Ich sah ein ziemliches Chaos in Bad und Küche und hätte am liebsten gleich Hand angelegt. Anja machte die Buchung perfekt und jetzt hatten wir entspannte Zeit für die Insel bis zum Semesterbeginn. Wunderschöne Tage verbrachten wir an vielen Orten der Insel, alles Sehenswerte was Irland zu bieten hat, wurde von uns angefahren und besichtigt. Der Linksverkehr klappte mittlerweile wunderbar und Anja bestaunte die Fahrkünste der Mutter. Das Land ist eine Reise wert. Die Unterkünfte in den B&B Häusern waren sauber und sehr gastfreundlich. Bei Abendrot an der Küste mit einem Picknick, das ist Freiheit.

Nach einer Woche konnte Anja das Zimmer in der WG belegen. Heimlich als sie einmal zur Uni ging, habe ich dann im Eiltempo geputzt und Küche und Bad säuberlich aufgeräumt. Als ich fertig war, kam der junge Student nach Hause und war positiv überrascht. Gemeinsam haben wir auf gutes Zusammenwohnen angestoßen. Leider konnte ich die anderen Mitbewohner nicht mehr kennenlernen.

Meine Rückreise kam näher. Anja wollte mir einen Flug buchen. Alle Flüge waren auf längere Zeit ausgebucht und so erkundigte sie sich für mich in einem Reisebüro. Mutter, du kannst auch mit dem Bus fahren, von Dublin geht der Euro-Line bis Frankfurt. Ich fand das interessanter als fliegen und wir haben die Rückreise organisiert. An einem Freitag 13 Uhr von Cork nach Dublin, dort umsteigen in den Euro Line, per Schiff nach England und dann weiter quer durch das südliche England nach Dover. Ich habe kein Auge zugemacht, wollte alles aufnehmen, was auf der Fahrt zu sehen war. Ohne Unterbrechung ging die Fahrt in dem sehr angenehmen Bus bis Samstag Abend 23 Uhr mit Bordversorgung bis zum Ausstieg vor dem Frankfurter Bahnhof. Abgespannt und nicht mehr frisch am Körper stieg ich aus und studierte die Abfahrtszeiten nach Nürnberg. Dort wollte ich bei meiner Schwester Einkehr halten und erst einmal ein Bad nehmen nach der langen Reise. Doch oh Schreck, die Bahnhofshallen waren geschlossen. Keine

Gaststätte, kein Geschäft, überall waren die Rollos herunter gezogen. Was nun, ängstlich schaute ich mich um und entdeckte die Bahnhofspolizei. Ich erkundigte mich bei ihnen, wie ich von Frankfurt jetzt weiter kommen kann. Sie erklärten mir, dass die Züge erst am Morgen ab 6 Uhr wieder fahren und aus Sicherheitsgründen sind alle Räumlichkeiten im Bahnhof geschlossen. Es gibt nur einen gläsernen Warteraum, dort sitzen aber nur Obdachlose, die hier die Nacht verbringen. Sie müssen sich ein Hotelzimmer nehmen. Ich erwiderte, dass es dazu wohl zu spät ist, und erzählte von meiner langen Anreise von Dublin und dass ich in der Hoffnung war, hier gleich Anschluss zu bekommen. Sie schlugen mir vor mich zu dem Pavillon zu begleiten. Wir bewachen das die ganze Nacht. Angst brauchen sie nicht zu haben, sich dort nieder zu lassen, wenn sie das Publikum nicht stört. Uns sind die Leute alle bekannt und sie sind sehr friedlich. In meiner Not ließ ich mich von den beiden begleiten. Eine zweiflügelige Glasschiebetür öffnete sich und wir konnten eintreten. Schüchtern, schaute ich mich in Begleitung der Beamten um. Was sah ich da. Männer und Frauen saßen oder lagen halb ausgestreckt, oder verkrümmt auf den Stühlen und schliefen. Die Plätze waren fast alle belegt. Leere Flaschen standen herum, kurzum, es sah nicht einladend aus. Meine Unsicherheit ist einem jungen Mann aufgefallen, er sprang auf, lief zu mir und sagte, sie können gern meinen Platz haben und ich beschütze sie, wenn sie hier bleiben wollen. Die Polizeibeamten machten mir Mut, sie sagten, sie brauchen wirklich nichts zu befürchten. Wir sind die ganze Nacht anwesend und in ihrer Nähe. Dankend nahm ich die Freundlichkeit des Mannes an, der eigentlich einen

ordentlichen Eindruck auf mich machte. Etwas zöger-
lich ließ ich mich auf dem Stuhl nieder, schob meinen
Koffer unter den Stuhl und quetschte meine Handtasche
mit allen Papieren und Geldbeutel fest unter den Arm.
Kaum sitzend, der junge Mann nahm vor mir auf dem
Fußboden Platz, wurde ich gefragt, wo ich herkomme,
und warum ich um diese Zeit am Bahnhof bin, wenn die
Züge erst morgens wieder fahren.

Ich erzählte ihm von meiner Reisebegleitung der Tochter nach Irland und von meiner langen Rückreise. Interessiert hörte er mir zu und wir kamen ins Gespräch. Er
fand mich nett und ich ihn mittlerweile auch. Ich fragte
ihn, weshalb er hier die Nächte verbringt, und er erzählte mir aus seinem Leben. Eigentlich stammt er aus einer
ordentlichen Familie, sein Leben hat er durch Alkohol-
konsum, wie fast alle hier, zerstört. Seine Mutter will
nichts mehr von ihm wissen und so schlägt er sich auf
seine Weise durch. Im Sommer wohnt er im Wald und
sein Fahrrad hängt er hoch in den Baum, damit es nicht
gestohlen wird. In dem Bahnhofs Pavillon verbringt er
gern seine Nächte, weil er hier Unterhaltung findet. Wir
plauderten und plauderten und bekamen einige Zuhörer.
Einer davon fragte mich, ob ich denn nicht Hunger und
Durst verspüre. Ich sagte, ein Kaffee wäre jetzt recht.
Der Mann verschwand und nach einiger Zeit kam er mit
einem Pappbecher Kaffee zurück und reichte ihn mir. Erstaunt fragte ich, wo er denn den Kaffee geholt hat und
was ich ihm schuldig bin. Da lachte er, das brauchst du
nicht bezahlen, ich kenne hier eine Putzfrau und die hat
ihn mir gegeben. Herzlich bedankte ich mich für diese
Freundlichkeit. Die Zeit verging wie im Flug und der halbe Raum beteiligte sich an unserer Unterhaltung.

Als ich mich nach einer Toilette erkundigte, sagte der Kavalier, der mir den Stuhl zur Verfügung gestellt hatte. Die ist im Underground, da kannst du nicht alleine hingehen, ich werde dich begleiten und ein anderer sagte und ich pass auf deinen Koffer auf. Das Angebot nahm ich ohne zu überlegen an. Meine Tasche habe ich ja, und wenn der Koffer weg ist, na da ist es auch nicht schlimm. Darin kann man nur schmutzige Wäsche finden. Wertsachen hatte ich auf dieser Reise nicht dabei.

Man begleitete mich auf Schritt und Tritt und wieder zurück. Keine Minute habe ich daran gezweifelt, dass während meiner Abwesenheit der Koffer verschwunden sein könnte. So war es auch, der Koffer stand, wie ich ihn verlassen hatte, unter meinem Stuhl. Die Polizisten marschierten von außen immer wieder an dem Pavillon vorbei und lachten zu uns herein. Ich fühlte mich wohl unter den gestrandeten Menschen, ich stellte fest, sie haben Herz und zum Teil sind sie auch gebildet. Ich war so mit den Leuten beschäftigt, dass ich nicht merkte, wie langsam Leben in den Bahnhof kam. Die Rollos wurden hoch gezogen, die Lieferanten schoben ihre Karren durch die Hallen und die Abfahrtszeiten der Züge wurden angeschlagen. Direkt vor uns kam ein Bäckerladen zum Vorschein als die Verschläge abgenommen wurden. Spontan habe ich einige der Männer zu einem Frühstück eingeladen und mich bei ihnen für die freundliche Aufnahme bedankt. An einem Stehtisch haben wir alle zusammen genüsslich die frischen Brötchen mit reichlichem Zubehör verspeist. Großer Dank wurde mir zuteil. So etwas haben sie noch nie erlebt. Die meisten Leute haben nur verachtende Blicke für uns. Du bist anders, du bist eine gute Frau.

Mein Zug nach Nürnberg ging um 7 Uhr, ich löste die Fahrkarte, wurde von den Männern begleitet bis hin zum Gleis und der Koffer wurde mir in das Abteil gereicht. Sie sind eine tolle Frau, sagten sie zum Abschied, es war eine wunderbare Nacht für uns. Ich erwiderte und ihr seid liebe, gute Menschen und ich wünsche euch von Herzen, dass es für euch mal besser werden wird. Sie winkten mir wehmütig nach und nachdenklich über das Erlebte fuhr ich Nürnberg entgegen, wo meine Schwester schon sehnsüchtig auf meine Ankunft wartete. Diese Begegnung im Frankfurter Bahnhof werde ich nie vergessen. Niemals werde ich in meinem Leben einen Menschen nach seinem Äußeren abwerten. Die inneren Werte, und die konnte ich in dieser Nacht bei den armen Gestrauchelten entdecken, die sind mehr wert als alles andere auf der Welt.

DIE ARCHITEKTEN INVESTIEREN

Charles und Karo kauften 1998 ein denkmalgeschütztes altes Haus am Marktplatz in einem kleinen Oberpfälzer Ort zur Renovierung. Bei diesem Objekt fand auch ich wieder Aufgaben, die mich herausforderten. Ich war in meinem Element auf der Baustelle zu räumen, zu putzen und für die Einweihung mit vielen honorigen Gästen das Einstandsmahl zu richten. Das gelungene Werk wurde an Amerikaner vermietet. Die beiden Architekten waren stolz auf ihr Werk, es wurde zum Vorzeigeobjekt für weitere Aufträge.

Oma Marie konnte ihren 85. Geburtstag bei bester Gesundheit dem Alter entsprechend mit uns feiern. Diesmal habe ich für sie zuhause ein Büfett gerichtet und meine Schwester Renate mit Familie waren natürlich auch anwesend, wie auch meine Cousins mit Frauen.

Für Felix nähte ich Faschingskostüme und besuchte mit ihm die Kinder-Veranstaltungen. Im Sommer begleitete Felix uns in das Freibad und versuchte seine ersten Schwimmzüge. Ich habe ihm einen hübschen Bademantel genäht, da ich in der Kleinkindgröße in den Geschäften in unserer Stadt nicht fündig werden konnte. Meine Schwimmfrauen beneideten mich um mein hübsches Enkelkind. Wir genossen jeden Tag mit unserem Felix, der sich bei uns rund um wohl fühlte und seine arbeitenden Eltern kaum vermisste. Leider hat unser Felix das heimische Schwimmbecken nicht mehr kennengelernt.

Nachdem unsere Kinder aus dem Haus waren, hatten wir das Becken im Garten still gelegt. Auf Grund der aufwendigen Wartung, Pflege und den gestiegenen Energiekosten kamen wir zu der Überzeugung, dass wir außer Haus entspannter unsere Schwimmstunden genießen können. Über das Becken haben wir eine Holzabdeckung anfertigen lassen und mit Gartenmöbeln bestückt für gemütliche Ruhepausen. Felix bekam eine Sandkiste, in der er stundenlang wühlte und seine Soldaten darin platzierte. Wenn er in den Fotoalben die lustigen Bilder zu sehen bekam, wie sein Vater und Tante Anja darin planschten, bedauerte er es sehr, legte sich auf der Holzabdeckung auf den Bauch und schaute tief hinunter in das Becken. Schade, Margot kannst du das nicht wieder mit Wasser füllen? Er spiele gern Kaufmann mit mir und da kam ich auf eine Idee. Ich holte Holz aus einem Baumarkt und sägte und schraubte einen richtigen Verkaufsstand, wie er auf den Märkten zu sehen ist. Blau/Weiß mit selbst genähter Stoffabdeckung. OM und Oma Marie schauten unserem Werkeln belustigt zu und waren sehr auf das Ergebnis gespannt. Es konnte sich sehen lassen. Stabil und wie ein richtiger Marktstand nach vielen Arbeitstagen konnte Felix sich hinter die Verkaufstheke stellen. Gemeinsam kauften wir die notwendigen Artikel in einem Spielwarengeschäft ein und Felix sortierte mit seinen kleinen Fingern alles sorgsam ein. Eine Kasse fand ich noch von meinen Kindern im Keller und der Verkauf konnte beginnen. Alle waren wir fasziniert, so ein Teil war in keinem Kinderladen zu finden. Nachbarn waren begeistert davon und brachten mich wieder auf eine Idee. Felix, wir basteln noch so einen Stand, stellen ihn in der Stadt in einem Schaufenster aus und wer ihn zuerst findet, der bekommt ihn geschenkt von uns. Gesagt, getan in der Zeitung habe ich die Suche nach dem Schaufenster bekannt gegeben. Es dauerte nicht lang und ein Kindergarten, der gemeinsam mit seinen Betreuerinnen auf Suche ging, hat ihn zuerst gefunden und sich bei mir gemeldet. Meine Anlieferung wurde von dem gesamten Kindergarten freudig entgegengenommen und wir wurden mit einem Lied beglückt. Die Geschenkübergabe wurde von einem Zeitungsreporter fotografiert und ein Bild kam in unsere Tageszeitung. Was ich nicht vermutet habe, von nun an klingelte das Telefon bei mir unaufhörlich. Viele wollten für ihre Kinder so einen Verkaufsstand als Weihnachtsgeschenk haben. Mit Felix zusammen mussten wir nun weiter an die Arbeit gehen.

Insgesamt 15 Stück haben wir gefertigt und wir benötigten den ganzen Sommer dazu. Aufgereiht nach Fertigstellung vor unserem Haus in verschiedenen Farben haben wir noch ein Foto gemacht, bevor sie von den Bestellern abgeholt wurden. Die Materialkosten dafür habe ich als Preis festgelegt. Vielleicht hätte ich ein Gewerbe damit eröffnen sollen. Nach dieser Anzahl hatten wir beide genug von dieser Arbeit. Felix wollte mal wieder etwas anderes basteln mit seiner Oma. Nach ein paar Jahren konnte ich in Kinderläden diese Art meiner Kreation entdecken zu einem weitaus höheren Preis.

ANJA GEHT IN IHRE ERSTE STELLUNG

Von dem Uni-Aufenthalt Cork in Irland wieder zurück in München. Anja gewann viele neue Lebenserfahrungen und fasste einen Entschluss. Eine Stelle an der Universität werde ich nicht annehmen. Ich möchte in der freien Wirtschaft arbeiten. Das ist viel interessanter. Ein Leben lang an der Uni zu arbeiten kann ich mir für mich nicht vorstellen. Wir waren überzeugt, sie wird sicher das Richtige tun. Es dauerte nicht lange und wir bekamen die Nachricht, dass Anja eine Stelle in einem Pharma-Konzert für Marktforschung in München angetreten hat. Es gefällt ihr gut und mit Freude erfüllte sie ihre Aufgaben und das Lob der Firma blieb nicht aus. Was konnte es für uns Eltern schöneres geben. Beide Kinder haben sich ihren Berufswunsch erfüllt. Wir müssen uns keine Sorgen machen. Die Kinder haben ihr eigenes Auskommen und können ihr Leben frei gestalten. Anja kann ihr Eigenheim genießen und beteiligt sich an der Kreditrückzahlung wie vereinbart bei mir.

ÜBERRASCHUNGSREISE AN DEN GARDASEE

Im Herbst bat mich der Ehemann meiner Freundin mit
ihr an den Gardasee zu fahren. Bärbel geht es nicht so
gut und sie braucht dringend Erholung. Die Ehe der beiden lief zu dieser Zeit sehr angespannt und der Ehemann
wollte sie nicht begleiten. Wenn ich zusage, dann wird
er für uns alles organisieren in dem Hotel, wo sie früher
gemeinsam ihre Urlaube verbracht haben. Nach Rücksprache mit Georg sagte ich zu. Wir zwei Freundinnen
gingen zum ersten Mal zusammen auf Reisen. Ich fuhr
das Auto ihres Ehemannes, das er uns zur Verfügung gestellt hat. Eine schöne Woche haben wir beide dort verbracht in einem Luxushotel, direkt am Seeufer gelegen.
Leider hatten wir nicht die gleichen Interessen unserer
Freizeitgestaltung. Nach dem Frühstück wollte Bärbel
nur im Liegestuhl liegen bis zur nächsten Mahlzeit und
sich die Drinks vom Ober servieren lassen. Sie sagte, so
haben wir das immer gemacht. Damit war ich nicht einverstanden. Ich wollte Bewegung in unsere gemeinsame
Zeit bringen. Aber Bärbel meinte, mach du nur wie es
dir gefällt, am Abend treffen wir uns dann zum Dinner.

Ich kannte den Gardasee noch nicht und war natürlich sehr interessiert ihn zu erkunden. Also bin ich erst
einmal morgens, Bärbel schlief noch tief und fest, vor
dem Frühstück in den See gesprungen. Nach unserem gemeinsamen Frühstück zog ich los, mietete mir ein Fahrrad und radelte die nächsten Ortschaften ab. Schob das
Rad die Berge hinauf, wanderte auf den umliegenden Höhen und besichtigte Sehenswürdigkeiten. Zu gern hätte
ich meine Freundin dabei gehabt. Ich konnte sie zu keinem meiner Ausflüge überreden. Nach meiner Rückkehr

am Abend war sie jedoch immer interessiert von meinen Unternehmungen zu hören. Ein einziges Mal ist es mir gelungen sie wenigstens in den See zum Schwimmen zu bringen. Puh – viel zu kalt, ich bewundere dich und Liegestuhl war wieder angesagt. Trotz allem es war für uns beide eine schöne Woche, auch mit unterschiedlichen Vergnügungen. Auf der Heimfahrt sagte Bärbel zu mir, danke, es war schön mit dir und deine Erzählungen haben mir sehr gefallen. Jetzt kenne ich den Gardasee auch.

MUTTER WURDE KRANK

Der Kreislauf versagte, ihr war schwindlig und sie bekam Fieber. Der gerufene Hausarzt meinte es sei besser sie zur Beobachtung in das Krankenhaus zu bringen. Bei dem damaligen Chefarzt des Neustädter Krankenhauses wusste ich Mutter gut aufgehoben. Nach zwei Wochen Aufenthalt konnte ich sie wieder zuhause aufnehmen. Bei diesem Aufenthalt wurde hochgradig Zucker festgestellt und sie wurde mit täglichem Spritzen entlassen. Das war für uns beide eine große Umstellung, denn vor jeder Mahlzeit war Blutzuckermessen angesagt, danach spritzen und dann erst durfte gegessen werden. Natürlich habe ich die erste Zeit Mutter darin unterstützt, doch sie war so ehrgeizig und hat dieses Ritual bald selbst übernommen. Ihre Kochkünste reduzierten sich, denn der Körper war geschwächt und so habe ich voll diese Aufgabe für uns alle übernommen. Meine Abkömmlichkeit wurde eingeschränkt. Ich hoffte für Mutter, dass sich ihr Gesundheitszustand nicht verschlechtert. Ich kannte Mutter, wenn sie nicht mehr für uns da sein kann, dann wäre das für sie unerträglich. Wir waren ihr Lebensinhalt und für uns da zu sein, wenn nötig, das hielt sie die ganzen Jahre fit. Der Morgenstern war der Felix für sie, wenn er zu ihr ins Zimmer kam.

Anja wollte die Insel Gomera erkunden.

Im Mai 98 nahm Anja Urlaub und wollte mit mir nach Gomera reisen. Ich war natürlich Feuer und Flamme, denn die damalige Freundesreise nach Gran Canaria hatte ich noch in lieber Erinnerung. Anja erklärt mir, dass Gomera eine grüne Insel ist mit vielen herrlichen Wanderwegen. Diese Insel hat einen besonderen Liebreiz und ist nicht so überlaufen. Mutter für eine Woche wird es doch möglich sein. Ich bereitete zuhause alles vor, damit die Zurückgelassenen nicht verhungern. Oma hatte sich einigermaßen erholt und Felix blieb für diese Zeit bei seinen Eltern. Wir beide genossen die Anreise und den Aufenthalt auf der Insel in vollen Zügen, wanderten, sprangen ins Meer und durchquerten die Insel von Süd nach Nord. Eine unvergessene Woche mit meiner Tochter. Es beglückte mich, dass sie immer noch Lust hatte mit mir zu reisen. Wir hatten Spaß wie immer miteinander. Mutter war pflegeleicht und konnte sich allen Situationen anpassen. Heute noch bin ich dankbar für die Erkundigungswanderungen mit meiner Tochter auf dieser schönen Insel.

Meine Schwester Renate

In der Zwischenzeit ist meine Schwester Renate in ein Eigenheim, ein Reiheneckhaus in Nürnberg gezogen. Sie fragte mich damals um Rat und ich habe sie beflügelt den Schritt zu gehen.

Mit den Mietkosten kann man schon einen Teil der Zins- und Tilgungskosten decken. Da Renate in ihrem Kosmetiksalon voll berufstätig war, habe ich ihr bei dem Umzug nach meinen Möglichkeiten beigestanden. Die Wochenendausflüge zu uns waren nun eingeschränkt, weil sie selbst einen Garten zum Genießen und zum Bewirtschaften hatten. Mutter und ich haben umgekehrt nun öfters mal einen Ausflug zu Renate unternommen und uns umgekehrt bewirten lassen. Mit ihrem damalig übernommenen Kosmetikinstitut haben Mutter und Tochter gewagt in neue modernere Räume umzuziehen. Die Tochter hat ebenfalls den Beruf der Kosmetikerin erlernt und beide haben sich in Nürnberg in der Branche einen Namen gemacht bis heute. Zu den Einweihungsfeierlichkeiten sind wir alle gemeinsam nach Nürnberg gefahren. Wir waren begeistert von der Einrichtung.

Mein 60. Geburtstag kommt näher

Das Jahr verging wie im Flug. Ein schneereicher Winter mit viel Räumdienst neigt sich dem Ende. Felix baute sich Schneeburgen im Garten und auf der Straße und konnte sich mit seinen Skiern auf dem Hausberg austoben. Oma

Marie wurde wieder zu ihrem 86. Geburtstag geehrt und alle reisten an. Mein 60. Geburtstag im August kam näher. Ich überlegte, wie ich den begehen möchte. Insgeheim war es mein Wunsch an diesem Tag in der Heimat vor meinem Elternhaus zu stehen. Ich wusste aus Erzählungen der Verwandten aus der ehemaligen DDR, dass unser Haus unbeschädigt erhalten geblieben ist. Ich rief den Cousin meiner Mutter, der seit der Wende in Limburg lebt an und erzählte ihm von meinem Traum. Der lachte mich aus. Was willst du denn dort, das Haus ist total verwahrlost als ich es zuletzt gesehen habe.

Mich bringt keiner mehr in diese Gegend. Wir sind froh hier ein neues Leben gefunden zu haben. Meine Neugier wurde immer stärker. Ich habe ja meine Heimat seit der Flucht nie mehr gesehen. Eines Tages erzählte ich Anja von meinem Wunsch. Sie war sofort begeistert und sagte, Mutter dann fahren wir hin.

Georg und Oma weihte ich von meinem persönlichen Geburtstagswunsch ein. Wie immer hatten sie nichts dagegen, wenn ich einen Reisewunsch äußerte. Ich hätte mir gewünscht Georg würde uns begleiten, aber er zeigte keinerlei Interesse an unserer Unternehmung. Ein waschechter Oberpfälzer eben, der keine Verbindung zu meiner Heimat hat.

Anja und ich tauschten uns telefonisch aus und beschlossen mit unserem Auto Tante Gretel in Dresden anzufahren. Dort lassen wir das Auto stehen und fahren mit dem Zug nach Breslau weiter. Ich kümmere mich um eine Hotelunterkunft in Breslau, besorge einen Stadtplan und dann kann es los gehen wann du willst. Mein Wunsch war es genau am 13. August 1999 vor unserer ehemaligen Haustür zu stehen. Danach müssten wir unsere Reisetermine legen. Ich möchte auch in unser Haus eintreten können und muss mir überlegen wie die Verständigung möglich sein wird. Ich setzte ein Schreiben auf, in dem ich kundtat weshalb ich an diesem Tag aus Deutschland anreise und bitte darum in Haus und Garten eintreten zu können. Mit diesem Schreiben bin ich zur Volkshochschule gegangen und habe es mir in polnische Sprache übersetzen lassen. Dann habe ich ein bayerisches Gastgeschenk gekauft, welches ich überreichen wollte. Anja fand das gut und wir gingen in Reiseplanung.

Tante Gretel war über unseren Zwischenbesuch bei ihr sehr erfreut. Mit einem selbst gebackenen Kuchen und vielen Leckereien reisten wir sie 11. August an. Gemütliche Kaffeestunde in ihrem Garten und kleine anschließende Rundgänge schlossen sich an. Wir fuhren sogar mit Tante in die Innenstadt und sie zeigte uns alle nach der Wende neu errichteten Bauten. Tante Gretel war schon sehr betagt und sagte uns, dass sie nicht mehr lange in ihrem Haus wohnen kann und wohl in ein Altersheim wechseln wird.

Nach einer Übernachtung, wofür sie liebevoll uns die Betten gerichtet hatte, steigen wir am 12. 8. in den Zug nach Breslau. Riesige Anspannung war in mir, was wird mich erwarten. Wie wird mein Besuch von den Bewohnern unseres ehemaligen Hauses aufgenommen werden. Am späten Nachmittag liefen wir im Hauptbahnhof Breslau, heute Wroclaw genannt, ein. Ein imposantes Bauwerk, errichtet 1854 im Stil der engl. Neugotik konnten wir gleich zu Beginn bestaunen. Lange stand ich davor und verinnerlichte mir den Anblick.

Zu Fuß mit unserem kleinen Reisegepäck liefen wir weiter stadteinwärts. Anja nach Stadtplan voran. Sie wusste, das Hotel, in dem sie unser Zimmer gebucht hat, ist gleich in Bahnhofsnähe.

Nach ein paar Straßenüberquerungen standen wir auch schon vor dem riesigen Hotelkomplex. Ein international geführtes Haus mit vielen Stockwerken, nüchtern erbaut. In der Empfangshalle wurden wir freundlich begrüßt und uns wurde der Schlüssel für unser Zimmer übergeben. Mit dem Fahrstuhl erhoben wir uns in eines der oberen Etagen. Wir belegten das Zimmer, großzügig und gepflegt. Leider waren die Fenster auf Grund der Höhe nicht zu öffnen.

Der Ausblick war herrlich, wir bekamen einen Überblick über die ganze Stadt. Der Abend nahte und wir suchten etwas müde und abgespannt den Speisesaal auf. Danach zogen wir uns auf unser Zimmer zurück. Um Mitternacht standen wir beide vor unserem riesigen Zimmerfenster und stießen mit einem Glas Sekt auf meinen Geburtstag, auf Breslau und mein neues Jahrzehnt an. Unter uns lag die hell erleuchtete Stadt mit ihren unzähligen Kirchtürmen in der dunklen Nachtkulisse. Für mich ein erhebender Eindruck. Hier zu sein, in meiner Heimat, zu meinem 60. Geburtstag zusammen mit meiner Tochter. Was würde mein Vater dazu sagen. Vieles wurde in mir wach – auch Erinnerungen, die man durch Erzählungen der Eltern und Großeltern aufgenommen hatte in den Jahren. Beide hatten wir Mühe die Augen zu schließen, denn gleich früh am Morgen wollten wir zu unserem Haus in dem Stadtteil Opperau, heute Opera genannt, starten.

Ein ausgiebiges Geburtstagsfrühstück gab uns die richtige Stimmung in den Tag. Froh gelaunt machten wir uns auf den Weg. Da wir uns nahe dem Stadtzentrum befanden, gingen wir zu Fuß in Richtung Straßenbahn. Ich hatte die feste Erinnerung, dass in dem Vorort Oppenau, wo wir damals wohnten, die Straßenbahnstation war. Anja machte sich an dem polnischen Fahrplan schlau und fand tatsächlich die Linie nach Opera. Wir bestiegen nach Fahrkartenlösung die Straßenbahn, die uns wackelnd und schaukelnd bis zur Endstation kutschierte. Sogar das Klingeln an den Haltestationen wie früher war zu hören. Der Weg war weit und alles, was die Stadt während dieser Fahrt zu bieten hatte, nahm ich durch das Fenster schauend auf. Wir kamen an einem Friedhof vorbei, ja wir sind richtig, an den kann ich mich noch erinnern. Anja meinte, das kann nicht sein. Du warst doch noch so klein. Aber ich war mir ganz sicher. An der Endstation angekommen stiegen wir aus und standen erst einmal uns umsehend eine Weile still da. Und jetzt, fragte Anja. Ich kann mich erinnern wir sind nach links in ein Wohnviertel eingebogen. Viele Häuser, alle fast im gleichen Baustil, standen auf beiden Straßenseiten. Einige der Häuser sehr herunter gekommen, grau in grau, andere wieder frisch gestrichen und mit gepflegten Gärten. Die Bürgersteige sandig mit hohen Bordsteinen. Wir sind hier richtig, diesen Bürgersteig hatten wir genauso vor unserem Haus.

Nach einigen Metern kam eine Kreuzung, ich blieb stehen. Hier müssen wir rechts einbiegen. Eine lange Straße lag vor uns wieder mit Wohnhäusern, die sich fast alle glichen. Auf einmal durchfuhr es meinen Körper, ja hier muss unser Haus kommen, schau mal rechts, das Haus erkenne ich, da wohnte eine nette Frau, die immer mit mir gespielt hat. Ein kleines Stück weiter, da muss unser Haus kommen. Tatsächlich, ich war am Ziel meiner Träume angekommen. Ein wunderbarer Anblick, ein gepflegtes weißes Haus, wie ich es in Erinnerung hatte. Umgeben mit unserem damaligen Zaun, dem Gartentor und der Toreinfahrt für unser Auto. Mir kamen die Tränen, ich umarmte meine Tochter, hier sind wir richtig. Auch Anja war erstaunt über das schöne Anwesen. Früher Vormittag an meinem Geburtstag, blauer Himmel Sonnenschein. Was für ein Erlebnis.

Anja meinte, wollen wir klingeln. Nein, bitte noch nicht, ich muss das alles erst einmal auf mich einwirken lassen. Schau mal, hier stand meine kleine Gartenbank, die mir mein Großvater gezimmert hat. Darauf habe ich mit Opa und mit Cousin Jochim sehr oft gesessen und auf meine Freundin Marianne gewartet. Dass ich heute hier stehen kann, das ist ein wunderbares Geschenk. Die riesige Tanne vor dem Haus, die hat Opa einmal mit mir gesetzt. Damals war sie ganz klein und heute reicht sie über das Dach des Hauses. Das ist sicherlich noch der gleiche Baum. In mir kam Freude auf, keine Trauer über Vergangenes. Ich lief zu der Klingel am Tor und drückte etwas zögerlich. Ich war gespannt, wer mir die Tür öffnen wird. Aber es rührte sich nichts. Ich drückte ein zweites und ein drittes Mal, wieder nichts. Enttäuscht trat ich zurück und schaute immer wieder zu der im Grundstück zurückliegenden Haustür unter einem Vorbau, genau wie damals. Da ist niemand zu Hause, entfuhr es Anja und was machen wir jetzt? Wir haben Zeit wir warten ein bisschen, vielleicht haben wir noch Glück und es kommt jemand. Ich ging zur gegenüberliegenden Straßenseite und setzte mich auf eine kleine Gartenmauer. Ich wollte den Anblick unseres Hauses, meiner Kindheit, in Ruhe aufnehmen.

Anja wurde etwas nervös. Mutter, da kannst du nicht sitzen bleiben, wenn uns die Leute beobachten, was denken die sich. Ich muss hier verweilen und meinen Träumen nachgehen, spazier du doch etwas weiter. Vorne kommt die Hauptstraße, das ist die Straße, wo unsere Flucht begann. Schau mal, ob da noch das Kopfsteinpflaster ist.

Aus dem Nachbargrundstück fuhr plötzlich ein Auto aus der Garage. Hinter dem Steuer ein junger Mann. Als er mich so verträumt da sitzen sah, stieg er aus und sprach mich auf polnisch an. Ich lächelte, sagte ihm, dass ich ihn leider nicht verstehen kann. Mir fiel der Begrüßungsbrief ein, ich holte ihn aus meiner Handtasche und überreichte ihn dem jungen Mann zum Lesen. Da wurde ich plötzlich umarmt und er gratulierte mir. Moment, kam aus seinem Mund. Moment und immer wieder Moment. Er lief zurück zum Haus und nach kurzer Zeit kam er mit einer alten Frau zusammen wieder zu mir zurück. Auch von ihr wurde ich als erstes umarmt und mir wurde auf deutsch gratuliert. Es war seine Oma und sie sprach ein wenig deutsch. Welch ein Glück. Jetzt kann ich alles fragen. Ich erfuhr, dass unser ehemaliges Haus von einer sehr lieben, jungen Familie bewohnt wird. Der Mann ist Admiral und sie sind gerade in Urlaub an der See. Sie werden es sehr bedauern, wenn ich ihnen von ihrem Besuch erzähle. Meine Enttäuschung war mir anzusehen, denn zu gern wäre ich einmal durch die Räumlichkeiten gegangen. Wollte den Garten besichtigen, wo einst meine Sandkiste und meine Schaukel stand und vieles mehr. Anja hat während unserer Unterhaltung das Haus fotografiert. Die freundliche Nachbarin wollte uns in ihr Haus bitten, doch wir lehnten dankend ab, denn wir wollten ja noch Breslau besichtigen. Ich übergab den

Begrüßungsbrief und mein Geschenk zur Weiterleitung an die Familie. Die polnische Oma bat um meine Adresse für die Familie, die werden ihnen sicher schreiben.

Mit traurigen Gedanken verabschiedete ich mich innerlich von meinem Elternhaus. In diesem Moment wurden wir gefragt, wie wir hier her gekommen sind. Als wir erzählten mit der Straßenbahn, da wurden uns die Autotüren geöffnet, und der junge Mann fuhr uns in die Stadt zurück. Nach einer herzlichen Verabschiedung begann für uns der Rundgang durch meine Heimatstadt. Zuerst das Uni-Gelände, die Dominsel, der Marktplatz mit dem wunderschönen Rathaus und dem berühmten Schweidtnitzer Keller. Von diesem Restaurant hatte mein Vater sehr viel erzählt. Zu besonderen Anlässen wurde dort gespeist. Museen, Parks, nostalgische Brücken alles wunderschön restauriert so weit das Auge reicht.

Leider war unsere Zeit begrenzt, um alles was die Stadt zu bieten hat intensiv aufzunehmen. Zu einer Kaffeepause auf dem Marktplatz im Freien ließen wir uns nieder und beobachteten das bunte Treiben. Sehr gepflegte junge Leute fielen uns auf. Das Publikum der Stadt hinterließ einen angenehmen Eindruck. Schade, gerne hätten wir noch länger in meiner Heimatstadt verweilt. Unsere Rückreise nach Dresden war noch am gleichen Tag geplant.

Keine zwei Wochen vergingen und ich bekam Post aus Polen. Der Hausherr meines damaligen Elternhauses hat mir einen lieben Brief geschrieben. Sogar in deutsch und Fotos von seiner Familie beigelegt. Er hat es sehr bedauert uns nicht kennen gelernt zu haben und uns eingeladen noch einmal Breslau anzureisen. Einige Zeit blieben wir in Kontakt und tauschten Fotos von einander aus. Leider hat es mit einem weiteren Besuch bis heute nicht mehr geklappt.

Breslau ist eine Reise wert und ich hoffe, dass meine Enkel sich einmal in die Heimat ihrer Oma auf den Weg machen werden.

Zuhause angekommen habe ich freudig meiner Mutter von meinen Eindrücken erzählt. Ich glaubte, sie hatte Interesse und viele Fragen an mich. Ich stellte fest, dass sie wenig Begeisterung zeigte. Verwundert darüber ließ ich das Thema ruhen. Zu schmerzlich muss wohl die Zeit für sie damals gewesen sein.

DIE JAHRTAUSENDWENDE

War in aller Munde. Jeder, den ich kannte, wollte diesen Jahreswechsel besonders begehen. Mein Mann, unser OM hielt nichts von diesen Anlässen. Er fand sein Leben wunderschön mit Yoga, schwimmen, wandern im heimischen Wald. Ich dagegen neige zu besonderen Tagen wie Geburtstage, Weihnachten und Silvester Akzente zu setzen, die in liebenswerter Erinnerung bleiben.

Im Spätsommer bekam ich eine kleine Lebensversicherungsauszahlung, die mich etwas übermütig machte. In einer Zeitschrift fiel mir ein Inserat auf.

Abenteuertour durch Neuseeland in das Jahr 2000 vom 16.12.1999 bis 09.01.2000 in kleiner Reisegruppe. Das machte mich neugierig und ich forderte die Reiseunterlagen an. So ein fernes Land hatte ich bisher noch nicht bereist. Ich studierte die Unterlagen und war begeistert von der Reiseroute von Nord nach Süd, geführt von einem landeskundigen Deutschen, der mit einer Neuseeländerin verheiratet ist. In diese Reisezeit fällt der Geburtstag meiner Tochter Anja und das wäre gleich ein Anlass sie mit meinem Wunschtraum zu überraschen. Wir telefonierten und wie kann es anders sein, sie war natürlich begeistert. Georg, mein Mann, den ich fragte, was er von meiner Traumreise hält, sagte wie immer, fahrt nur, ich komme schon zurecht. Meine Mutter allerdings konnte ich nicht so lang alleine zurück lassen. Ich besprach mich mit meiner Schwester und sie sagte, kein Problem für diese Zeit kann Mutter zu uns kommen und wir können auch einmal mit unserer Mutter und Oma Weihnachten feiern. Nachdem familiär grünes Licht für mein Vorhaben gegeben war, setzte ich mich telefonisch mit dem Reiseleiter in Verbindung und sagte für uns beide die Reise zu. Mir wurde mitgeteilt, dass er die Gruppe immer nur mit 12 Personen zusammenstellt. Er legt großen Wert darauf, dass die Leute gleichgesinnt zusammen passen und harmonieren. Dafür müssten wir im November das Schlosshotel Mespelbrunn im Spessart für ein Wochenende anreisen. Dort erfahren wir dann alles Weitere über die Reise. Anja und ich starteten zum gewünschten Termin und wir waren sehr angetan von dem ausgewählten Ort. Wir wurden begrüßt von einem sehr sympathischen jungen Mann und er stellte uns den schon anwesenden Mitreisenden vor. Eine junge Frau, vielleicht im Alter meiner Tochter, alleinstehend, alle anderen waren Eheleute, in etwa meinem Alter. Der erste Eindruck war für alle auf Anhieb gelungen. Uns wurde ein kleiner Imbiss gereicht und dazu konnten wir das Land mit all den uns zu erwartenden Sehenswürdigkeiten auf Leinwand bestaunen. Faszinierend was uns da erwartet. Wir waren begeistert.

Was wir nicht wussten, der Reiseleiter wollte nun unser aller Fitness prüfen. Es war uns angetragen Wanderschuhe mit zu bringen. Die zogen wir anschließend an und los ging es. Wir mussten bergauf und bergab im flotten Schritt immer ihm nach über zwei Stunden durch den Wald marschieren. Über Stock und Stein, über Wassergräben springen und er drehte sich ständig nach uns um, ob einer von uns schlapp macht. Das gehört dazu, meinte Harry, denn ich erlaube mir zu sagen, wenn einer von Ihnen für diese Reise nicht geeignet ist. Wir alle haben seinen Ansprüchen genügt und unsere Reisegruppe stand fest.

Das nächste Thema war das Gepäck. Wir reisen in einem kleinen Bus für genau unsere Personenzahl. Daran ist ein Anhänger befestigt, den er eigens für diese Touren anfertigen hat lassen. Darauf stehen Metallschränke für jeden und darin wird das Gepäck deponiert. Sie bekommen jetzt eine Liste von mir, was sie mitnehmen, und kein Stück mehr. Ihre Kleidung, wie angegeben, packen sie in einen Rucksack. Bitte keine Koffer, dafür ist kein Platz. Die Wanderschuhe ziehen sie schon im Flugzeug an, im Rucksack sind sie zu schwer. Anja und ich schauten uns etwas verwundert an und meinten, da müssen wir uns ja erst neu einkleiden. Das wird wirklich eine Abenteuer-Reise, das wird interessant. Harry hat alles durch organisiert, wir sind nicht die erste Gruppe, mit der er Neuseeland bereist.

Nach einem gemütlichen Abend, wo jeder von sich berichten konnte, genossen wir die schönen Zimmer in dem Hotel. Am nächsten Morgen, ein gemeinsames Frühstück und herzliche Umarmung, na dann bis zu unserem Start in das Land am anderen Ende der Welt. Jeder von uns trat die Heimreise an in verschiedene Himmelsrichtungen. Ein Ehepaar kam aus München und war erfreut, dass Anja ebenfalls in München ihren Wohnsitz hat.

Zum Abflugtermin in Frankfurt reiste ich per Zug und Anja kam von München ebenfalls per Bahn. Ich war an dem riesigen Flughafen auf mich allein gestellt den richtigen Terminal zu finden. Lange Wege, Übergänge und Rolltreppen immer der Beschilderung folgend fand ich mein Ziel und konnte zu meiner Freude schon einige Leute der Reisegruppe wartend antreffen. Nach kurzer Zeit kam auch Anja und war überrascht, dass Mutter allein die Irrwege gemeistert hat. Wir bestiegen einen riesigen Vogel „Cathay Pacific Airways". Für uns waren die Plätze reserviert. Harry begleitete uns nicht, es war ausgemacht, dass wir in Neuseeland von unserem dortigen Reiseleiter erwartet werden. Ich hatte das Glück einen Fensterplatz zu bekommen und alle ließen wir uns in großer Erwartung in die Sessel fallen. 21 Stunden Flug standen uns bevor mit Zwischenlandung in Hongkong. Für mich der reine Wahnsinn. Einigen unserer Reisegruppe war das nichts Neues, sie erzählten schon mehrmals Langstreckenflüge in ferne Länder unternommen zu haben.

Wir wurden an Bord reichlich verwöhnt, stets mit landesüblichen Speisen und Getränken, über die wir gerade unsere Flugroute hatten. Ich konnte nicht schlafen, wollte einfach alles mitbekommen, was dieser Flug zu bieten hat. Ich wusste, für mich ist diese Reise einmalig in meinem Leben und da darf ich nichts versäumen. Alle Länder, die wir überflogen, wollte ich sehen.

Sogar nachts stand ich im Gang an einem Fenster und habe hinab auf die Mongolei, die wir laut Durchsage gerade überflogen, geschaut. Dabei habe ich meine Beinübungen gemacht, damit ich fit bleibe und keine Durchblutungsstörungen auftreten.

Zwischenlandung Hongkong auf der erst vor einigen Jahren in Betrieb genommenen neuen Flughafen-Anlage. Dafür wurden eigens Sandaufschüttungen ins Meer vorgenommen. Eine Größenordnung wie sie noch keiner von uns gesehen hatte. Riesige Hallen mit vielen Etagen, Geschäften, Restaurants, Hotels und vieles mehr. Für uns war ein gemeinsamer Schlafsaal reserviert, wo wir die Nacht verbringen konnten. Anja und ich verspürten keine Müdigkeit und durchforsteten erst einmal für Stunden die riesigen Hallen und mit den vielen neuen landesüblichen Eindrücken. Wir kamen an einer Hotelanlage vorbei, dort erkundigten wir uns nach dem Zimmerpreis für eine Übernachtung. In den riesigen Schlafsaal wollten wir zu später Stunde nicht mehr eintreten. Wir genossen ein wunderschönes Hotelzimmer mit eigenem Bad und verbrachten eine erholsame Nacht. Zum Frühstück haben wir uns dann wie vereinbart alle wieder gefunden. Bis zu unserem Weiterflug hatten wir noch bis zum späten Nachmittag Zeit. Anja kam auf die Idee für diese Zeit das Flughafengelände zu verlassen und in die Innenstadt von Hongkong zu fahren. Keiner von uns traute sich das zu. Anja aber meinte ich habe alles im Griff, es fährt ein Zug nach Hongkong, dort stehen Busse bereit für Stadtfahrten und man kann ein- und aussteigen wie man will, wenn man für eine Besichtigung verweilen möchte. Wir alle fanden diesen Vorschlag toll, aber jeder von uns hatte Bedenken, dass wir wieder pünktlich zu unserem Abflug zurück finden werden. Ich vertraute meiner Tochter und ein Ehepaar schloss sich kurzer Hand an mit uns auf den Weg zu gehen.

Ein unvergessenes Erlebnis, die Fahrt in die Stadt, Eindrücke eines fernen Landes, gewaltige Bauten, dazwischen Wohnungssiedlungen mit den Vogelkäfigen auf den Balkonen. Ich staunte, in der Innenstadt Verkehrsgewühle und die Geschäftsstraßen voll mit Menschen, dass man kaum laufen konnte. Über Stunden stiegen wir Bus ein und aus, immer nach Richtungsgabe von Anja, die eine tolle Stadtführerin für uns war. Wir zündeten die Räucherstäbchen an den historischen Plätzen an, bestaunten die Leute, die dort ihre Andacht hielten. Durchschlenderten einen chinesischen Markt und vieles mehr. Wir hatten viel zu berichten nach der Rückkehr zu unserer Reisegruppe. Aufmerksam hörten sie unserer Berichterstattung zu und bedauerten, dass sie nicht den Schneid hatten mit uns zu gehen.

Check in zum Weiterflug zu dem Land der langen weißen Wolke. Landung in Auckland. Von einem originellen, sympathischen jungen Reiseleiter wurden wir empfangen. Wir alle verstanden uns auf Anhieb und nun konnten wir unser Reiseauto mit Anhänger, der uns durch die Lande kutschieren wird, bestaunen. Jeder von uns belegte mit seinen Reiseutensilien einen schmalen Schrank und dann ging es los. Zuerst eine Stadtrundfahrt mit allen baulichen Sehenswürdigkeiten. Beeindruckend diese mächtige Stadt direkt am Meer. All unsere Erlebnisse auf dieser Abenteuerreise werde ich hier nicht schildern können. Einen dicken Ordner gefüllt mit Fotos habe ich nach der Reise angelegt.

Darin kann man all die Naturwunder bestaunen. Wir bestiegen Gletscher, durchfuhren den Milford Sound, besichtigten den Nationalpark, machten eine Whale Watch, besichtigten die Goldgräberstätten, durchfuhren Steppen und Wüsten, erhoben uns mit einem Kleinflugzeug in die Lüfte und überquerten die 3000 m hohen Gipfel der Berge mit ihren Gletschern. Jeder Tag brachte neue Erlebnisse für uns. Eine Wildwasserfahrt stand auch auf dem Programm und ein Besuch bei den Maoris mit Erdlochkochen und anschließender Übernachtung in ihrem Schlafhaus auf Matratzen. Die täglich neuen Übernachtungen überraschten uns immer wieder, bis hin zu einer Baumhausunterkunft mitten im Grünen. Wir besuchten eine Schaffarm, wo wir sehr gastlich empfangen und bewirtet wurden. Wir lernten die gesamte West-und Ostküste des Landes kennen und besichtigten die auf der Strecke liegenden Orte. Volles Programm jeden Tag. Weihnachten am See mit Sonnenuntergang und Sternenhimmel. Meine Gedanken an diesem Tag waren etwas wehmütig, der Rest der Familie zuhause im Schnee und wir sitzen beisammen in einer lauschigen Sommernacht. Die Weihnachtsstimmung, wie wir sie kennen, konnte nicht aufkommen. Am 25.12. der Geburtstag meiner Tochter. Im Sonnenschein Kerzenlicht am See zum Frühstück. Alle haben meiner Anja herzlichst gratuliert, es war ihr 29. Geburtstag. Die Reise ging weiter. Eine wunderschöne Unterkunft erwartete uns für diesen besonderen Jahreswechsel. Ein ausgewanderter Berliner hat sich ein herrliches Anwesen geschaffen mit einem Gästehaus mit allem Komfort. Das sollte eine Überraschungsübernachtung für uns werden. Sie fiel leider ins Wasser. Der

Hausherr, ein quirliger, gut aussehender Mann empfing uns mit einem großen schwarzen Hut am Kopf. Etwas verwundert schauten wir ihn an, denn er machte einen nervösen Eindruck. Durch sein Privathaus drang lautstark klassische Musik und er tänzelte durch all seine Räume. Verwundert beobachteten wir seine Verhaltensweise. Er bat uns herein und wir nahmen alle auf einer seiner Terrassen Platz.

Nach einer Weile trat er zu uns und erklärte, dass dieses Silvester für ihn ein trauriger Anlass ist. Seine Familie habe ihn verlassen und er hat für uns nichts vorbereiten können.

Dann tänzelte er wieder von dannen. Belustigt schauten wir uns alle an, na das kann ja heiter werden. Wir erhoben uns von unseren Plätzen und spazierten durch seine Gartenanlage in der Hoffnung, dass sich der Gastgeber einen Scherz erlaubt hat und bald zur Vernunft kommt. Nichts dergleichen geschah, wir wurden hungrig und einige aus unserer Gruppe wurden ungehalten. Mir tat der Mann leid und ich suchte ihn auf und fand ihn mit einem Glas Sekt in der Hand immer noch tänzelnd durch sein Haus schweben. Ich sprach ihn an, wie er sich den Jahreswechsel mit uns Gästen denn nun vorstellt. Wir sind für diese Nacht hier angemeldet, eine Weiterreise aus der einsamen Gegend ist nicht möglich.

Er schüttete mir sein Herz aus und sagte, da drüben ist die Küche, da ist alles zu finden. Habt ihr Lust das Festmenü selbst zu kochen? Ich lief zu meiner Tochter und der Reisegruppe, erzählte von den Sorgen des Hausherrn und er habe zu viel getrunken. Wir können in der Küche selbst Hand anlegen. Mir machte das Verhalten langsam Spaß, während einige unter uns sehr erbost sich in ihren Sesseln zurück lehnten. Zusammen mit unserem Reiseleiter, der auch nicht erfreut war über das Benehmen, versuchten wir den Abend zu retten. Wir deckten den Tisch ein und zauberten Nudeln mit Tomatensoße. Kein Festtagsmenü, aber der Hunger trieb es rein und mit Alkohol wurden wir zur Genüge vom Hausherrn versorgt. Angeheitert haben wir es sogar geschafft pünktlich um 12 Uhr Mitternacht ein kleines Feuerwerk anzuzünden. Der Hausherr fühlte sich plötzlich pudelwohl unter seinen Gästen. Bedankte sich immer wieder bei uns für unsere Großzügigkeit ihm gegenüber.

Wir umarmten uns und sind trotz allem in fröhlicher Stimmung mit Tanz in das neue Jahrtausend gerutscht, jeder mit seinen eigenen, heimlichen Gedanken. Am Morgen war der Frühstückstisch für uns reichlich gedeckt. Wer das veranlasst hat, das blieb für uns ein Geheimnis, denn wir fuhren weiter ohne den Hausherrn zu Gesicht zu bekommen. Auf unserer Weiterreise zu neuen Ufern haben wir noch viel diskutiert und den Mann bedauert. Nun sitzt er allein in der Einsamkeit mit einem herrlichen Anwesen, wie wird er das in der Zukunft meistern. Ich dachte mir, auch in Neuseeland ist nicht alles Gold was glänzt.

Rückblickend kann ich sagen, ich bin froh darüber diese Reise für uns beide entdeckt zu haben. Alles war einmalig organisiert. Ein Erlebnis besonderer Art das mir ein Leben lang in Erinnerung bleiben wird. Ein Wunschtraum, der für mich in Erfüllung ging und einmalig bleiben wird. Ein großes Lob an Harry, kein anderer hätte uns dieses Land besser zeigen können.

Es war wie in seinem Prospekt beschrieben eine Abenteuerreise besonderer Art.

DAS JAHR 2000 NIMMT SEINEN LAUF

Charles mit Familie hatte noch einmal einen Wohnungs-
wechsel in der Stadt vorgenommen. Eine neue wunderschöne geräumige Wohnung in der Altstadt mit Blick auf
den Stadtmühlbach im Grünen.

Felix verbrachte seine Zeit mal bei uns, mal bei seinen
Eltern. Überall fühlt er sich wohl. Er wurde ein vielseitig
interessiertes Kind, nahm Klavierstunden in der Musik-
schule und nahm an Bastelstunden altersgerecht in einer
Künstlerwerkstatt teil. Die Jungarchitekten hatten Fuß
gefasst und Charles war glücklich in seiner Heimatstadt
wirken zu können. Ein echter Oberpfälzer, der sich unter
den Heimischen wohl fühlte. Karo dagegen merkte man
im Gespräch immer wieder an, dass sie ein Großstadt-
kind ist und für sie unsere Stadt nicht ihr endgültiges
Ziel sein kann. Neben ihrem Beruf entschloss sie sich
für eine Professur in Architektur zu machen, um evtl.
an einer Uni zu wirken. Davon berichtete sie einmal bei
einem Abendessen bei uns zu Haus. Wir haben ihr Vorhaben aufgenommen und sie bewundert, wie sie das alles schaffen möchte, denn sie waren mit Bauwerken gut
beschäftigt und ausgelastet.

Eines Tages kommt Charles wie so oft am Abend vorbei, um seinem Sohn gute Nacht bei uns zu wünschen
und erzählt, wir haben ein Haus in Weidach gekauft. Es
ist ein renovierungsbedürftiges Mietshaus in der Stadt,
und sie haben es zusammen mit einem Arzt erworben.
Der Arzt wird mit seiner Familie einziehen und für uns
ist eine Wohnung im zweiten Obergeschoss angedacht
und im Erdgeschoss werden unsere Büroräume sein. Das
Haus hat einen schönen Hinterhof mit einer Remise,

wo die Kinder spielen können. Als ich erfuhr, wer der Vorbesitzer des Hauses war, stellte ich fest, dass ich als Kind in diesem Haus viele Spielstunden verbracht habe. Ein ehemaliger Mitschüler ist darin aufgewachsen und schöne Erinnerungen erweckten sie in mir. Wir Kinder tobten durch das Treppenhaus und in dem Hinterhof. Nun wird eines Tages mein Enkelsohn dort wohnen, was für ein Zufall.

Noch im gleichen Jahr gingen die Architekten für ihr Eigenheim in Planung. Dieses Haus muss etwas Besonderes werden und die umliegenden Hausbesitzer anregen ihre Häuser ebenfalls zu renovieren. Eine große Aufgabe wurde angegangen, zusätzlich zu den laufenden Aufträgen.

GEORG, WIE IMMER NIMMT ALLES LOCKER

Bei einer ärztlichen Untersuchung wurde ein Blasen-Karzinom festgestellt, das operativ entfernt werden muss. Ich machte mir große Sorgen. Georg nahm es gelassen und begab sich zur OP in das Krankenhaus. Alles verlief gut, mit anschließendem ambulanten Bestrahlungsterminen wurde er entlassen. Der Arzt teilte mir als Ehefrau mit, dass es anfänglich zu Problemen mit dem Wasser lassen kommen wird, und ich sollte vorsorglich Bett und auch Unterwäsche für evtl. unvorhergesehenes Wasserlassen dafür ausrichten. Georg hat großen Ehrgeiz entwickelt, dass diese Maßnahmen nicht erforderlich werden. Ein Jogi eben und mit fleißiger Bodenbeckengymnastik hat nach kurzer Zeit alles wieder bestens geklappt. Ein Lob für den Patienten, denn was man so hörte haben viele Patienten nach so einem Eingriff langzeitige Schwierigkeiten. Ich bin wieder gesund und möchte über dieses Thema nicht mehr sprechen. So war seine Aussage, die wir alle respektierten.

EIN SCHÖNES FAMILIENFEST IM SOMMER 2000

Freudig sahen wir in diesem Jahr dem August entgegen. Die Tochter meiner Schwester, mein Patenkind, hat uns zu ihrer Hochzeit am 12. August eingeladen. Zu diesem Tag sind wir alle zusammen mit unserer Oma Marie angereist. Es fand eine feierliche kirchliche Trauung in St. Kathrina Seukendorf statt. Anschließend eine im Freien statt findende gemütliche Zusammenkunft, wo wir die neue Verwandtschaft kennen lernen konnten. Die Brautmutter, meine Schwester war überglücklich und ihre Augen strahlten. Vater Manfred ging immer wieder stolz durch die Reihen der vielen Gäste und hielt Ausschau ob sich alle gut unterhalten. Auch unsere Cousins mit ihren Frauen konnten wir bei dieser Gelegenheit wieder begrüßen. Für uns waren Zimmer reserviert in einem großen Hotel nahe Nürnberg, wo wir nach einem Festmenü und Unterhaltungsprogramm bis spät in die Nacht, uns niederlegen konnten. Oma Marie freute sich über die Wahl des Bräutigams, der uns allen auf Anhieb gleich sympathisch war.

Ein gelungenes Fest und am darauf folgenden Morgen konnte ich meinen 61. Geburtstag in diesem schönen

Umfeld mit einem Umtrunk begehen. Eine gute Terminierung meiner Nichte.

OMA MARIE

87 Jahre ist unsere Mutter und Oma in diesem Jahr geworden und man merkte, ihre Kräfte ließen sehr nach. Herz und Lunge machten Probleme und ein Krankenhausaufenthalt war wieder nötig.

Man vermutete einen kleinen Schlaganfall, denn sie konnte nicht mehr alles aufnehmen und nach der Entlassung aus dem Krankenhaus wollte sie ihr Zimmer nicht mehr verlassen. Sie hatte plötzlich keine Lust mehr für ihre Körperpflege und auch beim Essen musste ich darauf achten, dass sie Mahlzeiten einhält.

Es machte mich sehr traurig meine Mutter, die bisher so lebendig an unserem Leben teilnahm, nun immer kraftloser zu sehen. Der Hausarzt, der öfters bei uns vorbei kam, gab mir zu verstehen, dass sich das Krankheitsbild altersbedingt nicht mehr bessern kann. Der Zucker ist ein großes Risiko und ihre Durchblutung ist sehr gestört.

Jeder der zu uns zu Besuch kam und dem unsere Mutter immer zuerst freudig die Türen öffnete, war nun enttäuscht, dass man sie nur noch in ihrem Zimmer besuchen konnte. Sie sagte dann immer, hier ist es am schönsten und mein Bett ist mir das allerliebste. Uns hat es ohne Mutter am Tisch nicht mehr so richtig geschmeckt. Es fehlte einfach etwas. Ich habe ihr die Mahlzeiten auf einem Tablett nach oben gebracht und bei Sonnenschein haben wir sogar alle drei auf dem Balkon gespeist. Das war zwar für mich sehr aufwendig die Schüsseln und Teller in den ersten Stock zu tragen, aber die Gemütlichkeit bei Tisch von früher war wieder zurück.

Unser Felix wurde ein Schulkind. Ein freudiger Tag für uns alle, natürlich auch für Oma Marie. Immer wieder bestaunte sie den hübschen Jungen mit der Schultüte, wenn er zu ihr ins Zimmer kam. Die Schultüte hat er sich selbst ausgesucht. Ich hatte beide Tüten von meinen Kindern in ihren Schränken aufgehoben. Felix hatte sie schon lange einmal entdeckt. Als es so weit war, kam er mit der ehemaligen Schultüte von Anja aus dem Zimmer und sagte, die würde ich gern nehmen, die gefällt mir. Nichts lieber als das, ich freute mich, dass dem Kind diese damals von mir ausgesuchte Schultüte gefiel. Ich fragte, warum nimmst du nicht die von deinem Vater, aber da meinte er, diese hier ist bunter. Ein neuer Lebensabschnitt begann für unseren Felix. Ich war überzeugt, er wird ein guter Schüler werden und ich werde ihn gern bei den Schulaufgaben unterstützen, wenn er bei uns ist. So war es dann auch. Wichtig war mir, dass er Ordnung hält von Anfang an. So hatte ich es mit meinen Kindern geübt und wenn ich die Betreuung von Felix habe, dann muss er es akzeptieren, dass seine Margot auch streng sein kann. Es funktionierte mit uns beiden sehr gut. Anfangs war er nach der Schule, wo ich ihn immer abholte, sehr oft bei uns, denn die Eltern waren ja mit ihrem Hausumbau sehr beschäftigt. So verging die Zeit und ich war voll beschäftigt mit Jung und Alt. Es hat mir Freude gemacht, wenn es beiden gut ging. Ich vermisste nichts. Ich durfte in meinem Leben viel verreisen dank meiner Mutter die Haus und Hof in dieser Zeit in Ordnung hielt. Jetzt werde ich für sie da sein so lang sie mir Gott noch schenkt. Abwechslung habe ich mit Felix. Wir haben nach den Hausaufgaben gern Tischtennis oder Fußball gespielt. Leider waren in unserem Dorf keine Kinder zum Spielen für ihn da. Also war Oma Margot immer gefordert. Frische Luft war nach dem langen Sitzen in der Schule und Stube notwendig und die haben wir beide vergnüglich verbracht.

Unsere Mutter und Oma

stand jetzt an erster Stelle. Der Hausarzt kam jede Woche zu ihr und begutachtete ihre Beine, die Zehen schwollen an und wurden blau und das Aufstehen ging nicht mehr so leicht. Ich entschloss mich ihr Zimmer neu zu gestalten. Ich kaufte ein Pflegebett und mietete einen Rollstuhl mit Toilettenschüssel. Es war nicht mehr möglich Oma auf die Toilette zu führen. Den Stuhl konnte ich vor das Waschbecken schieben für die Morgentoilette. Von ihrem Bett aus hatte sie einen herrlichen Ausblick in den Garten. Das Fernsehen interessierte sie nur noch sehr wenig. Ich kaufte schöne melodische Entspannungsmusik, die ich ihr auflegte, wenn keiner von uns Zeit hatte bei ihr zu verweilen. Immer wenn einer von uns zur Tür herein kam, blickten uns freudige Augen an. Ich hatte das Gefühl Mutter war zufrieden, so wie es ist. Felix erledigte seine Hausaufgaben gleich nebenan in seinem ehemaligen Papa-Kinderzimmer und auch er huschte mal schnell zu Marie ins Zimmer. Georg hat sich angewöhnt seine Lesestunden bei Oma in ihrem Fernsehsessel zu halten und so war sie tagsüber kaum allein.

Mutters Altersschwäche war für mich überhaupt kein Problem. Sie war so liebevoll und geduldig mit allem wie ich sie betreute. Ich wünschte mir, dass sie noch lange unter uns verweilen kann. Abends kamen Charles und Karo oftmals zu einer Plauderstunde zu ihr ans Bett und sie hörte aufmerksam und freudig den Kindern zu. Eines Tages sagte Karo Oma, dass sie an ihrer Professur arbeitet und sie bald Frau Professor sein wird. Nachdem die beiden gegangen sind, sagte Mutter zu mir: Na, da wird sie bald meinen Jungen verlassen. Ich glaubte nicht richtig gehört zu haben, und war sehr verwundert über diese Aussage, die mich dann doch auch nachdenklich machte. Mutter hat im Leben sehr oft Recht gehabt. Doch hoffentlich mit dieser Aussage nicht auch.

Es folgte wieder ein Krankenhausaufenthalt, Herz und Lunge brauchten Infusionen. Mit Felix habe ich sie täglich besucht und bei Schönwetter haben wir sie mit dem Rollstuhl durch den kleinen Krankenhauspark geschoben. Ein Spielplatz war gleich um die Ecke und dort vergnügte sich Felix gern und Oma Marie schaute ihm zu. Die Rückkehr nach dem Krankenhausaufenthalt erforderte weitere Pflegemaßnahmen. Eine Ganzkörperwäsche war nicht mehr ohne Wannenlift möglich. Mir wurde geraten die Pflegestufe zu beantragen, dann bekomme ich einen Wannenlift gestellt. Der Medizinische Dienst kam ins Haus und begutachtete Mutter sie bekam die Pflegestufe eins zugeteilt.

An dem Tag als der Wannenlift montiert wurde und Felix das Teil im Bad entdeckte, da kam Freude bei ihm auf. Ich konnte nicht so schnell schauen, wie er seine Kleidung abwarf, auf den Lift sprang und hinab düste und die Wanne voll laufen ließ. Cool – so will ich jetzt auch immer baden. Wir beiden mussten herzlich lachen. Mal schauen, ob Marie auch so begeistert sein wird wie du.

MAN LERNT NIE AUS

Bei meinen Einkäufen in der Stadt kam ich an dem Maria-Seltmann-Haus vorbei. Von dieser Stiftung habe ich schon viel gehört und gelesen. Heute wollte ich mir die Zeit nehmen und einmal einen Blick in das Gebäude werfen. In diesem Haus werden Kurse für Senioren angeboten. Ein hübsches Café zum Verweilen, gut besucht, fand ich vor und eine Anschlagsäule mit den verschiedensten Kursangeboten. Darunter ein Anfänger-Computer-Kurs für Senioren.

Der hat mich fasziniert. Ein Leben lang habe ich meine Buchhaltung handschriftlich auf dem Amerikanischen Journal, wie man es nannte, für unseren Betrieb geführt. Du bist verrückt, jetzt noch mit Computer anfangen? Sagte ich mir. Die Neugier packte mich, das will ich wissen. Die Uhrzeit für den wöchentlichen Kurs ist günstig und kann ich mit meinen häuslichen Pflichten vereinbaren. Ich meldete mich an und fuhr nach Hause. Georg war begeistert von meinem Vorhaben und sagte: das ist Gedächtnistraining, das mach mal. Wenn Du weg bist, ich bin ja im Haus für Oma.

Großes Interesse fand ich bei meinem ersten Besuch vor, verschiedene Altersgruppen, auch einige jüngere Leute und das Schönste unsere Rita, unsere ehemalige Mitarbeiterin im Geschäft meiner Mutter. Wir beide waren überrascht uns hier wieder zu sehen. Männlein und Weiblein saßen jeder vor einem Computer und warteten gespannt auf das, was da kommen wird. Eine nette Frau wies uns ein. Wir tippten und drückten, nach Angabe und waren erstaunt wie es funktioniert. Wir lernten das Schreibprogramm zu beherrschen. Ich war begeistert, Schreibmaschine war ja eines meiner Lieblingsfächer schon in der Schulzeit. Schnell habe ich die Tastatur begriffen und konnte den folgenden Kurs kaum erwarten. Für Übungen daheim fehlte mir ein Computer. Ich habe Anja angerufen und ihr von meiner Schulung erzählt und sie sagte, Mutter du kannst erst mal meinen Computer haben, ich brauche einen neuen. Gesagt, getan der Computer wurde eingerichtet und los ging es mit meinen Übungen. Bald war ich so perfekt, dass ich Glückwunschkarten mit Umrahmungen herstellen konnte, diese an alle meine Freunde und Bekannten zu den Festtagen verschickte. Jeder war begeistert von meiner Kunst. Jeden weiteren Kurs habe ich belegt, bis hin zum Internet, und Mail. Herrlich, was man mit einem Computer alles machen kann und ich bin dabei, hurra. Einigen Mitschülern wurde dieser Unterricht zu kompliziert und sie gaben auf. Leider auch meine Rita. Das kam für mich nicht in Frage, ich tüftelte so lange herum, bis ich es wie im Schlaf beherrschen konnte.

In dem Büro des Hauses war eine nette Frau beschäftigt und sie teilte mir mit, dass sie eine monatliche Zeitung mit dem Titel „Ja zum Alter" herausbringen möchte.

Es wäre schön, wenn wir uns darin mit Kurzgeschichten beteiligen würden. Ich musste nicht lange überlegen. Auf meinen Reisen gab es reichliche Erlebnisse, über die ich schreiben könnte. Begeistert setzte ich mich an den Computer und verfasste meine erste Geschichte mit dem Titel „Eine Nacht im Frankfurter Bahnhof". Man war begeistert von meinem Beitrag und er erschien gleich in der nächsten Ausgabe. Diesen Erfolg nach der Veröffentlichung hatte ich nicht erwartet. Anrufe kamen zu mir nach Hause. Toll, wann kommt die nächste Geschichte? Auch das Büro des Senioren-Hauses drängte auf weitere Geschichten von mir, die ich über einige Jahre mit Freuden erfüllte. Ich hatte Glücksgefühle, ich verschickte sogar Geschichten an Verlage, die mir dafür kleine Honorare zahlten. Ich wurde eine kleine Autorin und das habe ich dem Computerkurs zu verdanken.

DER UMBAU IN DER MOLTKESTRASSE IST GELUNGEN

Lange Bauzeit nahm dieser Umbau in Anspruch. Ein gelungenes Werk hat das Ziel erreicht. Die Jungfamilie Braun hat eine wunderschöne Wohnung mit Veranda zum Innenhof. Darunter wohnt die Arztfamilie und im Erdgeschoss ist wie geplant ein großzügiges Architekturbüro eingezogen mit Mitarbeitern. Eine Eröffnungsfeier mit Empfang von geladenen Gästen darunter auch der Oberbürgermeister der Stadt fand in dem schön renovierten und neu begrünten Innenhof statt. Ansprachen wurden gehalten und spontan habe auch ich ein paar Worte an diesem Tag ausgesprochen. Charles war erschrocken, dass Mutter sich zu Wort meldet, im Nachhinein bedankte er sich bei mir und war zufrieden mit meiner Kurzansprache.

WIR SCHREIBEN DAS JAHR 2002

Mein Konto hat sich über Nacht halbiert. Der Euro wurde eingeführt. Unsicherheit bei den Bürgern kam auf. Man beruhigte uns allerdings, dass jetzt alle Preise ebenfalls halbiert werden und wir nur gewinnen können für die Zukunft. Daran musste man sich allerdings erst einmal gewöhnen und guter Hoffnung sein. Bei den Einkäufen wurde von jedem umgerechnet, ob diese Aussage auch wirklich stimmt. Es brauchte seine Zeit der Umgewöhnung. Für mich bedeutete diese Umstellung erst einmal Unsicherheit.

GEORG ERNEUT ERKRANKT

Bei der regelmäßigen Vorsorgeuntersuchung wurde Prostatakrebs festgestellt. Diesmal waren wir beide sehr beunruhigt, war doch vor nicht so langer Zeit erst ein Blasenkarzinom entfernt worden. Der Arzt sprach von einer eventuellen Teil-OP. Doch Georg war der Ansicht, wenn schon, dann zur Sicherheit gleich ganz. Ich fand das sehr mutig von ihm und wieder ging er voller Zuversicht in die Klinik. Alles ging gut vorüber mit einer anschließenden ambulanten Bestrahlung. Seine Genesung machte baldige Fortschritte und er war froh alles gut verarbeitet zu haben. Mit den Folgeerscheinungen hat er keine Probleme. Hauptsache gesund ist seine Meinung dazu, wenn ihn einer seiner Freunde drauf anspricht.

Mit Mutter geht es weiter bergab. Sie hatte keine Kraft mehr selbstständig zu essen und habe ich ihr die Mahlzeiten eingeben müssen. Mit Liebe gekocht und schön püriert, denn das Schlucken fiel ihr schwer. Zum Trinken gab ich ihr eine Schnabeltasse in die Hand, die sie dann selbst zum Mund führte. Die Flüssigkeitsaufnahme war zu wenig und deshalb musste sie hin und wieder einmal ins Krankenhaus gebracht werden. Dort wurden dann Infusionen verabreicht.

Im Krankenhaus habe ich so einiges erlebt. Man stellte ihr das Essen auf den Nachttisch und verließ den Raum. Nach einiger Zeit wurde abserviert und gefragt, hat es denn nicht geschmeckt? Darauf erwiderte ich, dass meine Mutter nicht in der Lage ist das Essen selbst einzunehmen. Sie benötigt die Mahlzeiten püriert und muss eingegeben werden. Seit geraumer Zeit halte ich das so zuhause. Am Abend wurde dann Breikost serviert. Pudding, und immer wieder Pudding, das war alles, was der Krankenhausküche dazu einfiel. Ich beschwerte mich, das kann doch kein Mensch auf Dauer essen. Man kann auch Gemüse und Kartoffeln pürieren. Es wollte nicht funktionieren. Jeden Morgen, jeden Mittag und am Abend zu den Mahlzeiten bin ich in das Krankenhaus gefahren, damit meine Mutter versorgt ist. Ich habe Bananen zerdrückt, Zwieback eingeweicht und Äpfel geschabt und manchmal eine Kraftbrühe von zuhause mitgenommen. Die Pfleger waren erstaunt über meine Geduld, dazu fehlt uns einfach die Zeit.

An einem Tag ist meine Mutter nachts aus dem Krankenbett gefallen. Zum Glück ist nichts außer Prellungen passiert. Daraufhin wurde ein Gitter am Bett angebracht, was ich zuhause schon länger für die Nacht betätigt habe. Ich war immer wieder froh, wenn ich Mutter nach Hause holen konnte. Vom Medizinischen Dienst bekamen wir die Pflegestufe 2 zugesprochen. Man hat mich gefragt, ob ich denn nicht Beistand haben möchte, denn es ist ja jetzt eine Pflege rund um die Uhr. Ich lehnte vorerst dankend ab, denn ich komme immer noch gut zurecht.

Ich war der Meinung meine Anwesenheit ist trotz Pflegehilfe erforderlich und wenn ich Wege zu erledigen habe, dann war Georg gern bereit in ihrem Zimmer zu verweilen. Dafür bin ich ihm sehr dankbar. Mit diesem Beistand hat er für mich vieles gut gemacht, was in unserem Eheleben schief gelaufen ist. Er hat mich sogar in den Wald geschickt, damit ich mal Entspannung tanken kann. Diese Runden auf den vertrauten Wegen taten mir zu dieser Zeit besonders gut und froh gesinnt kehrte ich an Mutters Bett zurück. Sie war so geduldig, still und leise und hat auch nach der Versorgung nicht meine Nachtruhe gestört. Ich habe zwar immer meine Schlafzimmertür geöffnet gelassen, damit ich höre, falls sie ruft. Das kam ganz selten vor.

NACHWUCHS IN NÜRNBERG
WURDE ANGEMELDET

Die Tochter meiner Schwester wurde schwanger. Wir alle hofften, dass Oma Marie noch ihr zweites Urenkelkind erleben kann. Unser Hausarzt konnte mir nicht sagen wie lange Mutter am Leben bleiben wird. Er war der Meinung, wer so gut betreut wird, der hat Glück und kann noch lange am Leben festhalten. Diese Aussage tat mir gut, denn manchmal fühlte ich mich schon sehr gefordert. Alles drum herum sollte ja wie immer weiter laufen, der Haushalt, der Garten, mein Felix und nicht zu vergessen der Hausherr. Keiner sollte zu kurz kommen. Renate kam oft am Wochenende zu Besuch und das war für mich eine Abwechslung, denn ich kam außer meinen Einkäufen nicht mehr aus dem Haus. Bekannte fragten, warum ich denn Mutter nicht in ein Pflegeheim gebe. Das kam für mich nicht in Frage. Mutter soll, wenn möglich hier in ihrer Stube die letzten Stunden ihres Lebens verbringen. Der Meinung war auch Georg. Darüber war ich froh, denn schließlich ist es seine Schwiegermutter und da ist es nicht so selbstverständlich Mutter zu Hause zu pflegen. Nicht alle Ehemänner sind damit einverstanden.

Im Juli 2003 kam dann der kleine Lukas zur Welt und bald darauf reiste meine Schwester mit der Jungfamilie bei uns an. Oma Marie soll ihren zweiten Urenkel kennenlernen. Voller Freude standen wir alle um ihr Bett und der Kleine wurde ihr auf die Bettdecke gelegt. Marie hat leider nicht mehr die Situation erkannt, sie hat das Kind immer wieder angeschaut, aber die Worte fehlten. Meine Schwester war trotz allem erfreut, dass Oma den Kleinen noch erleben konnte.

Kurz darauf wieder ein Krankenhausaufenthalt und ich bekam die erschreckende Nachricht, dass ihr ein Bein abgenommen werden muss. Mein erster Gedanke war, das überlebt meine Mutter nicht mehr. So ein riesiger Eingriff, mich durchfuhr es am ganzen Körper. Die OP verlief überraschend gut und nach kurzer Zeit konnte ich Mutter nach einer drei wöchentlichen Kurzzeitpflege wieder nach Hause holen. Jetzt war für mich die Zeit gekommen einen Pflegedienst in Anspruch zu nehmen. Der Stumpf musste regelmäßig versorgt werden und das allein traute ich mir nicht zu. Zwei nette Damen kamen abwechselnd drei Mal am Tag zu uns ins Haus. Mein Mann schaute gern den beiden bei der Versorgung zu und verließ kaum das Zimmer. Er war an den Handgriffen sehr interessiert. Ein Haarschnitt wurde wieder fällig und konnte nur liegend im Bett vorgenommen werden. Mit Hilfe meines Mannes haben wir Mutter die Haare im Bett gewaschen. Er hielt sie im Rücken gestützt, damit ich waschen und schneiden konnte. Beide waren wir stolz auf unseren gemeinsamen Erfolg, sogar die Pflegerinnen staunten, wie wir das geschafft haben. Wir machten manchmal ein Späßchen, hielten Mutter einen großen Spiegel vor ihr Bett und sagten, schau mal wie toll du aussiehst. Ein kleines Lächeln huschte dann über ihr Gesicht und ich war glücklich. Sie musste keine Schmerzen erleiden dank der Medikamente und ich hoffte, dass Mutter noch lange bei uns bleiben kann.

Es kam anders, eines Tages ganz plötzlich bekam sie Erstickungsanfälle, ich rief den Hausarzt an, der auch sofort zur Stelle war und Mutter mit dem Notarztwagen ins Krankenhaus schickte.

Jetzt ist es sehr ernst um ihre Mutter bestellt wir müssen mit dem Schlimmsten rechnen. Ich folgte dem Krankenwagen in die Notaufnahme. Im Februar hatten wir ihr zu ihrem 90. Geburtstag noch an ihrem Krankenbett zuhause gratulieren können. Ein gesegnetes Alter und ich war mir bewusst, jetzt ist die Zeit des Abschieds gekommen. Nach Rücksprache mit den Ärzten wurde mir mitgeteilt, wir können ihrer Mutter nicht mehr helfen. Eine Magensonde würde ihre Zeit auf Erden noch etwas verlängern. Da ich eine Patientenverfügung hatte, lehnte ich ab, denn ich wusste, dass Mutter keinesfalls lebensverlängernde Maßnahmen gewünscht hätte. Diese Entscheidung trotz Patientenverfügung wurde von den Ärzten nicht so ohne Weiteres angenommen. Wir sind hier um Leben zu retten, das ist unsere Aufgabe. Es wurde während meiner Abwesenheit eine Sonde gelegt. Als ich Mutter in ihrem Krankenbett liegen sah, war ich entschlossen, nein so soll die Lebensverlängerung für meine Mutter nicht sein. Ich ging zum Chefarzt und bat die Sonde wieder zu entfernen. Nach langer Diskussion hatte ich Erfolg und die Krankenschwester bestärkte meine Entscheidung. Sie haben richtig gehandelt, eine Magensonde bereitet Schmerzen und das sollten sie ihrer Mutter ersparen. Ich erkundigte mich bei der Schwester wie lange meine Mutter ohne Ernährung noch am Leben bleiben wird. Sie teilte mir mit, das kann sich nur um ein paar Tage handeln. Ich rief meine Schwester an und die kam sofort. Beide verbrachten wir bei Mutter verweilend den ganzen Tag und die halbe Nacht. Wir wollten sie nicht alleine von Erden gehen lassen. Leider ist das uns nicht geglückt. Übermüdet haben wir am dritten Tag spät am Abend ihr Krankenzimmer verlassen und gehofft sie am nächsten Morgen wieder begrüßen zu können. In der Nacht klingelte das Telefon und eine Schwester teilte uns mit, dass Mutter friedlich eingeschlafen ist. Wir bedauerten unendlich diese Stunde des Abschieds nun doch versäumt zu haben. Die Schwester tröstete uns und sagte, dass die meisten Menschen gern allein von dieser Welt gehen. Ein kleiner Trost für uns als wir an ihrem Bett standen. Mit einem leichten Lächeln fanden wir unsere Mutter mit gefalteten Händen vor. Wir durften noch einige Stunden bei ihr verweilen, dann wurde sie uns entführt.

DER ENDGÜLTIGE ABSCHIED

Gedanklich konnte ich mich während der langen Pflegezeit auf den schmerzlichen Tag vorbereiten. Mutter hatte sich immer eine Feuerbestattung gewünscht. Ich sollte ihr schon vor Jahren versprechen, dass ich ihren letzten Wunsch erfüllen werde. Ich verdrängte diese Worte gern und sagte zu ihr, Mutter das musst Du mir schriftlich geben, sonst glaube ich, kann ich das nicht machen. Eine Verbrennung, das war für mich unvorstellbar. Mutter aber lachte immer in früheren Jahren über meine Sorge. Das brauche ich dir nicht schriftlich geben, du wirst das schon machen. Nun musste ich die Entscheidung treffen und ihrem Wunsch gerecht werden. Nicht einfach, immer wieder holte ich ihre Worte in mein Gedächtnis zurück. Meine Familie stand mit dem von Mutter gewünschten Abschied hinter mir und ich besprach mich mit dem Bestattungsinstitut.

Dort wurde mir der Ablauf einer Feuerbestattung erklärt. Nein, so wollte ich meine Mutter nicht verabschieden. Auf dem Friedhof vor der Leichenhalle öffentlich vor allen Friedhofsbesuchern, die ihre Gräber versorgten, das kam für mich nicht in Frage. Nach der Zeremonie steht ein Fahrzeug bereit und der Sarg wird hineingeschoben zur Abfahrt zur Verbrennung. Alle Trauernden schauen dem abfahrenden Leichenwagen nach. Ich überlegte mir eine andere Verabschiedung. In der Kapelle des Waldfriedhofes möchte ich die Trauerfeier. Mutters Sarg schön geschmückt und wir Trauernden verlassen nach der Feier die Kapelle, der Sarg mit Mutter bleibt zurück. Erst wenn wir alle den Friedhof verlassen, dann soll Mutter ohne uns in das Auto geschoben werden und ihre letzte Reise antreten. Die Chefin des Instituts war angetan von meiner Idee und versprach so zu handeln.

Den Gottesdienst mit all seinen Liedern hatte ich mir gedanklich schon vor geraumer Zeit zurecht gelegt. Die Ansprache des Pfarrers wurde besprochen. Die Abschiedsrede wollte ich selbst am Sarg meiner Mutter halten. Orgelmusik umrahmte die Feierlichkeit im engsten Familienkreis mit einigen geladenen Bekannten, die Mutter nahe waren. Es war ihr Wunsch in aller Stille Abschied zu nehmen. Aus diesem Grund veröffentlichten wir die Traueranzeige vom Ableben erst nach den Feierlichkeiten.

Für unseren Felix war dieser Abschiedsgottesdienst eine neue Lebenserfahrung. Es tat mir leid für ihn um seine Uroma trauern zu müssen. Wir beide schauten uns immer wieder mit traurigen Augen an und jeder von uns wollte den anderen trösten.

Im Gasthof, wo wir früher mit Oma gern unseren Sonntagsbraten verzehrten, gedachten wir alten Zeiten bei einem Abschiedsessen im Freien bei Sonnenschein.

Unsere Anja fehlte leider an diesem Tag. Sie war auf Reisen und wir wollten nicht, dass sie ihre freien Tage abbricht. Es kommt der Tag der Urnenbeisetzung, trösteten wir sie und da kannst du auch Abschied nehmen.

Eine traurige Erfahrung

Mir wurde gesagt, dass ich Bescheid bekomme, wenn die Urne vom Krematorium zurück kommt und dann können wir den Termin für die Urnenbeisetzung bestimmen.

In der Zwischenzeit kümmerte ich mich um das vorhandene Grab unseres Vaters, um alles für diesen Tag vorzubereiten. Es war ein Donnerstag nach der Trauerfeier, als ich am Stadtfriedhof in das Büro ging, um mich zu erkundigen, wie viel Platz für die Aushebung am Grab genötigt wird.

Ich trat in das Büro ein und musste zu meinem Erschrecken sehen, die Urne meiner Mutter war unter einem Stuhl abgestellt. Darunter ein Zettel mit ihrem Namen. Ich war so entsetzt – dass ich im Augenblick gar keinen Gedanken fassen konnte. Wie eine abgestellte Ware stand meine geliebte Mutter in diesem Raum. Ich fragte, ob die Urne bis zur Beisetzung hier stehen bleibt. Gibt es denn hier keine Vitrine oder einen Tisch, wo man würdevoll auf den Tag der Beisetzung wartet? Ich bekam keine rechte Antwort. Das Bestattungsinstitut, welches ich nach dieser Begegnung anrief, teilte mir mit, dass üblicherweise die Urnen in einem Schrank eingeschlossen werden. Das beruhigte mich nicht und so ging ich gleich am nächsten Morgen wieder in das Büro, um zu sehen, wo meine Mutter nun aufbewahrt wird. Mir wurde ein Schrank aufgeschlossen und was sah ich da? Die Urne – meine Mutter stand zwischen Handwerkszeug, Senftuben und Brotzeitpaketen. Ich war fassungslos. Ich musste weinen, ja ich kann es nicht beschreiben wie mir zu Mute war. Am liebsten hätte ich die Urne genommen und wäre allein zum Grab damit gegangen. Das kann doch nicht sein – so etwas pietätloses. Ich verlangte ein Gespräch mit dem Friedhofswärter, der mir sagte, noch keiner hat bisher nachgefragt wo wir die Urne bis zur Beisetzung abstellen.

Wir können allerdings auch ihre Urne in der Leichenhalle aufbewahren, aber das kostet extra. Sofort habe ich das veranlasst und selbst mit Hand angelegt und die Mutter rings herum mit Blumen geschmückt, schnell besorgt in dem nahe gelegenen Blumengeschäft. Jetzt war ich zufrieden. Wir konnten bis zum Termin der Beisetzung nun täglich unsere Mutter besuchen. Dieses unschöne Erlebnis wünsche ich niemanden in der Trauerzeit. Es muss doch möglich sein, dass die Überreste eines geliebten Menschen ebenso wie ein Sarg seinen würdevollen Platz findet bis zur ewigen Ruhe. Die zuständigen Stellen haben aufgrund meiner Wünsche von nun an diese Regelung im Auge behalten und es wurde sogar eine Vitrine angeschafft. Jeder von uns hat an dem Tag der Beisetzung einmal die Urne ein Stück des Weges bis zum Grab getragen. Vom Friedhofswärter wurde sie in die von mir mit einem Rosenkranz geschmückte Vertiefung hinab gelassen. Diesmal konnte Anja zusammen mit ihrem Freund dabei sein. Den jungen Mann lernte Oma bei einem früheren Wochenendbesuch bei uns noch kurz kennen. Leider war sie zu diesem Zeitpunkt nicht mehr aufnahmefähig. Sie schaute zwar Roland immerzu an, aber wir waren der Meinung, sie sieht in ihm ihren Enkel Charles, was Anja sehr bedauerte. Gern hätte sie von Oma noch erfahren wollen, ob Roland willkommen ist in unserer Familie. Ihre Menschenkenntnis wussten wir zu schätzen. Mit den Worten: Mutter, wir werden dich nie vergessen, verließen wir trauernd den Friedhof. Mutter und Vater waren im Tod wieder vereint.

LEERE IM HAUS

Das Pflegebett stand leer, meine Betreuung kam nicht mehr zum Einsatz. Der Tagesablauf ging neue Wege. Nicht so einfach, wenn man ein Leben gemeinsam verbrachte mit allen Höhen und Tiefen. Felix sorgte für Abwechslung und vertrieb meine Trauer. Das Oma-Zimmer, in dem wir die letzten Jahre viel Zeit zusammen verbracht haben, blieb weiter unsere Anlaufstelle.

Wir haben umgeräumt, ein kleines Wohnzimmer mit vielen Erinnerungen wurde eingerichtet und jeden von uns zog es immer wieder in das Oma-Zimmer. Sogar Georg blieb weiter in dem Fernsehsessel sitzen und unser Wohnzimmer im Erdgeschoss war still gelegt.

Das erste Weihnachten ohne unsere Mutter nahte. Ich hatte Lust dieses Fest für uns alle auszurichten. Es waren gelungene Tage mit meinen Kindern und Anja konnte ihren 33. Geburtstag bei uns feiern. Für Abwechslung war gesorgt.

Zu Omas Geburtstag am 20. Februar im darauf folgenden Jahr kam meine Schwester mit Familie und wir besuchten gemeinsam das blühende Grab. Mich führte täglich der Weg zu meiner Mutter. Ich hatte das Bedürfnis mit Mutter zu plaudern und ihr von uns zu berichten. Diese Besuche taten mir gut, denn ich vermisse sie sehr.

Anja zieht um

Eines Tages teilte mir Anja mit, dass sie gern mit Roland zusammenziehen möchte und sie beide nach einer geeigneten Wohnung zur Miete südlich von München Ausschau halten. Das überraschte mich, Anja will ihr schönes Eigenheim verlassen. Was wird mit der Zins- und Tilgungszahlung, die noch über viele Jahre läuft? Anja meinte, ich solle die Wohnung vermieten. Ich wollte diesen Vorschlag überdenken und kam zu dem Entschluss, ich werde in diesem Fall verkaufen. Was ist, wenn ich die Miete nicht pünktlich bekomme, ständig Mieterwechsel habe und die mit viel Herzblut eingerichteten Räume abgewohnt werden, nein das ist mir zu unsicher. Nachdem die beiden in Höhenkirchen eine nette Erdgeschosswohnung mit Garten angemietet hatten, kümmerten wir uns um einen Makler, der mit Übernahme der zurück gelassenen Einrichtung unsere Wohnung verkaufte. Mein schnelles Handeln war begründet. Im

Landhaus hatte ich in der Zwischenzeit bedauerlicher-
weise Mieterwechsel. Meinem Erstmieter wurden die
Räumlichkeiten zu klein. Es fehlte an einer Lagerhal-
le, die vor Ort nicht gefunden werden konnte. Mit dem
Nachmieter hatte ich kein Glück. Nach einem Jahr blieb
er immer häufiger mit der Mietzahlung im Rückstand
und zu guter Letzt war ich gezwungen Räumungsklage
zu veranlassen. Das war sehr kostenaufwändig und mir
fehlten die Einnahmen mit der ich die Münchner Wohnung finanziert hatte. Anja hatte ihre Stelle vor geraumer Zeit gewechselt und der jetzige Wohnsitz war ideal
zu ihrem neuen Arbeitsplatz. Sie haben gezielt diesen
Ort ausgewählt. Beide naturverbunden und nahe den
Bergen, bei klarem Wetter sogar Bergblick vor Ort. Auf
Einladung besichtigte ich die neue Errungenschaft und
ich war angetan von ihrer Wahl und dem Ort. Mutter hier
stimmt die Infrastruktur, alles ist gegeben vom Kindergarten bis zum Gymnasium, wenn wir an Familienplanung denken. Der Umzug wurde vorbereitet. Er war sehr
aufwändig denn der Weg war weit und ein Möbelwagen
musste angemietet werden. Eine ganze Woche habe ich
mit angepackt und gemeinsam haben wir es geschafft
das neue Zuhause einzurichten. Den jungen Leuten habe
ich ein Schlafzimmer spendiert und so vieles mehr was
der Hausstand so braucht. Roland, sehr handwerklich
begabt, hat bis spät in die Nacht gewerkelt, alle Elektro-
arbeiten wie Lampen usw. aufgehängt, Computer angeschlossen, wir drei hatten Freude am Tun.

Der Garten war verwildert und da war ich in meinem
Element Ordnung zu schaffen. Mehrmals am Wochenende bin ich nach Höhenkirchen gedüst, damit der Garten bis zum Sommer im Glanz erstrahlt. Mit Bauteilen

für ein Gartenhaus, wo die Geräte untergebracht werden können, fuhr ich zu den jungen Leuten. Roland und ich schraubten zusammen an dieser Hütte zwei ganze liebe Tage. Zuerst verlegten wir einen festen Untergrund mit Steinplatten, damit das Haus stabil und waagrecht steht. Wir beide hatten Freude und kamen uns durch unsere Aufgaben, die uns beiden gut von der Hand gingen, näher. Ich stellte fest, Anja und Roland passen gut zusammen. Sie haben gemeinsame Interessen und ich als Mutter habe nichts dagegen, wenn die beiden sich ihr Ja-Wort geben. Die Terrasse bestückte ich mit Gartenmöbeln, die ich in der Heimat ausgesucht habe und anliefern ließ. Zusammen mit den Eltern von Roland haben wir dann Wohnung und Garten eingeweiht. Die Bewohner ringsherum waren erfreut, dass sie von ihrem Balkon aus nun einen gepflegten Ausblick haben.

Der Umzug fand im April 2004 statt, und bis alles seinen Platz gefunden hatte, vergingen Wochen bis in den Sommer hinein. Mein Geburtstag nahte. Anja und Roland zeigten mir an einem Wochenende die nähere Umgebung ihres neuen Zuhauses. Herrlich, meine geliebten Berge so nah. Zu einer Brotzeit kehrten wir einmal in dem nahe gelegenen Aschbach in einem Berghotel ein. Auf einer Terrasse mit Bergblick ließen wir uns nieder. Ein gut geführtes Haus mit schönen Fremdenzimmern. Plötzlich entsprang mir die Idee. Hier könnten wir doch zu meinem 65. Geburtstag zusammen kommen. Georg kann eure Wohnung besichtigen, und wir lernen Rolands Eltern näher kennen. Anja fand diese Idee wunderbar und ich buchte in dem Haus gleich ein Zimmer.

Nach langer Zeit setzten Georg und ich uns mal wieder gemeinsam in unser Auto und düsten los zu dem neuen

Wohnsitz unserer Tochter. Mit den Eltern von Roland verbrachten wir den Tag mit Wohnungs- und Ortsbesichtigung und Georg, unser OM, war ganz angetan von allem, was er zu sehen bekam. Charles und Karo mit Felix haben zugesagt auch zum Treff um 18 Uhr in Aschbach zu erscheinen. Meine Freundin Hannelore, die in Trudering wohnt, habe ich auch geladen und als ihr Ehemann erfuhr Georg mal wieder anzutreffen ist er spontan mit seiner Frau, trotz getrennt leben, angereist. Das hat uns beide sehr erfreut und die beiden Männer hatten reichlich Gesprächsstoff an diesem Abend. Als Überraschung hat Charles einen Zitherspieler organisiert, der den Abend untermalte und Felix mit seinem Instrument sehr beeindruckte. Es war ein gelungener Geburtstag im kleinen Familienkreis. Georg, der nicht gern reiste hat der Ausflug und die Unterhaltung gefallen und zufrieden zogen wir uns zu später Stunde auf unser Zimmer zurück. Alle anderen hatten ja nicht weit ihre eigenen Betten anzufahren.

SOMMERURLAUB AUF JUIST

Unser Felix ließ noch im gleichen Sommer verlauten, dass er auch mal gern mit uns beiden in Urlaub fahren möchte. Noch angetan von dem Geburtstagsausflug sagt OM ihm spontan zu, aber nur an die Nordsee. Kurz entschlossen machten wir uns auf den Weg. Auf Juist waren natürlich alle Unterkünfte zu dieser Jahreszeit ziemlich ausgebucht. Wir ergatterten noch eine kleine Ferienwohnung, die wir drei anfuhren. Lang war es her, dass wir an der Nordsee waren, und die Insel Juist war uns noch unbekannt. Zwei wunderschöne Wochen verbrachten wir bei sommerlichen Temperaturen mit unserem Enkelsohn. Die Wohnung war klein und haben wir drei in einem Raum geschlafen. Felix fand das lustig und wir hatten reichlich Spaß miteinander. Unser OM verbrachte den Tag im Strandkorb, während Felix und ich Burgen bauten, wanderten, die Insel erkundeten, im Wasser tobten und uns zwischendurch ein Eis gönnten. Als Überraschung bekamen wir einen Kurzbesuch von seinem Vater, der wohl mal prüfen wollte, ob es seinem Sohn gut geht mit den Großeltern. Schön war die Zeit und ich dachte zurück an meine Kindheit mit meinen Eltern an der See und dann mit meinen Kindern. Auf dem langen Heimweg auf der Autobahn entdeckte Felix das Schild Mac Donald. Margot hier fahren wir raus, der OM muss auch einmal einen Big Mac essen. Gesagt getan, auch für mich war diese Restauration Neuland. Felix verschlang gierig seine Bestellung, während OM sagte, was findest du so toll daran, ich brauche das kein zweites Mal. Weiter ging die Fahrt nach dieser Einkehr in Richtung Heimat. Felix hat die Reise mit uns gefallen und immer wieder sagte er zu mir, Margot das müssen wir öfters mal machen.

Ein besonderes Weihnachtsfest

Bei einem Besuch in unserem verschlafenen Dörfchen verkündeten Anja und Roland, wir werden Eltern. Die Überraschung ist ihnen gelungen. Wie damals bei Charles rutschte mir heraus, ja wann ist denn Hochzeit. Anja antwortete mir, Mutter das hat Zeit, das Stück Papier brauchen wir nicht um glücklich zu sein. Vielleicht sind meine Gedanken veraltet und ich dachte, sie werden schon wissen was sie tun

Anja feiert am 25.12.2004 ihren 34. Geburtstag und das war in diesem Jahr ein besonderer Anlass in der Familie die Weihnachtsfeiertage zu begehen. Wir beschlossen zusammen mit den Eltern von Roland diesen Tag zu begehen. Sie waren interessiert unser Zuhause kennenzulernen und unsere wunderschöne Umgebung, die den beiden noch völlig unbekannt war.

Georg und Architektenfreund waren Gleichgesinnte mit ihrem Gesundheitsprogramm und einmal in der Woche fuhren sie beide nach Sybillenbad die Therme zu genießen. Auch ich bin hin und wieder mitgefahren, wenn es meine Zeit erlaubte. Anschließend spazierte ich durch die Ortschaft, die mich sehr anheimelte. Mir kam der Gedanke, hier müsste man wohnen, seinen Alterssitz haben. Ein kleines Häuschen im Grünen und alle Vorzüge der altersgerechten ärztlichen Versorgung vor der Haustür. Das für uns viel zu große Haus verkaufen und im kleinen Stil vom Architektensohn einen Altersruhesitz planen lassen.

Diese Idee ließ mich nicht mehr los und ein glücklicher Umstand ließ mich Grundstückbesitzer noch zu

DM-Zeiten im Jahr 2000 werden. Durch die viel besuchte Therme kann das Grundstück im Laufe der Jahre an Wert gewinnen, falls ich von meinem gedanklichen Vorhaben wieder Abstand nehme.

Die Pflegejahre meiner Mutter ließen meine Gedanken ruhen, erst nach ihrem Ableben habe ich wieder den Ort besucht und mein Grundstück brach liegend besucht. Es war kein Fehler dieses Geld zu investieren wie sich herausstellte, denn der EURO zog ein und wurde der Kauf für mich zur Sicherheit der Geldanlage.

Den Kindern habe ich stets vorgeschwärmt von der Lage des Grundes und nun war die Gelegenheit für alle meine Investition in Augenschein zu nehmen.

Den Geburtstag von Anja haben wir in dem nahe gelegenen Schlosshotel Ernestgrün verbracht und uns mit einem Festmenü verwöhnen lassen. Karo und Charles wollten gleich nach Besichtigung des Grundstückes in Planung geben. Sie bekamen jedoch von mir noch kein grünes Licht. Felix ist elf Jahre und wir beide brauchen uns noch lange vor Ort. Jetzt werde ich bald noch einmal Oma werden, da habe ich keine Zeit an einen Hausbau zu denken.

VORBEREITUNG FÜR DAS WERDENDE KIND

Anfang April sollte das Kindlein zur Welt kommen. Da war es höchste Zeit sich Gedanken zu machen wie das Kinderzimmer zu gestalten ist. Anja und Roland von morgens bis abends in der Arbeit hatten wenig Zeit zur Verfügung. Ich überlegte wie das Zimmer am zweckmäßigsten möbliert werden kann. Ging zum Schreiner und ließ eine Schrankregalwand mit unteren Schüben anfertigen. Dazwischen die Wickelkommode eingebaut, damit genügend Raum für das Kinderbett blieb. Für das Bettchen habe ich einen Himmel genäht, Bettwäsche und vieles mehr waren noch in meinem Schrank von meinen Kindern aufbewahrt. Ich fuhr, so oft ich konnte, zu Anja, damit alles perfekt und praktisch eingerichtet ist. Wir beide öffneten immer wieder die Tür und freuten uns riesig auf den baldigen Bewohner des Zimmers. Anja ging es gut die ganze Schwangerschaftszeit über, sie machte sogar mit Roland an den Wochenenden Langlaufausflüge bis bald zu ihrer Niederkunft.

Die Überraschungsreise

Eines Tages beim Abendbesuch unseres Sohnes berichtet er, dass er von der Architektenkammer eine Einladung nach Kairo bekommen hat. Mutter auf dieser Reise kannst du mich begleiten und Kairo anschauen. Ich organisiere alles für dich. Ich habe tagsüber zwar keine Zeit für dich, aber die Abende können wir zusammen verbringen. Das Angebot klang verlockend, denn niemals wäre ich auf die Idee gekommen diese Stadt alleine zu besuchen.

Ich fragte Charles warum Karo ihn nicht begleitet. Er antwortete, Karo hat keine Zeit, sie arbeitet an einer Planung und dann ihre Professorenanstellung an der

Hochschule in Regensburg. Da Karo keinen Führerschein besitzt, ist sie täglich morgens mit dem Zug zu ihrer zusätzlichen Arbeitsstelle gefahren. Erst am Nachmittag kehrte sie zurück. Durch ihre Doppelbelastung war sie sehr angespannt und wir sahen uns nur sehr wenig. Die Abende bei uns im Haus wurden seltener.

Felix besuchte zu dieser Zeit schon das Gymnasium und war sehr selbstständig. Die 5 Tage wird er schon ohne dich auskommen, meinte mein Sohn. Mit Georg abgesprochen, sagte ich freudig zu. Er versprach mir sich um Felix zu kümmern, falls er ihn braucht.

Im Februar 2005 flogen wir beide ab München in die 18 Millionen Stadt. Neben der fröhlichen Begrüßung am Flughafen ein Wechselbad der Gefühle. Das bunte Leben auf dem Weg in die Stadt, der immer dichter werdende Verkehr, die steigende Luftverschmutzung und der unglaubliche Lärm. Kairo hat es in sich. Man nennt die Stadt Mutter der Welt. Die stärksten Gegensätze zwischen Moscheen und Wolkenkratzern, Nobelhotels und Elendshütten, Parfümdüften und Smoggestank alles ist in dieser Stadt vereint.

Drei Tage hatte ich Zeit die Sehenswürdigkeiten zu durchstreifen. Unser Hotel mitten im Zentrum, im Botschaftsviertel. Ich bewohnte ein Zimmer im 8. Stock mit Blick auf die Stadt und den Nebenarm des Nils, der dieses Viertel durch die Teilung des Nils zu einer Insel macht. Am Ufer ankern Restaurantschiffe, die Tag und Nacht auf ihre Gäste warten. Am Abend ein Lichtermeer. Keine Nachtruhe. 24 Stunden pulsierender Verkehr. Ich war überwältigt und gespannt, was mir der nächste Morgen bringt.

Um 8 Uhr morgens nach einem gemeinsamen Frühstück ging jeder von uns seine eigenen Wege. Für mich stand ein Kleinreisebus vor dem Hoteleingang für einen Tagesausflug bereit. Der Bus war gut besetzt darunter viele deutschsprachige Ehepaare und ich setzte mich entspannt auf einen der freien Plätze. Los ging es, nach ein paar Haltestellen für Zusteiger der gebuchten Reisegruppe. Unbeschreiblich, was ich da erlebte. Auto an Auto, jeder fährt wie er will ohne Vorschriften und Verkehrsregelungen. Es wird rechts und links überholt, dazwischen Eselskarren mit Gemüse und Futter für das Vieh, Motorroller vollgepackt mit Waren, Menschen kreuz und quer schlängeln sich durch die stehenden Autoschlangen auf die andere Straßenseite. Es wird gehupt vorn, hinten, links und rechts. Die Verkehrspolizei steht machtlos in dem Gewühle. Die Bürgersteige, sofern es welche gibt sind übersät mit Müll, haben tiefe Baulöcher die nicht gesichert sind, Bleche, die Erdlöcher abdecken sollen liegen kreuz und quer. Die hohen Bordsteinkanten gehen beim Lauf in die Knie. Ich erlebte so etwas schon einmal in Istanbul, doch das war nichts dagegen. Diese Eindrücke kann man nicht beschreiben, die muss man selbst erleben.

Unsere erste Besichtigung war die Moschee Ibn Tulun, sie ist von Fachleuten zu der schönsten der Welt ernannt, weiter zur Moschee Sultan Hassan mit dem höchsten Minarett der Stadt, noch einige weitere Moscheen folgten bis hin zur Zitadelle, die als Festung vor über 800 Jahren erbaut wurde. Von dort aus hatte man den Ausblick bis hin zu den Pyramiden. Wir fuhren an Universitäten, Behörden, Museen, Botschaftsgebäude und dem Cairo Tower vorbei. Wir durchstreiften das Börsenviertel und das Alt-Cairo. Wir gingen zu Fuß durch die islamische Altstadt mit Stadtmauer und Moscheen und Märkten und den Basar Khan El Khalili, weltberühmt, die Mutter aller Basare. Nach einer unterhaltsamen Pause auf einem Restaurantschiff am Nil fuhren wir das Ägyptische Museum an mit all seinen Sehenswürdigkeiten. Die Führung nahm drei Stunden in Anspruch. Um 19 Uhr mit vielen zu verarbeitenden Eindrücken kehrte ich zurück in unser Hotel. Mit Charles im Hotelrestaurant den restlichen Abend verbracht und jeder erzählte von seinen Erlebnissen des Tages.

Am nächsten Morgen wieder pünktliche Abholung und die Fahrt ging südlich von Kairo durch das Stadtviertel EL GIZA entlang des Nils bis hin zu den Stufenpyramiden in der Wüste. In Memphis besichtigten wir die Statue des Ramses II. Die Einwohner von Memphis leben zusammen mit Tieren in ärmlichen Lehmhütten und bieten ihre Waren am Straßenrand an.

Auf dem Rückweg besichtigten wir die Giza Pyramiden. Der Weg führte uns über eine geteerte Straße durch Wüstenberge. Das Areal ist besonders gesichert durch Wachposten. Auch unser Hoteleingang ist abgesichert durch Wachposten. Den zweiten Tag beendete eine Besichtigung der Papyrus-Herstellung mit Ausstellung der Kunstwerke. Ein sehr erlebnisreicher Tag neigte sich wieder seinem Ende.

Charles erwartete mich schon vor dem Hoteleingang und wieder gab es regen Austausch. Inzwischen hatten wir Gruppenreisenden uns untereinander bekannt gemacht und wir freuten uns schon auf die nächste Zusammenkunft, die uns nach Alexandria führen sollte. Alexandria liegt 190 km nördlich von Kairo an der Mittelmeerküste.

Die Fahrt führte uns durch das fruchtbare Nildelta. Vorbei an Kleefeldern, Palmenwäldern, Olivenhaine, Eukalyptusbäume und Mandarinen und Bananenplantagen. Eine Wohltat für das Auge und die Seele nach dem nicht überschaubaren lauten Stadttreiben.

Die ganze Strecke entlang sah man künstlerische im orientalischen Stil erbaute Villen. Es wurde uns gesagt, dass diese Häuser von den Reichen des Landes bewohnt sind, darunter viele Künstler und Schauspieler.

Das bunte Treiben in Alexandria ist nicht anders als in Kairo, allerdings vermittelt die Stadt einen gepflegteren Eindruck. Man erkennt hier eine Mischung von Orient und Europa. Bei einer Stadtrundfahrt mit verschiedenem Halt besichtigten wir das Graeco-Roman Museum, Moscheen und den Palazzo des letzten Königs mit herrlicher Parkanlage bis zum Meer reichend. Wir spazierten über die gepflegte Uferpromenade und kehrten in einem orientalischen Restaurant ein und genossen fangfrischen Fisch.

Sehr spät kamen wir diesmal von unserem Besichtigungsausflug zurück und Charles ging schon etwas beunruhigt vor unserem Hotel auf und ab. Den letzten gemeinsamen Abend verbrachten wir beide noch in einem Restaurant mit Live-Musik landesüblich unter orientalischen Gästen, gekleidet im arabischen Stil und Wasserpfeife rauchend.

Auf dem Rückflug konnte ich einen Fensterplatz einnehmen und unter mir zog eine herrliche Landschaft vorüber. Die Küste Ägyptens, das Mittelmeer, Sizilien, die italienische Küste von Süd nach Nord, Venedig und dann plötzlich kamen die verschneiten Berge. Alles in klarer Sicht, danach verhüllten die Wolken die Sicht und wir schwebten über ihnen und landeten im verschneiten Heimatflughafen. Ich gab dieser für mich erlebnisreichen Reise den Namen:

„Von der Wüste in den Schnee"

Noch heute bin ich meinem Charles dankbar, dass er mir dieses Kennenlernen des Landes auf ganz persönliche Weise ermöglicht hat. Eine wundervolle Reise, die mir einen Einblick in den Orient gab.

Eva erblickt das Licht der Welt

Glück kann man nicht kaufen, Glück wird geboren – so kam die Meldung schriftlich in unser Haus. Leider konnte ich nicht so schnell wie gedacht zum Entbindungstermin bei meiner Anja anreisen. Die Geburt setzte überraschend ein und war Eile geboten das Krankenhaus anzufahren.

Telefonisch hat uns Roland in der Geburtsnacht die Nachricht überbracht, Mutter und Kind sind wohlauf.

Ich nahm mir einige Tage Zeit die beiden in ihrem Zuhause zu begrüßen. Ein hübsches Mädchen schaute mich mit großen Kulleraugen an. Ich drückte meine Tochter immer wieder, nun bist auch du Mutter geworden. Ein schönes Gefühl, wenn eine Tochter ihr eigenes Kind zur Welt bringt. Umsorgte Tage standen uns beiden bevor. Vater Roland stolz, aber etwas in seiner jugendlichen Unerfahrenheit verunsichert mit dem weiteren Ablauf der Tage. Alles dreht sich um die kleine Eva. Anja und Roland haben Jahre der Freiheit in vollen Zügen genossen.

Roland wurde bewusst, jetzt laufen die Uhren anders. Daran musste er sich erst gewöhnen. Er war in Sorge, dass er seine Freunde verlieren wird, die noch keine Familien hatten, wenn er sich nicht mehr so oft bei ihnen blicken lassen kann. Die kleine Eva war sehr lebhaft, sie brauchte wenig Schlaf und nachts hat sie gern die Eltern mit lautem Schreien geweckt. Ich versuchte zu erklären, wenn die Anfangsschwierigkeiten frischgebackener Eltern überwunden sind, wird wieder mehr Freiraum für gemeinsame Aktivitäten Platz finden. Mein Nachtlager schlug ich bei Eva im Zimmer auf, damit ich für das Kind da bin und die Eltern einmal durchschlafen können. Ich genoss die Tage in vollen Zügen und trennte mich nur sehr schwer von der Jungfamilie. Roland versorgte mich laufend mit Fotos von der Kleinen und so konnte ich bis zu unserem Wiedersehen an ihren Fortschritten teil haben. Anja wollte bald wieder die Arbeit aufnehmen. Sie arbeitete die erste Zeit von zu Hause am Computer. Ich war überrascht, wie gut Anja zusammen mit Roland ihren Rhythmus fanden. Im Sommer war schon der erste Besuch bei uns angesagt und das Kinderbett von meinem Felix kam wieder zum Einsatz. Felix verstand es herzlich mit Eva umzugehen. Gemeinsam vergnügten wir uns im Freibad und jeder von uns trug abwechselnd die kleine Eva im Arm. Roland konnte kaum die Zeit erwarten zusammen mit seiner Tochter ins Wasser zu springen. Auf ihre Urlaube haben sie nicht verzichtet und Eva war von klein auf immer dabei. Meine Besuche sollten meine Tochter entlasten und habe ich mich voll dem Kind gewidmet, damit Mutter ihren Freiraum für ihr Berufsleben hatte. Stundenlang bin ich mit dem Kinderwagen über Land gelaufen und habe die schöne Gegend genossen oder mit Eva im Garten gespielt. Ich wurde Eva immer vertrauter und wir beide waren glücklich uns zu haben.

Am Wochenende ging es meistens zu einem Tagesausflug an nahegelegene Seen und ich durfte den Kinderwagen schieben. Zuhause wieder angekommen, waren diese Besuche für mich wie Urlaub.

Zu dieser Zeit war Felix bereits 12 Jahre. Er war viel beschäftigt mit Sport, Klavierstunden und Betätigungen im Kulturhaus, die er ehrenamtlich übernahm für kleinere Kinder. Er blieb mehr bei seinen Eltern über Nacht, weil er die Freizeit mit seinen Schulfreunden verbringen wollte. Ein Anruf von ihm genügte und wir waren zur Stelle, wenn er nach uns Sehnsucht verspürte. Ich hatte wieder mehr Zeit für mich und meldete mich zu einem Abendkurs für Aquarell Malerei an und nahm auch an einem Auffrischungskurs für Englisch an der Volkshochschule teil. Beides bereitete mir vergnügliche Stunden mit netten Leuten.

Karo und Charles konnten im Laufe ihrer Wirkungszeit als Architekten viele Wettbewerbe gewinnen und Charles wurde zum Landesvorsitzenden beim ÖDA gewählt. Er hielt viele Architekturvorträge landesweit und wurde geehrt. Wir Eltern waren erfreut über den Erfolg unserer Kinder und wünschten uns, dass sie gesund und glücklich weiter ihrer Arbeit nachgehen.

Es kam anders, Felix, wenn er bei uns war, wurde immer stiller. Ich fragte nach, was ihn bedrückt. Da erzählte er mir, dass die Eltern jetzt sehr oft Streit miteinander haben. Ich wollte ihn trösten und versuchte zu erklären, dass beide sehr angespannt und ehrgeizig ihren Berufen nachgehen, und da kann es schon mal zu Unstimmigkeiten kommen. Wenn du Ruhe brauchst, dann weißt du, dass du bei uns immer willkommen bist.

Skiurlaub im März 2006 in Sexten

Anja und Roland wollten auf ihren Skiurlaub im Jahr 2006 nicht verzichten. Eva war ein gesundes, fröhliches Kind mit 11 Monaten und sie baten mich als Oma mit zu reisen für die Betreuung des Kindes. Freudig sagte ich zu. Nichts lieber wie das mal wieder im Winter in die Berge. Lange Zeit habe ich auf Skifahren verzichtet.

Eine sonnige Skiwoche verbrachten wir in dem Hotel Drei Zinnen, sehr familiär geführt und Eva und ich teilten uns zusammen ein Zimmer. Die Eltern starteten früh am Morgen auf die Piste und ich versorgte meinen lieben Schatz, lief mit dem Kinderwagen über gespurte Wege und beobachtete die Skifahrer. Dabei wurde ich wehmütig und dachte an vergangene Zeiten. Eines Abends als die Eltern vergnügt vom Skilauf zurück kehrten, sagte ich zu ihnen. Morgen möchte ich meinen freien Tag. Einen Tag müsst ihr mir zugestehen auch diese Bergwelt kennen zu lernen. Roland hat sich gleich um ein paar Leihski für mich gekümmert und zusammen mit Tochter Anja ging es am nächsten Morgen los. Roland blieb mit Eva zurück.

Oben auf dem Berg angekommen sah ich ein wildes Treiben auf den Pisten. Skifahrer und Server, alles durcheinander. Das war ich aus alten Zeiten nicht gewöhnt. Diesen Andrang gab es zu meiner Zeit nicht und ich wurde unsicher bei den Abfahrten. Anja sagte zu mir, wenn ich immer wieder stehen blieb und das Rauschen an mir vorüber ziehen ließ, Mutter so ist es jetzt immer in den Bergen. Du bist verwöhnt. Wollte ich zu einem Schwung ansetzen, war schon wieder einer dicht neben mir. Ich quälte mich über die Pisten bis zur letzten Abfahrt. Unten angekommen stand Roland mit dem Kinderwagen wartend auf uns. Er fragte mich, hast du einen schönen Tag gehabt, ich erwiderte – ne – das ist nicht mehr meine Welt und hiermit beschließe ich das Skifahren für alle Zeiten. Einen Hüft- oder Gelenkbruch kann ich mir nicht erlauben. Alles hat seine Zeit. Das war es. Schade, aber die Vernunft siegt. Die Kinder lachten, Mutter das ist nicht dein Ernst, doch sagte ich, mein voller Ernst. Einen Helm aufsetzen, das kommt für mich nicht infrage. Mit Stirnband bin ich damals bei Schönwetter die Pisten herunter gerauscht. Das war Freiheit.

Die restlichen Tage verbrachte ich freudig mit meiner Eva und wir schauten belustigt den Kleinkindern an den Übungshängen zu, die dort ihre ersten Liftversuche übten.

TAUFE VON EVA

Anja wünschte sich, dass Eva in ihrer Heimat in der St. Michelskirche getauft wird. Im engsten Kreis nur mit Großeltern, dem Patenonkel und Felix. Am 11. Juni 2006 wurde Eva mit den weiteren Namen ihrer Uromas Marie und Katharina und dem Taufspruch „Du hast meine Füße in einen weiten Raum gestellt" von ihrer Mutter über den Taufstein gehalten. Bruder Charles wurde zum Paten erkoren. Für die Taufzeremonie habe ich Eva ein blaues Trägerkleid gekauft und blaue Stiefeletten zierten ihre kleinen Füße. Felix im dunklen Anzug mit hellblauem Hemd, wie ein Kavalier, verfolgte aufmerksam die Zeremonie. Er erinnerte sich noch sehr genau an seine eigene Taufe hier am gleichen Ort als kleiner Bub. Wir verbrachten zusammen einen schönen Tag. Das Wetter zeigte sich von sommerlicher Seite und die Eltern von Roland bewunderten unsere schöne Altstadt. In einem Restaurant am Marktplatz ließen wir uns zu einem Umtrunk mit Mittagessen nieder. Danach ein Spaziergang durch unseren Stadtpark, wo Eva vergnügt an den Vogelgehegen verweilte. Ein schöner Tag neigte sich, nur Karo hat an diesem Tag gefehlt.

DER HAUSSEGEN HÄNGT SCHIEF

Lange Zeit hat Charles vor uns geheim gehalten wie ernst es um seine Ehe steht. Er wollte Mutter nicht beunruhigen. Ich ahnte durch das Verhalten von Karo uns gegenüber schon länger, dass es mit den beiden nicht harmoniert. Den Ernst der Lage erkannte ich erst, als Charles mir mitteilte, wir lassen uns scheiden und ich ziehe aus. Für die Scheidung muss man ein Jahr getrennt leben. Ich war schockiert. Wie kann das sein, alles habt ihr mit einander aufgebaut, ein Haus umgebaut zur Vermietung und den Wohnsitz in der Moltkestraße und Eure beruflichen Erfolge und nicht zuletzt euer Felix. Was sagt er dazu. Er hat seine eigene Meinung wie ich bemerkte. Er hat mitbekommen, dass seine Mutter sich mit anderen Männern vergnügt und auch auswärts schon übernachtet hat. Ich konnte das alles nicht glauben und bat Karo um ein Gespräch. Bei unserem Treff merkte ich, dass sie total mit den Nerven fertig war, nur weinte und mit Vorwürfen um sich warf. Auch mir gegenüber ließ sie wütend dabei verlauten ich soll ganz ruhig sein, ich wäre selbst eine verbitterte Frau. Es gab keine Möglichkeit sich weiter mit ihr vermittelnd zu unterhalten. Charles bat mich nicht weiter einzumischen. Der Entschluss ist gefasst und der Rosenkrieg läuft schon seit langer Zeit.

Charles bewohnte für ein Jahr in der Altstadt eine hübsche Wohnung, wofür ich den Schlüssel von ihm bekam. Alles sah karg und zweckmäßig in den Räumen aus und konnte ich nicht anders und habe versucht mit Dekorationen ein wenig Gemütlichkeit hinein zu zaubern. Habe einmal in der Woche heimlich für Ordnung gesorgt, denn ich wusste Charles hätte das nie von mir verlangt. Felix hatte nun drei verschiedene Zuhause. Ich machte mir Sorgen um das Wohlergehen des Kindes und hatte Befürchtungen, dass seine schulischen Leistungen darunter leiden würden. Aber zu dieser Zeit, vielleicht durch die Anlaufstelle bei Margot und OM hat er alles gut verarbeitet. Eva war öfters an den Wochenenden bei uns zu Besuch und Felix hatte Abwechslung mit dem Kind.

Eva und die Kinderkrippe

Eines Tages rief mich Anja an, sie hat für Eva einen Krippenplatz und kann wieder voll ihrer Arbeit nachgehen. Ich war schockiert. Das Kind steht ja noch nicht mal fest auf den Beinen und kann nur vereinzelte Worte sprechen. Anja erwiderte, wirst sehen, da ist Eva gut versorgt. Es sind alles Kinder in ihrem Alter dort untergebracht und es kommen keine Klagen. Ich muss es versuchen. Nach einer Woche teilte Anja mir mit, Mutter es läuft wunderbar. Nur wenn Eva mal krank wird, dann wirst du gebraucht. Kurz darauf fuhr ich die Jungfamilie an und wollte mir die Einrichtung ansehen. Zu meiner Überraschung musste ich tatsächlich feststellen, dass Eva sich bestens eingewöhnt hat und Freude mit den vielen Kindern hat. Ich durfte zur Spielzimmertüre eintreten und als mich Eva entdeckte, da strahlten ihre Äuglein mich an. Sie erkannte mich sofort und wackelte auf mich zu. Ich schloss sie fest in meine Arme und versprach sie heute abzuholen. Sie robbte wieder zu den Kindern und ich konnte unbesorgt gehen.

Zufrieden machte ich meine Besorgungen für das Abendessen und freute mich schon auf die Abholzeit. Der Kinderwagen stand geschützt abgestellt im Hof. Lachend den Wagen übermütig schiebend rannten wir beide dem Zuhause entgegen und warteten auf die Eltern. Als Überraschung hatte ich einen kleinen Puppenwagen in meinem Reisegepäck. Mit diesem Holzwagen kann Eva im Garten das Laufen üben. Das wurde auch gleich ausprobiert und es hat bestens geklappt. Das Kind wurde nicht müde und schob ihre Runden bis zur Erschöpfung.

WEIHNACHTSMARKT IN HÖHENKIRCHEN

Der angekündigte Weihnachtsmarkt in Höhenkirchen
brachte mich auf eine Idee. Nach dem Erlebnis in der Krippe habe ich ein Buch geschrieben. Der Titel „Eva und die
Kinderkrippe". Darin wollte ich Eltern Mut machen ihre
Kinder in die Krippe zu geben. Ich stellte fest, dass die
Entwicklung des Kindes gefördert wird. Die Kinder beobachten sich gegenseitig, schauen voneinander ab, basteln, spielen in Gemeinschaft und die liebevolle Betreuung und Versorgung durch die Erzieherinnen, das kann
nur von Vorteil für die Weiterentwicklung des Kindes
sein. Vor allem wenn es ein Einzelkind ist. Eine Mutter
kann sich nicht die Zeit nehmen so intensiv den ganzen
Tag mit dem Kind zu spielen. Ich wurde positiv von dieser Einrichtung überrascht und als Dank wollte ich auf
dem Christkindlmarkt einen Spendenverkauf mit meinem Buch für unsere auserwählte Krippe organisieren.
   Der damals von Felix und mir geschreinerte Kauf-
stand wurde wieder zum Leben erweckt. Im Kofferraum
gerade auf den Zentimeter passend, kutschierte ich das
Teil zu Eva. Erfreut hüpfte sie gleich nach dem Ausladen
hinter die Ladentheke. Von der Gemeinde holte ich mir
eine Genehmigung für einen Stellplatz auf dem Markt.
Wir beide, Eva und ich richteten die Bude weihnachtlich
beleuchtet und geschmückt ein und stapelten mein Kin-
derbuch zum Verkauf in die kleinen Regale an der Rückseite. Ein großes Plakat wurde aufgehängt mit dem Ange-
botspreis, der für einen Spendenverkauf gedacht ist. Wir
beide standen das Adventwochenende unter den vielen
Marktbuden und die vorüber gehenden Leute bestaunten
unseren mit Liebe geschmückten kleinen Stand. Leider

war der Verkauf nicht so erfolgreich wie gedacht. Es blieben Bücher übrig, gern hätte ich den Spendenbetrag mit einer größeren Summe übergeben. Der Wille war da, aber das gruselige Wetter an diesem Wochenende vergraulte die Leute. Wir beide waren warm angezogen und unser Stand war geschützt an einer Hauswand platziert. Spaß und Freude hatten wir trotzdem alle beide und Roland hat eine wunderschöne Aufnahme von uns gemacht.

FELIX UND SEIN NEUES ZUHAUSE

Für uns überraschend zog Karo mit ihrem, unserem Felix nach München in eine eigene Wohnung. Sie hat Weidach für immer den Rücken gekehrt. Für mich war es sehr, sehr traurig meinen geliebten Enkel nun nicht mehr um mich haben zu können. Nach den vielen Jahren, die wir zusammen verbrachten, zog Einsamkeit in unser Haus. Ich sorgte mich um das Wohlergehen des Jungen in der neuen Umgebung. Schulwechsel, Freunde aufgeben und vieles mehr in seiner beginnenden Pubertät. Wie wird er den Ortswechsel und die Trennung der Eltern verkraften. Karo teilte die Wohnung mit einem neuen Lebenspartner. Ein Architekt mit Büro außerhalb von München und Karo selbstständig mit einer Büroeröffnung in München und zusätzlich weiter an der Uni in Regensburg. Das kann nicht gut gehen mit der Entwicklung meines Enkels. Charles fand auch eine neue Lebenspartnerin in München. Eine Frau mit Herzenswärme, wie ich gleich bei der ersten Begegnung feststellen konnte. Warum hat mein Sohn erst bei dem zweiten Anlauf sein Glück gefunden. Das waren meine Gedanken. Rosi ist am Starnberger See, aufgewachsen, wo ihr Elternhaus steht mit eigenem Seegrundstück. Ihr Wohnsitz ist München mit einer eigenen Therapie Praxis.

Felix kam öfters zu einem Kurzbesuch in den Ferien zu seinem Vater nach Weidach, der zwischenzeitlich nach dem Auseinandersetzungsvertrag wieder in seine Wohnung zurück gekehrt ist und natürlich quartierte er sich bei uns ein für diese Tage. Das war für OM und mich immer ein Freudenfest. Als er wieder einmal durch unsere Türe kam, stellte ich eine Veränderung fest, die mich ängstigte.

Blass, mager und mit dunklen Augenringen schaute mich mein Felix an. Ein völlig verändertes, für mich ausgebranntes Kind saß mir gegenüber. Auch OM war erschrocken und fragte Felix, ob es ihm nicht gut geht. Er antwortete doch, doch muss nur viel lernen und treibe Sport. Für mich stand fest, das allein kann es nicht sein. So begann damals die Magersucht mit meiner Anja. Ich muss auf den Jungen aufpassen, dass sich das nicht bei ihm wiederholt. Sicher hat das Kind seelischen Kummer zu verarbeiten. Er will es nur nicht zugeben. Zu dieser Zeit wurde Karo schwanger von ihrem neuen Mann.

Charles sprach ich darauf an, er aber meint, da habe ich wenig Einfluss. Er lebt bei der Mutter und die ist für sein Wohlergehen jetzt verantwortlich. An den Wochenenden besucht er viel Rosi und mich und da langt er beim Essen auch richtig zu. Nach ein paar weiteren Besuchen bei uns konnte ich keine Besserung feststellen und für mich stand fest, das ist der Beginn einer Magersucht und seine Mutter sollte mit einem Arztbesuch Abklärung schaffen. Aber wie gehe ich die Sache an? Zu Karo hatte ich keinerlei Verbindung mehr. Ich wäre gern im Guten auseinandergegangen schon im Interesse unseres Felix. Leider waren die geschäftlichen Auseinandersetzungen mit sehr viel Streit verbunden und ein Beistand war nicht erwünscht.

In meiner Sorge um den Gesundheitszustand von Felix habe ich brieflich mit den Großeltern, Karos Eltern, Verbindung aufgenommen. Freundlich kam ein Rückruf, in dem mir gesagt wurde, dass sie die körperliche Veränderung von Felix auch schon bemerkt haben, aber eine Essstörung ist das bestimmt nicht. Sie werden mit Karo darüber sprechen. Karo war sehr erbost über meine Korrespondenz mit ihren Eltern und mir blieb nichts anderes übrig, als abzuwarten wie sich die Dinge weiter entwickeln. Oma Margot sollte Recht behalten, es war ein Frühstadium einer Essstörung und dringende Maßnahmen wurden eingeleitet. Felix hat mir versprochen an sich zu arbeiten. Immer wieder habe ich ihm von seiner Tante berichtet, wie schlimm es damals war und sie sogar ihre Haare verloren hat. Ich glaube, Felix nahm sich das zu Herzen und baldige Besserung mit Unterstützung eines Psychologen trat ein. Zu dieser Zeit musste er einfach zu viele neue Familienplanungen verarbeiten. Im Jahr 2007 bekam Felix ein Geschwisterchen mit dem neuen Ehemann seiner Mutter. Auch sein Vater hat in dieser Zeit Rosi kennen gelernt. Rosi schenkte Felix viel Liebe und Verständnis und er war jederzeit bei ihr willkommen. Sogar einen Hund, namens Yuri, hat sie für Felix angeschafft in der Hoffnung ihm Ablenkung zu geben. Jeder gab sein Bestes, doch was in dem Kind zu dieser Zeit vor sich ging, das konnte nur er allein empfinden. Er hat alles gut überstanden – für Oma Margot großes Glück.

KONFIRMATION VON FELIX IM JAHR 2008

Zu diesem Freudentag reiste ich mit OM nach München. Die Feierlichkeiten fanden in der Kreuzkirche in München statt. Ein hübscher und wesentlich erholter Konfirmand kam uns freudig entgegen. Wir begrüßten Karo und ihre Familie und ließen die Vergangenheit ruhen. Heute gehörte der Tag allein Felix, der durch nichts getrübt werden soll.

Das Patchwork-Familienfest hatten Charles und Rosi am Starnberger See organisiert. Eine große Familienrunde feierte den Tag bei sommerlichen Temperaturen im Freien auf der Seeterrasse mit köstlichen Speisen. Felix strahlte, er fand die neue Familienzusammenstellung wunderbar. Seine kleine Schwester Clara quicklebendig dabei. Jeder gab sein Bestes zum Wohle unseres Konfirmanden. Für die Geschenke war ein separater Tisch bereit und das Auspacken war das Höchste für den jungen Mann. Der Tag war gelungen und zufrieden machten wir uns wieder auf den Heimweg. Felix hat mir versprochen weiter auf seine Gesundheit zu achten.

ABWECHSELNDE BESUCHE HIN UND HER

Zu Pfingsten besuchte uns Eva mit ihren Eltern. Sie war nun schon drei Jahre. Wir genossen die Tage mit wandern und schwimmen. Und Vater Roland konnte endlich mit seiner Tochter im Wasser toben. Ich entdeckte wieder Lust an Handarbeiten, strickte für Eva Pullover Jacken, Mäntel und so einiges mehr, was sie gern anzog. Einen Bademantel hatte ich noch von Felix im Schrank und so fand lustiges Anprobieren in ihrem Mama-Kinderzimmer statt. Sie wühlte gern in Schüben und Schränken und eine Schmuckschatulle von Mama hat es ihr besonders angetan. Alles was Mama mal bei ihrem Auszug aus dem Elternhaus zurück ließ, fand Eva interessant und wurde in Augenschein genommen.

Mit Felix zusammen kreiste sie ihre ersten Fahrradrunden vor dem Haus und Fußball spielte auch sie gern mit Oma. Für mich wiederholten sich alle Unternehmungen und erinnerten mich an die Kleinkindzeit von Felix. Beim Abschied gab es oftmals Tränen und ich musste Eva versprechen sie bald wieder zu besuchen. Bei diesem Besuch erzählte sie mir stolz, dass sie jetzt bald in den Kindergarten kommt. Sie freut sich schon sehr darauf. Sie war ja von klein auf daran gewöhnt den Tag ohne Eltern zu verbringen.

Die Jahre 2008 und 2009 haben es in sich

Charles ist ein gut beschäftigter Architekt mit einigen neuen Mitarbeitern. Seine Rosi sah er meist nur an den Wochenenden. Mal besuchte Rosi Weidach, mal fuhr Charles zu ihr nach München. Die Aufträge waren überwiegend in der Oberpfalz abzuwickeln, wie auch ein Rathausneubau im Frankenland. An dem Termin der Grundsteinlegung nahm auch ich teil.

Ich wurde herzlich vom Bürgermeister des Ortes als Mutter des Architekten aufgenommen. Und ich konnte erkennen, dass alle Anwesenden mit den Leistungen des Architekten überaus zufrieden sind. Mir wurde bei dem anschießenden Umtrunk bestätigt einen kompetenten Architekten als Sohn zu haben. Für eine Mutter eine wunderschöne Erfahrung.

Vorsorgeuntersuchungen sind wieder fällig

Bei Georg wurde Alters-Diabetes festgestellt. Anfangs versuchte man mit Tabletten die Sache in den Griff zu bekommen. Leider ohne Erfolg und er muss nun zusätzlich vier Mal am Tag pünktlich zu den Mahlzeiten zu den Spritzen greifen. Dieses Thema möchte ich nicht ausweiten, denn Georg verbat mir darüber zu sprechen. Er ist top fit und er möchte, dass niemand davon erfährt. Ich versuche seinen Wunsch zu beherzigen, was leider nicht immer möglich ist. Ein anderer Tagesablauf schon genügt, sei es durch einen Ausflug zu den Kindern, oder eine Einladung, dass wir mit den Medikamenten ins Schleudern geraten. Zuhause geht alles pünktlich seinen Gang und die Mahlzeiten werden regelmäßig eingenommen. Den Kindern konnte ich den für uns beide neuen Tagesablauf nicht verheimlichen. Spontanität, wie es mein Mann ein Leben lang gewohnt war, die kann er sich nicht mehr erlauben. Er verspürt keine Lust mehr an Geselligkeiten teil zu nehmen und außer seinen Schwimmzeiten und Yoga-Übungen bleibt er im Gegensatz zu früher gern zuhause. Man muss sich im Alter zurücknehmen – so lautet jetzt seine Devise. Für mich bedeutet seine jetzige Lebenseinstellung sehr viel Überredungskunst, wenn bei verschiedenen Anlässen auch seine Anwesenheit erforderlich ist.

HOCHZEITSPLANUNG ROSI UND CHARLES

Die beiden planten eine standesamtliche Hochzeit natürlich am Starnberger See, in Berg, dem Geburtsort von Rosi.

Viele Gäste waren geladen. Rosi hat Geschwister, Neffen und Nichten, die alle dran teilhaben sollen. Freunde und Bekannte aus der Jugend- und Studienzeit. Charles hat ebenfalls Freunde und natürlich uns Eltern, Schwester Anja mit Roland und Eva und seine Tante Renate mit Familie geladen. Strahlend kam Charles bis zu dem Termin immer wieder zu uns nach hause angefahren und erzählt, wie wunderschön dieser Tag für alle werden wird.

Mit großer Spannung reisten Georg und ich einen Tag vor dem Trauungstermin an. Für uns wurden im Kaiserin Elisabeth Hotel in Feldafing zu diesem Anlass Zimmer reserviert. Unser Felix kam uns dort entgegen und begleitete uns auf unsere Zimmer. Auf der Terrasse mit einem wunderschönen Parkgelände wurden die angereisten Gäste von den Brautleuten empfangen und ein zwangloser, lustiger Vorabend nahm seinen Lauf. Wir konnten Rosis Verwandtschaft kennenlernen, darunter ihre Schwester, die mit ihrem Mann in Sao Paulo lebt und extra zu diesem Anlass angereist ist. Das Kennenlernen beruhte auf gegenseitiger Sympathie mit regem Austausch.

Für die Trauung fanden wir uns alle am nächsten Morgen im Vorgarten zum Rittersaal, Schloss Kempfenhausen in Berg ein. Die Sonne schien und jeder hatte sich fein gemacht zu diesem Anlass. Das Brautauto fuhr vor und zwei glücklich, strahlende Leute stiegen aus. Rosi in einem silbrig schimmernden, seidenen Mantelkleid, Sohn Charles im dunklen Anzug. Ein elegantes Paar, das alle Blicke auf sich zog. Über eine Treppe führte uns der Weg in den imposanten Rittersaal, wo wir alle Platz nahmen und gespannt warteten auf das was da kommt. Eine Standesbeamtin vollzog die Trauung, untermalt wurde die feierliche Zeremonie mit klassischer Musik am Flügel und Cello. Beim Ringe wechseln der beiden standen mir die Tränen in den Augen. Ich hatte meine kleine Eva auf dem Schoß sitzen, die sich immer nach mir umdrehte. Ihr Wunsch war es, dass ihre Mutter und Vater Roland auch einmal so heiraten werden.

Jetzt habe ich eine Schwiegertochter, die gern den Namen Braun angenommen hat und uns immer wieder bestätigte, dass wir ihr als Schwiegereltern willkommen sind. Bei einem Sektumtrunk mit lukullischen Häppchen mit künstlerischer Dekoration im Freien konnten wir gratulieren und die Umarmungen nahmen kein Ende. Anschließend ging es hinab zum Seeufer. Dort erwartete uns ein geschmücktes Schiff mit Sonnendach zur Überfahrt nach Feldafing. Jeder der Lust hatte, konnte einsteigen und auf das Auto zur Rückfahrt verzichten. Wir Brauteltern ließen uns diese Überfahrt nicht entgehen und natürlich meine Eva und der charmante Felix waren die ersten an Bord.

Am anderen Ufer angekommen, ein kleiner Fußmarsch durch den Schlosspark zum Elisabeth Hotel, wo die übrigen Gäste, die den Rückweg mit Auto vorzogen, uns erwarteten.

Den Nachmittag bis zum festlichen Abend verbrachten wir zwanglos bei Kaffee und Kuchen, jedem wie es beliebt. Wir besuchten die Roseninsel mit einer Führung durch den Garten, die Kinder tobten ausgelassen auf den Wiesenhängen und jeder zog sich für das Dinner zum Umkleiden wie es beliebt auf sein Zimmer zurück.

Felix kam zu uns ins Zimmer und wollte wissen, was Margot für den Abend anziehen wird. Ich hatte zwei verschiedene Kleider für diesen Abend eingepackt und er wählte aus, was Oma Margot anziehen soll. Er bestätigte mir immer wieder, Margot du siehst toll aus, und das beflügelte mich zusammen mit ihm und OM den Speisesaal zu betreten. Überwältigt hielt ich inne. Ein Festsaal – mit traumhaft eingedeckten runden Tischen, stilvoll dekoriert. Felix ging für uns auf die Suche nach den Plätzen, die für uns bestimmt waren. Charles hat das

Zusammensitzen kunterbunt gemischt und für mich wurden als Tischnachbar Rosis Schwager aus Sao Paulo und Harry ausgesucht. Ich fühlte mich sehr geehrt zwischen diesen beiden Herren Platz nehmen zu dürfen. Georg saß etwas entfernt an einem anderen Tisch eingerahmt von Damen, darunter Rosis Schwester Mit einer Tischrede an seine liebe Frau Rosi und uns Gästen eröffnete Sohn Charles den festlichen Abend. Ein Festmenü wurde gereicht mit vielen Gängen. Dazwischen mal wieder ein paar liebe Worte eines der Gäste. Ich wurde unruhig, habe mir auch gedanklich eine kleine Ansprache für das Brautpaar zurecht gelegt. In meiner Aufregung habe ich mein Konzept dafür verlegt. Harry ermutigte mich frei heraus zu sprechen. Sie schaffen das schon, meinte er zu mir. Ich fasste Mut, stand von meinem Platz auf und hielt meine Rede, so wie es mir gerade zu diesem Anlass in den Sinn kam. Man applaudierte, Charles kam zu mir herüber und bedankte sich zusammen mit Rosi für meine kleine, gelungene Ansprache.

Mutter toll war das. Entspannt lehnte ich mich zurück und genoss das Dessert. Harry muss ich mit meiner Rede ebenfalls beeindruckt haben, denn er flüsterte mehrmals mir zu, es ist ihnen gelungen, so wie ich es vermutet habe Der Herr ist ein alter Freund des Hauses von Rosis Eltern und wohnt ebenfalls am Starnberger See. Sie pflegen weiterhin freundschaftlichen Kontakt auch nach dem Ableben von Rosis Eltern. Harry durfte keinesfalls mit seiner Frau zu Rosis Hochzeit fehlen. In den beiden Herren hatte ich interessante Gesprächspartner und die Zeit verging wie im Flug.

Nach dem Dinner platzierten sich einige Musiker vor einer freigehaltenen Tanzfläche und spielten mit rhythmischen Klängen zum Tanz auf. In diesem Moment zuckten mir die Beine unter dem Tisch. Das Brautpaar eröffnete den Tanz und los ging es querfeldein, alle erhoben sich von ihren Plätzen. Meine Schwester und ich, wir waren in unserem Element. Auch sie ist eine leidenschaftliche Tänzerin. Unsere Männer leider blieben nach dem Pflichttanz auf ihren Plätzen wie festgenagelt sitzen. Meiner Stimmung tat das keinen Abbruch. Charles beglückte mit einem Tänzchen seine Mutter und danach mangelte es mir nicht, denn Felix trat vor mich und los ging es mit uns beiden. Wir schwangen die Beine und wurden nicht müde. Von den sitzenden Senioren wurden unsere Tänze belustigt verfolgt. Bis spät in die Nacht wurde sich fröhlich unterhalten, und mein Mann hatte großes Interesse die vielen neuen Familienmitglieder näher kennenzulernen.

Es war rundum ein traumhafter Hochzeitstag in einer wunderschönen Umgebung, der Heimat meiner Schwiegertochter Rosi. Dieser Tag bleibt unvergessen.

DIE GARTENPARK-BAUSTELLE IN HÖHENKIRCHEN

Anja und Roland führten mich bei einer meiner Besuche zu dieser Baustellen-Anlage. Dem Bauschild konnte ich entnehmen, dass hier mehrere Einfamilienhäuser in gehobener Ausstattung errichtet werden. Die beiden haben sich schon längere Zeit damit befasst und sich über den Kaufpreis informiert. Die Kosten dafür fanden wir angemessen, die Lage wunderbar. Zwischen den Häusern Grünflächen und für die Kinder Spielplätze. Ideal für Jungfamilien. Inzwischen waren sie mit dem Ort verwachsen, fühlten sich wohl und heimisch. Die Anlage ist nicht weit von ihrer jetzigen Wohnung entfernt. Eva hat es sogar näher zu ihrem Kindergarten und alle Schulen für das Kind sind ebenfalls zu Fuß zu erreichen.

Gemeinsam stellten wir den Finanzierungsplan auf und stellten fest, es fehlt das notwendige Eigenkapital dafür. Bruder Charles wurde eingeschaltet. Nach Besichtigung und Durchsicht der Baupläne gab er grünes Licht. Die Baufirma arbeitet qualifiziert, die Häuser sind architektonisch einwandfrei und wenn ihr die teuren Mietkosten rechnet, die euch verloren gehen, dann solltet ihr hier einsteigen.

Zuhause angekommen habe ich OM von den Plänen der Kinder berichtet. Beide überlegten wir, wie wir den Kindern zu einem Eigenheim verhelfen können. Georg sagte, man soll mit warmen Händen geben, wir werden unseren Beitrag in diesem Fall vor unserem Ableben geben. Gesagt, getan denn es war Eile geboten eine Entscheidung zu treffen. Die Nachfrage nach den Häusern war groß. Wir teilten den Kindern mit, dass wir uns entschlossen haben ihnen mit einer Schenkung den Hauskauf zu ermöglichen. Ein Notartermin in München wurde festgelegt und Anja unterschrieb den Kaufvertrag.

Den Baufortschritt über die Zeit haben wir alle regelmäßig verfolgt. Charles kam öfters zu der Baustelle und war zufrieden mit den ausgeführten Arbeiten. Das beruhigte uns sehr, denn wir waren nicht gewöhnt ein fertiges Objekt von einem Bauträger zu kaufen. Trotzdem gab es während der Bauzeit einige Aufregungen,

Verzögerungen und Beanstandungen, die allerdings immer wieder behoben wurden.

Zum angegebenen Einzugstermin hat es nicht geklappt. Anja war aufgeregt, denn sie hatte eine Auslandsreise von der Firma vor sich. Mutter, wir werden doch nicht umziehen müssen, wenn ich gerade auf Reisen bin. Urlaub kann ich mir keinesfalls nehmen.

Der Umzugstermin fiel tatsächlich in die Zeit, wo meine Tochter auf Geschäftsreise war. Der Auszug aus der Wohnung war schon überfällig, die neuen Mieter standen bei Fuß vor der Wohnung und waren sehr ungehalten, dass sich der Auszug verzögerte.

Es war geplant, dass ich in der Zeit der Abwesenheit meiner Tochter zu Eva anreise. Anja hatte im Laufe der Wochen schon vieles in Kartons eingepackt. Der Haushalt befand sich im Notzustand als ich ankam. Wir verabschiedeten Anja und Roland und ich organisierten den gesamten Umzug allein. Eva in den Kindergarten gebracht und los ging es mit einer Spedition und verschiedenen Handwerkern.

Eine ganze Woche haben wir beiden bis spät in die Nacht geräumt. Wir haben es bis zur Rückkehr von Anja geschafft ein wohnliches Zuhause zu schaffen, die Hausfrau war überrascht wie wir beide das in dieser Zeit alles bewältigt haben. Der Einzug fand im Herbst 2008 statt. Wir köpften an diesem ersten Abend des Beisammenseins eine Flasche Wein und stießen auf glückliche Jahre an.

Rings herum in dem neuen Wohnviertel zogen zu gleicher Zeit viele Jungfamilien ein und Eva fand auf Anhieb neue Freunde, mit denen sie sich vergnügen kann. Für das Kind kommt keine Langeweile auf. Sie fahren mit dem Roller, dem Rad oder mit den Rollschuhen, spielen auf den Plätzen mit vielen neuen Geräten und die Eltern brauchen keine Sorgen zu haben, denn die Kinder sind immer in Reichweite. Ein Paradies hier aufwachsen zu können. Die Entscheidung war richtig.

Im Landhaus gibt es Ärger

Die dritten Nachmieter in meinem Landhaus blieben wieder über Monate die Miete schuldig. Wieder musste ich eine Zwangsräumung beantragen, die diesmal zum Glück wegen freiwilligem Auszug noch abgewendet werden konnte. Meine Kinder waren der Meinung nach diesen immer wieder kehrenden Aufregungen doch das Haus zu verkaufen. Ich konnte mich nur sehr schwer mit dem Gedanken vertraut machen. Zu viele Erinnerungen verbinden mich mit diesem Haus. Bei Auszug des letzten Mieters allerdings stellte ich fest, dass das Haus sehr heruntergewirtschaftet wurde. Es hatte mich viel Kraft und Geld gekostet dem Haus wieder seinen alten Glanz zu geben. Ich beherzigte den Vorschlag meines Sohnes einen Makler zu beauftragen, der sich um den Hausverkauf kümmern soll. Über Wochen habe ich Haus und Garten einigermaßen wieder mit Putz- und Gartenarbeiten für Kaufinteressenten ansehbar gemacht. Sohn Charles schimpfte mit mir, dass ich so viel Energie aufwende, denn ein Käufer wird alles umgestalten und meine Mühe ist umsonst. Mein Ordnungssinn sprach dagegen. Mein Besitz soll ordentlich angeboten werden und einen guten Eindruck hinterlassen. Ich wollte mir

Zeit lassen, lieber einige Monate Leerstand bis sich der richtige Käufer gefunden hat. Der neue Nachbar muss passen und das Haus zu schätzen wissen.

MEIN 70. GEBURTSTAG IM JAHR 2009

Mein Wunsch war es diesen Tag wieder in den Bergen zu verbringen. Ich wollte noch einmal an vergangene Zeiten anknüpfen und diesen Tag im Zillertal, wie zu meinem 50. genießen. Diesmal nur im engsten Familienkreis, dafür aber mit meinen beiden Enkelkindern. Anja nahm die Zimmerbestellung für ein paar Tage in die Hand. Wir quartierten uns in einer netten Frühstückspension im Tal ein. Charles und Rosi versprachen ebenfalls nachzureisen. Leider hat mein lieber Mann gestreikt uns zu begleiten. Er sagte wie immer fahrt nur, ich bleibe daheim.

Am Vortag meines Geburtstages wollte ich meinen beiden Enkelkindern die damals gebuchte Hütte hoch oben auf dem Penken zeigen. Früh am Morgen bestiegen wir die Seilbahn und erhoben uns hinauf zur Bergstation. Nach einer kleinen Wanderung erreichten wir die besagte Hütte. Erinnerungen wurden wach. Was für ein ausgelassenes Treiben damals mit all den Freunden und meinen Kindern, die noch jung und unverheiratet waren. Unverändert erblickte ich die Hütte, wie damals umgeben von Wald und saftigen Wiesen. Eine Familie hatte sich als Urlaubsgäste einquartiert und saß wie wir damals auf den platzierten Bänken. Ich stellte mich vor, erzählte, dass ich genau vor 20 Jahren hier gefeiert habe, und bat die netten Leute ein Foto von uns zu machen. Nach einer kleinen Erfrischung an dem Teich ging unsere Wanderung ein Stück weiter. Eva war zu dieser Zeit vier Jahre und ihre kleinen Beinchen waren nicht bereit eine größere Wegstrecke zu bewältigen. So kehrten wir auf der Sonnenterrasse in dem Berghotel ein, wo damals ein Teil meiner Geburtstagsgäste übernachtet haben. Bei herrlichem Wetter ließen wir uns auf der Terrasse nieder umsäumt von den im Sonnenlicht strahlenden Berggipfeln. Wir wurden von einer netten jungen Frau im Dirndl bewirtet, die mich immer wieder auffallend anblickte. Bei der Bezahlung unserer Verzehrrechnung sprach sie mich an. Sie haben doch einmal bei uns einen Geburtstag gefeiert. Ich bin mir ganz sicher sie wieder zu erkennen. Erstaunt über ihre Worte antwortete ich, ja, das war vor genau 20 Jahren, in diesem Haus habe ich meinen Geburtstagsabend mit meinen Gästen gefeiert. Dass sie mich nach der langen Zeit wieder erkennen, das ist unglaublich. Sie umarmte mich und sagte, sie haben sich überhaupt nicht verändert. Bis heute war dieser Abend das schönste Fest in unserem Haus. Ich bin die Tochter und war damals ein junges Mädchen und habe den Abend genossen. Meine Mutter ist leider verstorben, aber mein Vater lebt noch. Er hält gerade seinen Mittagsschlaf und werde ich von dem heutigen Besuch berichten, denn wir haben viele Jahre in der Familie von diesem Abend gesprochen. Vater ist leider nicht gesund und wird es bedauern sie nicht begrüßen zu können. Eilig verschwand die nette Jungwirtin und kam mit einem Tablett mit Sekt gefüllten Gläsern zum Anstoßen zu unserem Tisch zurück. Anja und ich, begleitet von Felix und der kleinen Eva waren überwältigt von dem Erinnerungsvermögen der jungen Frau. Wir müssen einen guten Eindruck damals hinterlassen haben, sagte ich zu meiner Tochter und mit glücklichen Gedanken bestiegen wir die Seilbahn, die uns zurück ins Tal brachte.

Unten angekommen fuhr das Auto von Charles mit Rosi vor. Nach herzlicher Begrüßung erzählte ich stolz von unserem Bergerlebnis.

Den Nachmittag des Geburtstages verbrachten wir nach der Zimmerbelegung der beiden mit einer Ortsbesichtigung und Suche nach einem geeigneten Restaurant, wo wir den Geburtstagsabend verbringen können. Ich schlug ein Hotel in Mayerhofen vor, in welchem ich bei den Herbstausflügen mit meinen damaligen Skifreunden öfters eingekehrt bin. Charles fand den Vorschlag gut und zusammen besichtigten wir die Räumlichkeiten, wo wir etwas abseits des Trubels zusammen sitzen können. Ein Pavillon im Vorgarten des Hotels fiel uns ins Auge und ich begab mich zur Rezeption, um zu fragen, ob für uns für den Abend dort eingedeckt werden kann. In diesem Augenblick durchschritt eine junge Frau die Halle, lief auf mich zu und sagte, Frau Braun, das kann doch nicht sein, sie hier bei uns nach so vielen Jahren, welch eine Freude. Perplex über diese Begrüßung fragte ich nach, wie sie mich kennt. Ich bin die Tochter Tipotsch, sie haben früher oft bei meiner Mutter in der Pension übernachtet mit ihren Freunden. Ich kann mich gut an sie erinnern. Und meine Eltern waren damals auch auf der Hütte zu ihrem Geburtstag eingeladen. Nein – das kann nicht sein, entfuhr es mir. Ich werde heute schon zum zweiten Mal wieder erkannt. Das tut gut nach so langer Zeit. Und was machen sie hier in diesem Hotel, fragte ich nach. Ich habe hier eingeheiratet, mein Mann ist der

Chef des Hauses und leitet den Empfang. Wieder wurde ich umarmt, damals war die Chefin des Hauses noch ein Kind und ich erinnerte mich wie sie mit ihren Geschwistern durch den Pensionsgarten der Eltern tobten. Beide hatten wir große Wiedersehensfreude.

Sind sie auf Zimmersuche, wir haben noch etwas frei. Leider konnte ich ihrem Angebot nicht zustimmen und teilte mit, dass meine Tochter anderweitig für meinen 70. Geburtstag schon für uns gebucht hat. Aber wir würden gern in dem Pavillon in ihrem Haus den Abend begehen. Wieder wurde ich gedrückt und mir wurde zum heutigen Tag gratuliert. Das ist mir eine große Freude und ich werde für sie und ihre Familie alles richten, damit sie sich wohl fühlen bei uns. Sie brauchen sich um nichts kümmern, lassen sie sich überraschen. Vor dem Eingang stand ein Schild, auf dem leider für den nachfolgenden Abend Musik angekündigt war, was ich in diesem Fall sehr bedauert habe. Wir verabredeten eine Uhrzeit unseres Eintreffens und verabschiedeten uns herzlich bis zum Abend.

Nach einer kleinen Wanderung machten wir uns in unserer Unterkunft hübsch für den Abend. Bei Eintreten in den Glasvorbau waren wir alle überwältigt wie liebevoll der Tisch für uns eingedeckt war. Stilvolle Blumensträuße, Kerzenständer und festliches Geschirr mit hoch aufgestellten Stoffservietten, wie zu einem Hochzeitsschmaus, konnten wir erblicken. Von der Wirtin wurden wir begrüßt und sie stellte uns die Ober vor, die uns den Abend über bewirten werden. Ich genoss diese persönliche Note, eigens für mich arrangiert. Felix war überwältigt, wie seine Oma Margot hier in der Fremde verwöhnt wird.

Ein köstliches Menü wurde uns serviert. Charles suchte dafür die Getränke für uns aus und ein unterhaltsamer, fröhlicher Abend nahm seinen Lauf. Schade, dass mein Mann diesen Abend nicht mit uns erleben wollte. Nach dem Essen, plötzlich spielte die Musik auf. Ich war überrascht, denn für diesen Abend war sie nicht angekündigt. Als ich nachfragte, wurde mir vom Ober berichtet, dass die Chefin für mich die Musik umorganisiert hat, und sie dürfen gern mit einem Geburtstagstänzchen auf der Terrasse ihren Tag feiern. Das ließen wir uns nicht zwei Mal sagen. Alle sprangen wir auf und betraten die Tanzfläche. Felix und Margot eröffneten den Tanzabend. Die Musiker hatten an uns beiden Freude und griffen kräftig in ihre Instrumente. Herrlich, 70 Jahre und noch so verrückt – wieder ein Tag, der in lieber Erinnerung bleiben wird. Ich freute mich für meine Schwiegertochter, die den Abend mit ihrem Charles ebenso genoss wie ich. Ich glaube der Kurzurlaub war für alle Beteiligten gelungen.

DER MAKLER BEMÜHT SICH

Der Herbst zieht ins Land und ich hatte die Hoffnung noch vor dem Winter für mein Landhaus den passenden Käufer zu finden. Viele Leute führte ich durch das Haus. Es scheiterte meistens daran, dass Interessenten mit Kindern die langen Schulwege zu unbequem waren. Meine Überzeugungskunst hatte keinen Erfolg. Ich dachte mir, schließlich haben wir alle, die wir hier wohnen, unsere Kinder groß bekommen. Dafür leben wir hier in freier Natur und die Verkehrsverbindungen sind dem Schulunterricht angepasst. Jeder wollte Bedenkzeit und meistens musste mir der Makler eine Absage überbringen. Er versprach mir weiter gezielt zu suchen. Der Richtige kommt bestimmt.

Mir wurde klar, den Winter werde ich das Haus heizen müssen, damit nichts einfriert. Ich muss einfach Geduld haben.

Im Februar 2010 war es dann soweit. Ein junger Mann, ledig als Marktleiter beschäftigt, fand Gefallen und wir vereinbarten zusammen mit seinen Eltern einen Notartermin. Eine wehmütige Stunde für mich. Lange Zeit brauchte ich, wenn ich an meinem ehemaligen Anwesen vorbeilief, mich mit der Tatsache abzufinden. Dieses Haus gehört der Vergangenheit an.

Sohn Charles bestärkte immer wieder den Entschluss und sagte, jetzt bist du frei, genieß es doch. Denk an deinen Ärger der letzten Vermieterjahre und das Haus wird auch nicht jünger.

Felix geht als Austauschschüler nach Neuseeland

Die Nachricht freute mich, denn Land und Leute hatte ich ja zusammen mit Anja zur Jahrtausendwende kennengelernt. Er wird Freude haben dort 6 Monate verbringen zu können. Vor seiner Abreise hat er mir an meinem Computer Skype eingerichtet. Bisher war mir dieses Programm noch unbekannt. Margot, da können wir uns immer miteinander unterhalten und jeder von uns kann sich sehen. Toll, dachte ich mir, was alles heut zu Tage möglich ist. Gleich nach seiner Ankunft haben wir Kontakt aufgenommen. Er hat es gut getroffen bei einer Gastfamilie, die sich sehr um ihn bemühte und mit ihm auch Ausflüge in die nähere Umgebung machte. Die Schule, nur englisch sprechend, gefiel ihm und seine Sprachkenntnisse haben sich in dieser Zeit perfektioniert. Etwas besorgt war ich dennoch, denn das Abitur in der Heimat stand gleich im Anschluss des Neuseeland-Aufenthalts bevor. Wird er es schaffen sich zuhause wieder einzugliedern, damit er einen guten Abschluss bekommt? Das waren meine Gedanken. Regelmäßig hat mir Felix von seinen Freizeitunternehmungen berichtet, hat verschiedene Reisen durch das schöne Land unternommen und hat das Meer mit seinen Sportaktivitäten in vollen Zügen genossen. Ein Mitschüler hat zur gleichen Zeit ebenfalls bei einer Gastfamilie gewohnt, aber nicht so gut getroffen wie Felix. Ich glaube durch die vielen neuen Eindrücke hat er kaum Heimweh verspürt, wir waren ja stets in Verbindung.

Zu seiner Rückkehr im Juli 2010 bin ich voller Erwartung auf unser Wiedersehen zum Flughafen nach München gefahren. Charles, Anja mit Eva und ich warteten gespannt darauf was für ein junger Mann nach der Landung uns entgegenkommen wird. Einige seiner Klassenkameraden mit einem großen Plakat „Willkommen Felix" standen wartend neben uns. Endlich war es soweit und alle fielen wir uns in die Arme. Vater Charles hat die Jungs und uns zu einem Wiedersehensumtrunk eingeladen und der Gesprächsstoff ging nicht aus.

Ich nahm Abschied von meinem lieben Enkel und war entspannt ihn gesund und fröhlich wieder in der Heimat zu wissen. Er hat mir versprochen fleißig weiter zu lernen, möchte doch mindestens so gut wie sein Vater beim Abi abschneiden. Das beruhigte mich und ich kutschierte wieder nach Hause.

Zwei Enkelkinder – Ereignisse

Felix wünschte sich ein paar Wandertage mit seiner Margot. Wir haben es eingerichtet diese Tage über meinen Geburtstag zu verabreden. Charles und Rosi haben uns beide in Elmau bei Garmisch einquartiert. Wir beide bezogen ein Doppelzimmer in einem kleinen Gasthof mit Biergarten, ehemals die Pferdetränke zu König Ludwigs Zeiten. Sehr originell und von dort führt der Fußweg hinauf zum Schachen 1866 m hoch. König Ludwig erbaute einst das Schachen-Haus mit türkischem Prunksaal im maurischen Stil. Man nennt ihn den Königsweg auf dem sich Ludwig II. per Pferdekutsche, im Winter mit Schlitten hinauf kutschieren ließ.

Nach einem ausgiebigen Frühstück im Freien marschierten wir beide los. Wir wussten nicht was uns erwartet. Gute vier Stunden dauerte unsere stets bergauf gehende Wanderung. Das Wettersteingebirge, die Zugspitze und die Wachsensteine immer im Blickfeld. Wir zwei ganz allein auf weiter Flur. Kein Mensch war zu dieser Zeit unterwegs. Hin und wieder überholten uns ein paar Radler mit ihren Mountainbikes. Völlig erschöpft erspähten wir nach der letzten Kurve unseres Wanderweges das auf einer Anhöhe erbaute Königshaus. Mit letzter Kraft marschierten wir unserem Ziel entgegen. Als erstes kehrten wir in der nahe gelegenen Berghütte ein und stärkten uns mit einer Brotzeit. Erholt genossen wir das vor uns liegende Bergpanorama zum Greifen nahe. Die Beine streckten wir genüsslich weit aus und lehnten uns weit in unsere Stühle zurück. Felix lobte mich, Margot bist gut gelaufen.

Zur Besichtigung des Schlosses gab es Gruppenzeiten mit Anmeldung. Daran wollten wir beide natürlich teilnehmen. Überwältigend, was uns in diesem von außen sehr bescheiden wirkenden Haus erwartete. Eine königliche Pracht hoch oben am Berg. Der Weg hat sich gelohnt und der Rückweg lag vor uns. Beschwingt ging es drei Stunden bergab und im Tal angekommen fielen wir beide todmüde in unsere Betten bis zum nächsten Morgen.

Am Geburtstag reiste Charles und Rosi an und Anja mit Familie und wir verbrachten zusammen einen gemütlichen Nachmittag bei Kaffee und Kuchen im Biergarten unserer Unterkunft der auf Grund des schönen Wetters gut besucht war mit Ausflüglern.

Während unserer Wanderung in Richtung Mittenwald zu einem kleinen See bekam Felix von seinen Freunden eine Einladung, an der er gern teilnehmen wollte. Er bedauerte es sehr mir sagen zu müssen, dass er abreisen möchte. Ich hatte für seine Wünsche volles Verständnis und sah kein Problem darin die restlichen Tage allein zu sein. Immer wieder fragte er nach, ob es mir wirklich nichts ausmacht. Nein, Junge fahr doch. Ich genieße noch die beiden verbleibenden gebuchten Tage und erfreue mich am Nichtstun. Wir beide sind mit dem Zug angereist und so brachte ich Felix am nächsten Morgen zum Bahnhof nahe Elmau. Wir verabschiedeten uns, Felix etwas mit Schuldgefühl was ich versuchte ihm auszureden. Als der Zug anfuhr und wir uns nachwinkten, kam Traurigkeit in mir auf. Was mache ich jetzt mit dem angefangenen Tag allein. Ich beschloss den Weg von dem kleinen Bahnhof, den wir mit einem Taxi hinwärts nahmen zu Fuß zurückzulaufen. Ich kam an einer Beschilderung vorbei, die den Weg zu einer Hütte anzeigte. Spontan bog ich ein und genoss eine herrliche Wanderung mit einem wunderbaren Ziel auf der anderen Seite des Tales. Meine Traurigkeit war verschwunden.

Der Jugend muss man freien Lauf lassen. Er hat drei Tage mit mir verbracht und die waren wunderschön. Dafür bin ich dankbar. Nicht jedes Enkelkind hat den Wunsch mit seiner Oma auf Wanderschaft zu gehen.

Für den letzten Tag fasste ich die Wanderung nach Mittenwald ins Auge. Ein wunderschön angelegter Wanderweg, vorbei führend an mehreren kleinen Seen, die zum Baden einladen. Das Karwendel Gebirge immer vor Augen. Ich erinnerte mich an die Urlaube mit meinen Eltern.

In Mittenwald hatten wir auch einmal einen Sommerurlaub verbracht. Seit dieser Zeit war ich nicht mehr dort. Ich wusste, dass dort der Geigenbau zuhause ist. Vater hat mich damals in die Werkstätten der Geigenbauer geführt. Der Weg war auch diesmal sehr weit und ich marschierte flotten Schrittes meinem Ziel entgegen. Auf halber Strecke bemerkte ich, dass Kleinbusse bis zu einem der Seen verkehren. Dieses Teilstück kann ich dann auf dem Rückweg mit dem Bus einplanen. Um die Mittagszeit erreichte ich den Marktplatz von Mittenwald, durchschlenderte die Gassen und ließ mich in der Kirche nieder zu einem Gebet. Gestärkt nach einer Einkehr wollte ich unbedingt mit der Seilbahn noch zum Karwendel hoch. Oben angekommen genoss ich den Rundblick mit dem im tiefen Tal liegenden Mittenwald. Die vielen schönen Eindrücke ließen mich vergessen, dass ich auf dieser Tour allein unterwegs war. Ich war sogar stolz auf mich den Ehrgeiz zu haben diese Wegstrecke bewältigt zu haben. Die Gedanken sind frei. Froh gesinnt stieg ich in den Bus ein, der mich auf der halben Wegstrecke wieder zurück brachte. Den Rest des Weges von ca. 2 Stunden marschierte ich flotten Schrittes und die mir entgegenkommenden Leute haben mich freundlich gegrüßt. Am Abend habe ich das Schlosshotel Elmau noch besucht und mir die Räumlichkeiten angeschaut und mir eine Schwimmstunde im Freibad gegönnt. Am nächsten Morgen hieß es auch für mich Abschied zu nehmen und per Zug ging es wieder heimwärts zu Haus und Mann.

Ich war so angetan von diesen Tagen mit der herrlichen Umgebung, dass Charles und Rosi über meinen nächsten Geburtstag mich in das Hotel Kranzbach bei Garmisch eingeladen haben. Ein wunderschönes Haus mit allem Komfort und ich wurde von meinen Kindern rundum verwöhnt. Ein tolles Geschenk was ich zu schätzen weiß.

DIE ABI-FEIER VON FELIX

Viele Jahre liegen zwischen meinen beiden Enkelkindern. Eva beginnt ihre Schulzeit und Felix beschließt seine Schulzeit.

In der Zwischenzeit hat Felix seine Volljährigkeit erreicht. Ein junger, hübscher Mann ist er geworden und feiert seinen 18. Geburtstag. Wenn wir telefonieren erzählt er mir von seinen Ausgängen, Partys, Oktoberfestbesuchen und vieles mehr. In München ist was los Margot, lacht er dann immer ins Telefon. Ich versuche ihn zu erinnern, dass er mir versprochen hat ein gutes Abitur hinzulegen. Ja, ja Margot mach dir mal keine Sorgen, ich habe alles im Griff. Er hat es uns allen bewiesen. Zu seiner Abiturfeier im Jahr 2012 reiste ich natürlich an. OM wie immer blieb zurück und hat telefonisch seinem Enkel gratuliert. Inzwischen haben alle Familienmitglieder sich damit abgefunden, dass der OM nicht mehr bereit ist zu feiern und zu reisen. In der Schulaula, im Stadtviertel, wo Felix mit seiner Mutter und der neuen Familie wohnt, fand die Abschlussfeier statt. Wir verabredeten uns vor der Aula. Im schwarzen Anzug stand mein Felix mit seinen Kameraden beisammen auf der Straße. Charles kam ohne Rosi um die Ecke, sowie die Großeltern von Felix. Freundlich haben wir uns begrüßt, wir hatten uns aufgrund der Scheidung unserer Kinder aus den Augen verloren. Wir empfanden trotz allem Wiedersehensfreude und jeder von uns erkundigte sich nach seinem Befinden. Wie wir so beisammen stehen, erblickte ich Karo, die Mutter von Felix allein stehend auf der anderen Straßenseite. Sie hatte ihr Handy am Ohr und ich fand es unpassend sie zu begrüßen. Felix entdeckte mich, sprang zu uns herüber und wir umarmten uns. Margot, ich muss wieder zu meinen Freunden, wir sehen uns später. Ja, ja lachte ich, tu dir keinen Zwang an. Darauf ging ich auf Karo zu und begrüßte sie. Ich glaubte etwas Traurigkeit in ihren Augen zu sehen. Fragte nach der kleinen Klara und sie sagte mir, dass sie im Kindergarten ist und Klara nach der Feier abholen wird. Es kam der Aufruf die Aula zu betreten und wir alle nahmen unsere Plätze ein. Nach der Begrüßungsrede wurde jeder Abiturient einzeln vor gebeten, vorgestellt und das Zeugnis mit Bekanntgabe der Note überreicht. Mit strahlenden Gesichtern kehrten sie zurück auf ihre Plätze. Die Eltern, Großeltern und Verwandte alle waren guter Stimmung und voller Stolz. Karo saß neben ihren Eltern etwas entfernt von mir und Charles. Nach der Feierlichkeit hat uns Charles zu einem Essen eingeladen. Er bat auch Karo dazu, die freundlich zusagte. Ihre Eltern jedoch haben sich von uns verabschiedet. Felix lockerte bei Tisch unsere Unterhaltung auf, denn die spontane Zusammenkunft mit meiner ehemaligen Schwiegertochter strapazierte mich anfangs ein wenig. Ich erkundigte mich nach ihrer Tochter und sie sagte, wenn du sie sehen möchtest, dann hole ich sie vom Kindergarten ab und komme noch einmal vorbei.

Das Angebot nahm ich gern an und tatsächlich kam Karo mit ihrer Klara, dem Schwesterchen von Felix noch einmal zu uns. Da gab es reichlich Gesprächsstoff. Ein hübsches Mädchen ist die kleine Klara geworden und ich merkte, dass Felix sehr stolz auf seine Schwester ist. Karo war während unseres Gesprächsaustausches sehr verinnerlicht, vielleicht dachte sie an die schönen Jahre damals mit uns zurück. Es folgte eine herzliche Verabschiedung und ich hatte das Gefühl, dass sie erfreut war mich mal wieder zu sehen.

Felix hakte sich bei mir ein und sagte, Margot heute Abend ist das Abi-Fest mit Life-Musik, du bist doch dabei. Na klar, antwortete ich, habe mir schon ein Festtagsgewand eingepackt dafür. Rosi bot mir an bei ihr zu übernachten, und hat für mich schon ein Zimmer gerichtet.

Voller Erwartung wie dieser Abend meines Enkels verlaufen wird, sind wir zu besagter Stunde mit dem Auto zu dem Fest gedüst. Der Abend war von den Schülern selbst organisiert worden. Ein riesiger Saal mit schön eingedeckten Tischen und einem reichhaltigen Büfett erwartete uns. Die Größenordnung sprengte den Rahmen, wenn ich an die Abi-Feiern meiner Kinder denke. Nach Begrüßungsansprachen und den Köstlichkeiten wurden einzeln die Abiturienten aufgerufen. Von einem selbst ausgewählten Musikstück begleitet marschierte jeder der Abiturienten mit verrückten Einmarschschritten, je nach Neigung und Talent auf die Bühne.

Köstliche Darbietungen konnte man erleben. Die Mädchen graziös in ihren Bewegungen, die Jungs wie wilde Hupfer mit spaßigen Grimassen voller Übermut. Beifall und Gelächter tobten durch den Saal. Oma Margot war überrascht wie leger oder wie man heute sagt, cool Lehrer und Schüler miteinander umgehen.

Der Tanz wurde eröffnet. Felix stürmte zu mir an den Tisch und riss mich vom Stuhl. Margot, der Tanz gehört uns beiden. Die ganze Nacht werde ich heute mit dir tanzen. Freudig lief ich mit ihm auf die Tanzfläche und wir beide legten los. Nach einiger Zeit sagte ich zu Felix, jetzt ist es aber genug. Du musst doch deine Mädels beglücken. Er, wir zwei tanzen die ganze Nacht, die Mädel hab ich ja das ganze Jahr. Gegenseitig feuerten wir uns an und als ich mich umsah, stellten wir fest, Vater und Rosi schauten uns beiden Wildgewordenen zu und seine Freunde bildeten einen Kreis um uns herum und klatschten in die Hände. Ich bemerkte, dass einige Mädchen etwas mit traurigem Blick zu uns schauten, und ich machte Felix darauf aufmerksam. Er aber lachte und hüpfte mit seiner Margot immer weiter. Übermütig rief er in die Menge, das ist meine Oma, da schaut ihr. Ich kann nicht beschreiben wie glücklich ich an diesem Abend war. Ich fühlte mich so jung wie seit Jahren nicht. Mein Felix verbringt den Tanzabend mit mir, mit seiner Oma. Das geht doch nicht und ich bemühte mich seine Mädchen in unseren Tanz mit einzubringen. Es war Zeit das Feld zu räumen und Charles und Rosi waren einverstanden, dass wir aufbrechen. Der Abend gehört der Jugend. Viele Eltern waren aus dem Saal schon verschwunden und die Stühle blieben verweist zurück.

Wie ich später hörte, dauerte das Fest bis in die frühen Morgenstunden. Für uns beide ein unvergessener Abend, von dem wir noch lange schwärmten. Einfach cool wie sich die Jugend ausdrückt. Felix sagte später einmal zu mir, Margot das war ein Dank an dich, du warst und bist immer für mich da, das werde ich nie vergessen. Ich hatte eine schöne Zeit mit dir. Dieser Abi-Ball, der sollte deshalb nur uns beiden gehören.

EVAS ERSTER SCHULTAG IM SEPTEMBER

Eva ein lebendiges Kind, mit vielen sportlichen Interessen. Sie konnte es kaum erwarten in die Schule zu kommen. Viele ihrer Nachbarkinder sind im gleichen Alter und die Spannung wuchs wie sie in ihre Klassen eingeteilt werden. Die Schultüte war das Hauptthema zu diesem Tag. Bei dem letzten Besuch in unserem Haus zeigte ich ihr die Schultüte ihrer Mutter, an der Felix damals sofort Gefallen fand und für seinen ersten Schultag gleich in Beschlag genommen hat. Eva schüttelt den Kopf, ich möchte eine andere, ich möchte sie mir selbst aussuchen. Wir beide haben in München in der Innenstadt einen Bummel gemacht und zusammen ihre Schultasche ausgesucht. Farblich passend dazu wählte sie ihre Schultüte aus und nach dem Kauf war das Kind wie verzaubert.

Zu ihrem großen Tag reiste ich natürlich an und beide Omas und die Eltern haben den ersten Schultag begleitet. Ein schön gestalteter Gottesdienst wurde abgehalten und die vielen Kinder marschierten mit den bunten Tüten ein. Die Eltern voller Stolz dahinter auf den Kirchenbänken sitzend. Ein besonderer Tag für alle Beteiligten. Für Eva ein neuer Lebensabschnitt und meine guten Wünsche begleiteten innerlich mein Enkelkind.

Anja hat für Eva einen Hortplatz organisiert. Für Eva kein Problem, sie war es gewöhnt von klein auf den Tag nicht im Elternhaus verbringen zu können. Die Eltern waren deshalb immer bedacht die Wochenenden mit Eva sinnvoll zu verbringen mit wandern, schwimmen und sonstigen sportlichen Aktivitäten. Ich hatte das Gefühl, das Kind kommt nicht zu kurz. Sie ist der Mittelpunkt der Familie.

Anfangs hatte ich Sorge, dass Eva ihre Hausaufgaben im Hort nicht gewissenhaft erledigen wird. Bei meinen Kindern stand ich dahinter und auch Felix habe ich bei den Schularbeiten betreut. Eva muss alles allein bewältigen. Zu meinem Erstaunen klappt es bestens. Sie arbeitet selbstständig und wird von den Lehrern mit vielen Sternchen für gute Arbeit belohnt. Diese Auszeichnungen spornen Eva weiter an stets alles gut und richtig zu machen.

Im Hort hat sie ihr zweites Zuhause gefunden. Für die Hausaufgaben haben die Kinder ein eigenes Zimmer und erst nach erledigten Aufgaben dürfen sie über die Freizeit bis zu Abholung verfügen. Ein schöner Spielplatz zum Toben im Freien, wie Material für Basteleien stehen zur Verfügung. Die Erzieher sind nett und hilfsbereit. Davon kann ich mich immer wieder selbst überzeugen, wenn ich bei Eva zu Besuch bin und sie abhole. Der Mittagstisch schmeckt und für Zwischenmahlzeiten stehen reichlich Obst- und Gemüseteller zur Auswahl. Rundum ein gut geführter Hort die liebevoll mit den Kindern umgehen. Viele der Kinder kennen sich noch aus der Kindergartenzeit und sind sich nicht fremd. Es werden Spiele gemacht, Lieder und Gedichte geprobt und vieles mehr. Eine Weiterbildung zum Unterricht ist dort gegeben. Ich fahre nach jedem Besuch immer wieder beruhigt heimwärts, denn Eva gibt mir das Gefühl glücklich zu sein. Das ist mir sehr viel wert, denn zu meiner Kindererziehungszeit waren diese Angebote nicht gegeben.

Evas Zeugnisse beweisen mir, dass sie in guten Händen ist. Sie interessiert sich inzwischen für klassische Musik, hat im Kindergarten Flöte gespielt und jetzt ist Cellounterricht ihr größtes Vergnügen. Ihr Wunsch ist es nach der vierten Klasse in das Gymnasium zu wechseln.

ZEIT LÄUFT WEITER

Felix hat sich für die kommende Zeit viel vorgenommen.
Der Pflichtdienst bei der Bundeswehr war abgeschafft.
Bis zu seiner Studienfindung wollte er einige Reisen unternehmen. Darunter war Paris angesagt, wo er sich sehr
wohl fühlte, nette junge Leute kennenlernte und sein
Französisch vervollständigen konnte. Vielleicht studiere
ich mal in Paris, sagte er einmal zu mir bei einem Telefo-
nat. Er war sich anfangs nicht sicher, was er als Studium
aufnehmen wird. Oma Margot fand das beunruhigend.
Ich sagte zu ihm, das kann doch nicht sein, jeder Mensch
hat doch Neigungen in sich. Dein Vater wusste schon von
Kindesbeinen an, dass er Architekt werden möchte. Felix
aber lachte immer und sagte zu mir, ja Margot da habe
ich ein Problem. Du machst Witze, sagte ich, dann werde doch Handwerker wie dein Großvater der OM. Man
muss nicht immer studieren. Margot, ich überlege noch.
Eines Tages bekam ich die Nachricht, Felix hat sich zum
Studium in Wirtschaft und Politik in Amsterdam einge-
schrieben. Diese Studienwahl finde ich gut, doch warum
Amsterdam? Für teures Geld haben wir unsere Kinder in
München studieren lassen und du hast den Wohnsitz in
München. Ja – meinte er, so ist das eben, jeder will von
seinem Elternhaus in weite Ferne. Aber erst einmal nehme ich mir eine Auszeit von dem Schulstress. Du wirst
mich sicher einmal in Amsterdam besuchen, wenn ich
dort Fuß gefasst habe.

Zwei weitere freudige Überraschungen im Jahr 2012

Unser Charles feiert seinen 50. Geburtstag. Mutter, da lass ich es krachen. Alle müssen kommen sogar Onkel und Tanten. Der große Tag wurde in einem Landgasthof in Hilzhofen geplant. Eine wunderschöne Einladung dazu flatterte auch in unser Haus und für Übernachtung wurde gleich mit gesorgt. OM, seinen Vater musste ich sehr überreden, dass er an dieser Feierlichkeit teilnimmt. Ich habe doch abgeschlossen mit den Festen, habe im Leben genug daran teil genommen. Das war seine Aussage dazu. Aber diesmal gibst du deinem Sohn die Ehre. Denk an deinen 50. zurück, auch da hast du es anständig krachen lassen.

Ich hatte große Vorfreude und stöberte in alten Erinnerungsfotos von meinem Kind. Lang, lang ist es her. Ein Lausbub war er mein Charles und in diesem Sinne habe ich meine Geburtstagsrede zusammengestellt. Viele seiner geladenen Gäste kennen den Charles als Geschäftsmann und Architekten, sie sollen auch mal den damals heranwachsenden Jungen kennen lernen.

Zu besagtem Termin war großes Anreisen angesagt. Darunter meine Schwester mit Familie, Anja mit Roland und Eva, sowie die Schwestern von OM, Cousins und Cousinen von Charles, alle seine Verwandten wollte er an diesem Tag um sich haben. Wir trafen Freunde, Architekten, Kollegen aus verschiedenen Himmelsrichtungen. Rosis Schwester mit Mann, extra angereist aus Brasilien, ihre Nichten und Neffen konnten wir wieder treffen. Einfach herrlich und der Gesprächsstoff ging nicht aus.

In einem rustikalen schön dekorierten Stadel nahmen wir das Festmenü ein und Felix sorgte für musikalische

Unterhaltung. OM war seit Jahren diese Festivität nicht mehr gewöhnt. Nach geraumer Zeit fand er zurück in sein damaliges Leben und beglückte viele der Gäste mit seiner regen Unterhaltungsweise. Etwas besorgt schaute ich an diesem Abend immer wieder zu ihm, damit er sich nicht übernimmt. Es waren auch einige Herren aus früheren Zeiten geladen und die Wiedersehensfreude der Männer war groß. Aus Erfahrung weiß ich, dass er, wenn es ihm gefällt, gern seine Grenzen überschätzt. Das soll heute an dem Ehrentag unseres Sohnes nicht passieren. Unser Felix hat es verstanden seinen Großvater rechtzeitig in sein Zimmer zu begleiten. Medikamente und Alkohol passen nicht zusammen noch dazu, wenn man über Jahre davon abgesehen hat. Wir haben den richtigen Zeitpunkt erwischt und ich konnte entspannt weiter an dem Fest teilnehmen.

Meine Ansprache mit den Jugendstreichen meines Sohnes belustigte die Gesellschaft sehr, und der Beifall blieb nicht aus. Charles bekam lobende Worte von verschiedenen Vertretern der Architektur und unser Sohn kann sich glücklich schätzen so anerkannt zu sein in seinem Wirken. Nach einem gemütlichen Frühstückstreff hieß es Abschied nehmen. Für den Gastgeber mit seiner Frau Rosi ein gelungener Geburtstag.

HOCHZEIT ANJA UND ROLAND

Eine besondere Freude war die Ankündigung der Hochzeit im Juli 2012. Eva hat mich des öfteren schon gefragt, warum die Mama und der Papa nicht heiraten, und warum sie verschiedene Namen haben. Jetzt war es endlich soweit. Im engsten Familienkreis fand die standesamtliche Trauung in ihrem Wohnort statt. Ich besorgte Eva für den Ehrentag einen kleinen Biedermeierstrauß, den sie voller Stolz immer um die Eltern schwänzelnd in ihren Händen trug. Bei sonnigem Wetter trafen wir uns vor dem Standesamt, um gemeinsam den Saal zu betreten. Ein glücklich strahlendes Paar, nahm Platz und Eva durfte neben den Eltern sitzen. Sie verfolgte ganz angespannt die Worte der Standesbeamtin, stand bei den Unterschriften der Eltern daneben und voller Glück verfolgte sie den Ringtausch. Ich freute mich für Eltern und Kind. Als wir den Saal verlassen haben, kam Eva zu mir und sagte, jetzt habe ich endlich richtige Eltern. Ja, Kind ich freue mich für euch drei und diesen Tag wollen wir zusammen feiern.

Eine gemütliche Zusammenkunft mit den Eltern von Roland, seinem Bruder und einer Tante, Charles, Rosi und Felix fand zusammen mit mir und OM in einem hübschen Terrassen-Garten beim Moarwirt nahe ihrem Wohnort statt. Für mich war Roland schon lange, auch ohne Trauschein, ein lieber Schwiegersohn und ein treu sorgender Vater meiner lieben Enkelin Eva.

Ein langersehnter Wunsch ging in Erfüllung zur besonderen Freude von Eva. Für alle Beteiligten ein gelungener Tag, so wie es Roland und Anja nach den vielen Jahren ihres gemeinsamen Zusammenlebens sich vorgestellt haben. In meinen Glückwünschen konnte das frisch gebackene Ehepaar nachlesen: Drum prüfe wer sich ewig bindet, ob sich Herz zu Herzen findet. Das haben die beiden ausgiebig getan und all unser Hoffen auf diesen Tag hat sich erfüllt.

DAS JAHR 2013 NIMMT SEINEN LAUF

Die ständige negative Meldung betreffend die Finanzlage unseres Landes beschäftigt mich sehr. Wir Ruheständler haben auch darunter zu leiden. Wir können nichts mehr erwirtschaften und müssen Haushalten. Die Zinserträge für Anlagen rutschen gewaltig in den Keller. Unser Erspartes verliert an Wert und ohne die früheren Zinserträge muss auf das Kapital zurückgegriffen werden. Unsere Altersversorgung, wie schon einmal erwähnt, beruht auf Geldanlagen. Wir beziehen keine Rente, so war das bei vielen Selbstständigen damals angedacht. Die Kosten für eine Hausunterhaltung haben sich gewaltig erhöht. Wenn ich zurückdenke, als wir damals uns ein Schwimmbecken im Garten gönnten, kostete der Liter Heizöl 9 Pfennig. Unfassbar, was man heute dafür ausgeben muss. So ist es bei vielen anderen Ausgaben. Sie stehen nicht mehr im Verhältnis zu der damaligen Kalkulation für das Alter. Für mich als Flüchtlingskind kein so großes Problem. Der Gürtel wird enger geschnallt, Reisen, wie ich sie mir vor Jahren von Zinserträgen spontan geleistet habe, gehören der Vergangenheit an. Wir sind glücklich, wenn es unseren Kindern gut geht und sie sich wie wir in früheren Jahren einiges leisten können. Wir genießen unser Heim, in dem wir jetzt schon 41 Jahre leben. Ich bin gesund und munter und kann noch aus eigener Kraft alles selbst bewirtschaften. Dafür bin ich dankbar und hoffe, dass ich noch viele Jahre dazu in der Lage sein kann.

In meinem Freundes- und Bekanntenkreis gibt es viele Schicksale. Meine Freundin Bärbel verlor vor einigen Jahren ihren Ehemann, der seiner Ehefrau Insolvenz hinterlassen hat und sie nur sehr schwer darüber weg kommen konnte. Sie wohnte viele Jahre als Mieterin mit einer bescheidenen Rente in ihren vormals eigenen Räumlichkeiten. Sie erkrankte, wurde ein Pflegefall und aus Kostengründen wurde sie daheim von ihrer Tochter betreut. Ich stand ihr in dieser von ihr unverschuldeten Not lange Zeit bei bis zu ihrem Tod. Es tat mir unendlich leid eine fleißige Geschäftsfrau so leiden zu sehen. Eine Frau in meinem Alter, da wird man nachdenklich. Auch meine Freundin Hanne in München ist noch im gleichen Jahr plötzlich verstorben. Diese beiden Verabschiedungen sind mir sehr ans Herz gegangen. Waren wir in unserer Jugendzeit unzertrennlich und der Austausch zwischen uns blieb bis zu ihrem Tod. Auch von meiner Schwester Renate bekam ich Ende des Jahres keine gute Nachricht. Schwager Manfred musste am Herzen operiert werden. Ein stattlicher Mann, der noch kurz vorher mit seiner Renate eine schöne Urlaubswoche verbringen konnte. Über Weihnachten und Neujahr verbrachte Manfred, der sich nur schwer von der OP erholte, im Krankenhaus.

Der Jahreswechsel, der mich in mein bevorstehendes 75. Lebensjahr führte, stand unter keinem guten Stern. Viele

Jahre habe ich in der Silvesternacht für mich allein eine Nachtwanderung unternommen. Mutter damals im Bett als Pflegefall. OM, mein Mann, der nicht mehr feiern will, verschlief meistens vor dem Fernseher den Rutsch in das neue Jahr. Der Jahreswechsel, der früher in fröhlicher Runde begangen wurde, den gab es schon lang nicht mehr. Ich habe das akzeptiert und bin meinen eigenen Weg gegangen, wenn es mich auch anfangs Überwindung kostete.

Im vergangenen Jahr 2013, nach einem Dinner for two, entschloss ich mich wieder vor den Kleiderschrank zu treten. Ich öffnete die Tür und streichelte meinen Pelzmantel, der viele, viele Jahre ungetragen dort ruht. Komm, du darfst wieder einmal mit mir durch den Wald spazieren und auslüften. In die Manteltasche einen Piccolo, eine Zigarette, eine Kerze und das Feuerzeug. Dick eingepackt geht es los in Richtung einer Kapelle auf einer Anhöhe, von wo man einen herrlichen Rundblick über unsere wunderschöne Oberpfälzer Gegend hat. Um Mitternacht, eine gute Stunde allein wandernd, bei der Kapelle angekommen, zünde ich die Kerze an, lass mich auf einem Bänkchen nieder und bestaune das Feuerwerk rings um mich herum. Die Gedanken werden frei, ich schaue zum Himmel und bitte Gott um seine Gnade für das kommende Jahr. Ich sitze dort nicht lang allein, denn einige Nachtwanderer kommen mit Fackeln von der anderen Seite den Berg herauf und buntes, lustiges Treiben beginnt. Jeder wünscht sich mit Handschlag ein gutes neues Jahr, ich hole aus der Manteltasche meinen Piccolo hervor und unbekannterweise prostet man sich zu. Ein denkwürdiges Ritual, danach geht es mit flottem Schritt durch den verschneiten Wald wieder heimwärts.

Insgeheim bitte ich Gott, dass er unsere Familie weiter beschützt, uns Gesundheit und Wohlergehen schenkt und meine Enkelkinder weiter fröhlich durch ihr Leben gehen können. Auch meinen Schwager Manfred habe ich in dieser Nacht in mein Gebet mit eingeschlossen. Zu diesem Zeitpunkt war uns allen nicht bewusst, dass er im neuen Jahr sich von uns verabschieden wird.

DAS JAHR 2014 IST NICHT SO UNBESCHWERT, WIE ERTRÄUMT

Nach einem milden Winter mit wenig Schnee freute ich mich schon auf die bald anstehende Gartenarbeit. Einiges hatte ich mir vorgenommen. Die Holzrollos, die ich über all die Jahre pflege benötigen einen neuen Anstrich, das Garagentor freut sich auch gestrichen zu werden.

Langeweile mit Haus und Garten kommt nicht auf. Ein neues Auto war angesagt, dazu musste ich schweren Herzens tief in den Geldbeutel greifen. Meine Schaffenskraft ist ungebremst und viele meiner Bekannten und Nachbarn wundern sich über meinen Elan.

Charles, der immer um seine Mutter sehr bemüht ist, plant schon meinen Geburtstag und macht den Vorschlag, wir alle fahren nach Breslau in deine Heimat. Rosi und Felix sind dabei und Anja mit Familie sollen ebenfalls daran teilnehmen. Als Architekt ist er selbst sehr interessiert den Wiederaufbau der Stadt zu besichtigen. Diese Idee finde ich toll, wenn ich auch mit Anja schon zu meinem

60. Geburtstag mir den Wunsch erfüllte. Alle gemeinsam und mit meinen Enkeln vor meinem ehemaligen Elternhaus noch einmal stehen zu können, das wäre ein schönes Geschenk.

Eine unerfreuliche Nachricht zu Jahresbeginn von Anja hat unseren Traum zerstört. Seit über 10 Jahren ist sie als Market Analyst in einer amerikanischen Firma beschäftigt. Mit voller Hingabe hat sie ihren Beruf in Vollzeit ausgeübt. Vor längerer Zeit fand ein Firmenbesitzerwechsel statt und viele Abteilungschefs wurden ausgetauscht. Das Betriebsklima veränderte sich zum Nachteil aller Beschäftigten. Anja hat des Öfteren diesbezüglich mit uns über den Umbruch in der Firma gesprochen. In diesem Jahr ging die Firmenleitung sogar so weit, dass viele der langjährigen Mitarbeiter und Abteilungschefs durch neues Personal aus Polen und Bulgarien eingetauscht werden. Die Firma denkt kostensparend und auch unsere Anja musste ihren Platz räumen. Uns alle hat diese Nachricht sehr getroffen. Für Anja unter diesen Umständen eine klare Absage mit uns nach Polen zu fahren. Nach Polen werde ich nicht mehr reisen, die haben mir und vielen meiner Kollegen die Arbeitsplätze genommen. Ich habe für diese Entscheidung volles Verständnis. Die geplante Reise fällt auch für mich ins Wasser. Ich wünsche meiner Tochter baldigst eine neue Wirkungsstätte, erst dann kann auch ich wieder entspannt in die Zukunft blicken.

Immer wieder kann man jetzt wahrnehmen, dass alt eingesessenes Fachpersonal grenzüberschreitend ausgetauscht wird. Das ist die neue Marktwirtschaft, die auf Stammpersonal keine Rücksicht nimmt. Ich frage mich, wie soll da eine Familienplanung funktionieren.

Die meisten Stellenangebote sind nur mit befristeten Verträgen ausgeschrieben. Die Politik scheint für meine Begriffe davon nichts zu bemerken. Sie sehen die Wirtschaft nur im Großen, wie der Einzelne damit zu recht kommt, das ist für die Politiker nicht relevant. Jedes Unternehmen hat freie Hand wie er sein Personal beschäftigt und honoriert.

Wir sind trotz allem guter Hoffnung, dass Anja wieder ihren Platz in der Wirtschaft finden wird und ihre Qualifikation Anerkennung findet.

Ich wäre keine gute Mutter, wenn mir diese Nachricht nicht zu Herzen gehen würde. Für mich ist es nicht der richtige Zeitpunkt dieses Jahr Geburtstagspläne zu machen. Mein Enkel Felix, der in Amsterdam sein Studium aufgenommen hat, wünscht seit längerer Zeit einen Besuch von Oma Margot. Ich muss ihn leider enttäuschen, denn im Augenblick verspüre ich dazu keine Lust. Mir geht es gut, wenn es meinen Kindern gut geht und im Moment ist das für mich nicht gegeben.

Schwester Renate lebt in Sorge

Hinzu kommt, meine Schwester ist in großer Sorge um ihren Mann. Seit vergangenem Jahr kämpft ihr Ehemann nach einer OP am Herzen um sein Leben. Der Krankenhausaufenthalt nimmt kein Ende. Die Ärzte geben die Hoffnung nicht auf. Man tröstet mit den Worten Geduld zu haben. Wenn man glaubt, jetzt geht es bergauf, dann kommt wieder ein Rückschlag. In dieser Zeit habe ich meinen Schwager besucht und wir konnten uns trotz seiner körperlichen Schwäche gut unterhalten. Er war fest überzeugt, dass er es schaffen wird wieder auf die Beine zu kommen. Renate übermittelte mir eines Tages sogar die freudige Botschaft, dass sie ihren Mann nach Hause nehmen kann. Allerdings mit einer Magensonde, aber die wird durch Training eines Logopäden auch bald abgesetzt werden können. Aufatmen in der ganzen Familie, wenn auch Renate sehr gefordert war ihren Mann zu Hause zu betreuen, der immer noch sehr schwach war und erst wieder zu Kräften kommen muss.

Die Ärzte waren wie wir alle zuversichtlich und sagten es braucht Zeit wir müssen Geduld haben. Dann plötzlich, völlig unerwartet verstirbt Manfred nach einer Wiedereinlieferung im Krankenhaus. Meine arme Schwester, sie war voller Pläne wie sie die Zeit mit ihrem Mann nach der Gesundung verbringen wird.

Am 28. Mai erreichte uns die Nachricht von dem auch für uns überraschenden Ableben. Ich versuchte meiner Schwester Beistand zu geben für die unerwarteten Vorbereitungen zur Trauerfeier. Es folgte eine feierliche, würdevolle Verabschiedung von Manfred. Wir alle versuchten Renate tröstend zur Seite zu stehen. Der Enkelsohn hat seinen Opa verloren und die Tochter ihren Vater. Manfred war der Fels in der Familie, der eine große Lücke hinterlässt. Für uns alle viel zu früh er wurde nur 73 Jahre alt.

MAN WIRD NACHDENKLICH

Seit dem Tod meiner, unserer lieben Mutter, der in diesem Jahr elf Jahre zurück liegt, hatten wir das Glück keinen weiteren, endgültigen Abschied in der Familie nehmen zu müssen. Ich erinnere mich an die Worte unseres Hausarztes, der uns liebevolle Begleitung beim Ableben meiner Mutter gab. Er tröstete mich mit den Worten: Ein Menschenleben währt 70 Jahr und was darüber ist, ist eine Gnade Gottes. Mutter konnte ihren 90. Geburtstag noch erleben. Welch ein Glück.

Ich erreiche bald ein dreiviertel Jahrhundert, also lebe ich schon in der Gnade Gottes. Das macht nachdenklich. Die längste Zeit meines Lebens habe auch ich hinter mir. Was wird noch auf mich zu kommen? Ich wünsche mir, wie wir es alle gern möchten, keinen langen Leidensweg und vor allem keine Last für meine Kinder.

Der Monat Juni 2014 ist ins Land gezogen. Mein großer Tag. Dem ich diese Memoiren gewidmet habe, rückt immer näher. Mein schönstes Geburtstagsgeschenk wäre, wenn meine Tochter in naher Zeit wieder eine ihrer Ausbildung entsprechende Anstellung findet, die ihr Freude gibt. Meine Schwester über den Schmerz hinweg kommt und unsere Familie glücklich, gesund und last not least meine Enkel weitere Jahre in Harmonie und Frieden verbringen können.

Zum Schluss wünsche ich allen, die Lust verspüren, meine aus der Erinnerung niedergeschriebenen 75 Jahre meines Lebens zu lesen, unterhaltsame Stunden.

So habe ich meine Jahre empfunden
Sie waren gut
Sie durchlebten Höhen und Tiefen
Sie sind ein Geschenk wofür ich dankbar bin
Behaltet mich lieb – Eure Margot
13. August 2014

Die Autorin

Margot Braun, 1939 in Breslau in eine Kaufmanns-
familie geboren. Flucht als Kind 1945 mit den
Eltern nach Hamburg. Einschulung in Hamburg in
die erste Klasse. 1947 Familienumzug in die Oberpfalz und Vaters Neuanfang als Großkaufmann.
Bis heute ist Margot Braun der Oberpfalz mit
eigener Familiengründung treu geblieben.

Der Verlag

*Wer aufhört
besser zu werden,
hat aufgehört
gut zu sein!*

Basierend auf diesem Motto ist es dem novum Verlag
ein Anliegen neue Manuskripte aufzuspüren, zu ver-
öffentlichen und deren Autoren langfristig zu fördern.
Mittlerweile gilt der 1997 gegründete und mehrfach
prämierte Verlag als Spezialist für Neuautoren in
Deutschland, Österreich und der Schweiz.

**Für jedes neue Manuskript wird innerhalb
weniger Wochen eine kostenfreie, unverbind-
liche Lektorats-Prüfung erstellt.**

Weitere Informationen zum Verlag und
seinen Büchern finden Sie im Internet unter:

w w w . n o v u m v e r l a g . c o m